献给亲爱的罗燕萍

大变革

新的政经周期 中国的变与革

乔建新◎著

人民东方出版传媒
東方出版社

图书在版编目（CIP）数据

大变革 / 乔建新 著. —北京：东方出版社，2017
ISBN 978-7-5060-9876-2

Ⅰ. ①大…　Ⅱ. ①乔…　Ⅲ. ①政治体制改革—研究—中国
Ⅳ. ① D6

中国版本图书馆 CIP 数据核字（2017）第 218919 号

大变革
（DA BIANGE）

作　　者：乔建新
策　　划：姚　恋
责任编辑：辛岐波
出　　版：东方出版社
发　　行：人民东方出版传媒有限公司
地　　址：北京市东城区东四十条 113 号
邮　　编：100007
印　　刷：北京汇林印务有限公司
版　　次：2017 年 12 月第 1 版
印　　次：2017 年 12 月第 1 次印刷
开　　本：710 毫米 ×1000 毫米　1/16
印　　张：17
字　　数：275 千字
书　　号：ISBN 978-7-5060-9876-2
定　　价：46.00 元
发行电话：（010）85924663　85924644　85924641

前言

吾言甚易知，甚易行。天下莫能知，莫能行。

——老子《道德经》

一个党，一个国家，一个民族，如果一切从本本出发，思想僵化，迷信盛行，那它就不能前进，它的生机就停止了，就要亡党亡国。

——邓小平《解放思想，实事求是，团结一致向前看》

老子的思想既质朴，又深奥，被称为哲学中的哲学。老子在《道德经》中说："大道废，有仁义；智慧出，有大伪。""祸兮，福之所倚；福兮，祸之所伏。"从一般的道理上讲，很多中国人当然懂得这两句话的含义是什么。可是，在遇到具体问题时，情况就完全不同了。为什么呢？老子同样给出了解释："吾言甚易知，甚易行。天下莫能知，莫能行。"也就是说，世间的道理其实很容易理解，但是在人性和观念的制约下，人们要想超越自我，按客观规律做事，却并不容易。应当看到的是，这无论对于一个人、一个党或者一个民族来说其实都一样。

一、改革再次站在历史的转折点

当前，欧盟已经成为了世界上的第一大经济联合体和全球一体化程度最高的区域组织。但是，人们是否想过，这一现象是否与给人类带来巨大灾难的两次世界大战都发生在该地区有联系呢？很明显，结论是肯定的。换句话说就是，对于欧洲人而言，和平与融合正是经历了长期相互仇杀与利益争夺之后的一种结果。

岁月沧桑，时光流转。1978 年开始实施改革开放的经济政策以来，中国经济已经创造了连续 38 年高速增长的奇迹。中国正在从继 18 世纪的英国、19 世纪的美国、20 世纪后期的日本和韩国成为“世界工厂”以后的“世界工厂”向世界的超级消费大国转换。

在经济领域，中国极大地改变了世界四分之一人口的生活状态和生活方式，迈入中等收入国家的行列，成为当今世界经济发展速度最快的国家，创造了世界经济发展史上的奇迹。2006 年，中国成为世界第一大外汇储备国；2009 年，中国成为世界第一大货物出口国，以及世界上最大的旅游进入和输出国，汽车销售量首次超过美国；2010 年，中国成为世界第一大制造业生产国，中国国内生产总值 GDP，总量跃居世界第二；2011 年，中国成为世界第一大工业生产国；2016 年，GDP74.4 万亿元，按可比价格计算，比上年增长 6.7%。在国际经济衰退的大环境下，国民经济仍然保持住了较快的增长。2016 年 8 月，人民币首次超越日元，成为全球第四大支付货币，市场份额升至 2.79%，前三位的美元、欧元、英镑所占份额分别为 44.8%、27.2% 和 8.5%；2016 年 10 月 1 日起，人民币正式加入特别提款权 SDR。

在科技领域，进入新世纪以来，中国先后完成了神舟七、八、九、十号飞船的成功发射，并成为继美、俄之后，第三个把人送上太空的国家。伴随着改革开放的深入，中国还在许多重要领域取得了新的进展和创新成果，其中包括载人航天、探月工程、载人深潜、北斗卫星导航系统、量子科学实验卫星、天宫二号空间实验室、超强超短激光器、超级计算机、离子电推进技术、第四代核电、高速铁路建设、C919 大型客机、长征五号大推力火箭等。

在社会福利领域，进入新世纪之后，以改善民生、分享成果为主线的社会改革和建设，迅速成为中国的主体性改革。近十几年来，医疗、住房、教育等民生领域的改革得到了全面推进。中国的社会保障网络覆盖面从国有企业扩大到了各类用人单位，从城镇到农村，从单位到城乡居民。目前，中国正在努力建设涉及 13 亿人，被称为“世界性难题”的社会保障网络。2015 年国家统计局发布的数据显示，2014 年中国农村贫困人口为 7017 万人，比上年减少 1232 万人。同年 6 月，习近平在一次会议中强调，“十三五”时期是我国确定的全面建成小康社会的时间节点。政府要确保贫困人口到 2020 年如期脱贫。根据《中国扶贫开发报告 2016》，2016 年，中国超过 1000 万人告别贫困。并且，未来五年，中国现有标准下 7000 多万贫困人口全部脱贫。

20 世纪 30 年代，有一位美国《芝加哥每日新闻》的著名记者约翰·根室（John Gunther），此人以撰写世界各大洲社会政治的“内幕书”而著名，其一举成名的开山之作是《欧洲内幕》。此书出版 25 年后，在其续篇《今日欧洲内幕》中，他写道：第二次世界大战期间，代表德国的是希特勒，代表法国的是一大帮人，而现在相反。因为 1961 年的德国，虽然康拉德·阿登纳（Konrad Adenauer）是个有力人物，但是国家已经分裂，在西部、东部有好多举足轻重的德国人，而法国只有戴高乐。此后，约翰·根室还连续写了《非洲内幕》《亚洲内幕》《拉丁美洲内幕》《南美内幕》《美国内幕》和《今日俄国内幕》等著作。

这里引述《今日欧洲内幕》的目的在于说明，约翰·根室所揭示的现象有两个含义：其一，对于民族的前途而言，当中国的政治体制改革遇到最大的困难的时候，也正是一次新的历史性转机即将出现的时候；其二，在权力的过分集中之后，其后果必然是权力的分散。从长期看，两者都是一种带有必然性的规律。因为，权威不可能被持久地传承，能保持政权稳定的基础只能是制度。

二、改革必须面对的三个传统

对于国家和民族而言，中国的现实是面对三个不同的传统：以儒家思想为主的文明、孙中山效仿西方民主的三民主义，以及中国共产党所一贯遵循的马克思主义。也就是说，近代以来，从中国所经历的政治历程来看，中国人的政治理念必然会既留有中国传统政治的影子和马克思主义的深刻烙印，又不可能不受到西方现代政治观念的影响。如果看不清这一点，仍旧抱定“左”的思维方式，只认定马克思主义的理论教条，那恰恰是，不但违背了马克思主义实事求是的基本原则，同时也是一种脱离现实的主观唯心主义。

首先，有关儒家的思想传统。应当看到的是，中华民族经历了长达二千多年的封建社会，儒家的思想虽然使封建社会的古代中国繁荣昌盛，但同时也束缚了中国人理性观念和创造性的发挥，并且阻碍了近代以后中华民族的发展。因此，儒家思想的历史作用是双重的。

在分析中国封建社会长期停滞不前，并在近代以后逐渐转入衰落的原因时，黑格尔（George Wilhelm Friedrich Hegel）谈到了中国思想文化上的弊病——没有思想自由，缺乏思维自主性。作为《中国的宗教：儒教与道教》一书的作者，德国的政治经济学家和社会学家马克斯·韦伯（Max Weber）从宗教伦理的类型分析出发，认为中国所以没能成功地发展出理性资产阶级资本主义，其主要原因在于缺乏一种特殊宗教伦理作为不可或缺的鼓舞力量。也就是说，在他看来，中国没有发展资本主义的主要原因就是受限于这种强势的“传统主义”。

当谈到儒家思想的负面作用时，美国著名未来学家约翰·奈斯比特（John Naisbitt）从政治文化的角度发表了看法，他在《2000年大趋势》中说：

“试看中国历史，最辉煌的时代就是没有意识形态框框的时代，例如春秋战国，百家争鸣，发明最多。及至明清，仅容儒家一家之言，中国人的创造力便消失了。”而马克思（Karl Marx）则指出，古代中国具有亚细亚生产方式的特征，没有确立“私有财产神圣不可侵犯”，即没有确立私有制原则的法权思想是中国落后的原因。很显然，与上述其他观点比较，马克思的观点是以政治经济学理论为基础的。

简而言之，大师们看问题的角度虽不同，但结论是一致的，即对于中华民族的发展，儒家思想的确起到了正反两个方面的作用，并且中华民族的政治文化存在缺陷。联系现实，其含义是，封建社会留给中国人的，不单是儒家的道德观，其中也必然含有封建社会遗留下来的根深蒂固的“一言堂”“官本位”等意识。更为重要的是，在当今社会中，这种做“父母官”的“官本位”意识，依然存在于部分官员的意识之中。

孙中山效仿西方民主的三民主义，与其说这在中国是一种传统，不如说是一个过程或者一种尝试。1905 年，孙中山在创建同盟会时就曾提出了用“民族、民权、民生”三民主义建立资产阶级共和国的方案。“民权主义”是孙中山三民主义的思想核心。他的民权思想包括了六个方面的内容，即“民有、民治、民享”“自由、平等、博爱”。他说道：“世界的潮流，由神权流到君权，由君权流到民权，现在到民权，便没有方法可以反抗”。国家“非一人之国家，乃我人民之国家”。“民权主义就是政治革命的根本”，“中国数千年来都是君主专制政体，这种政体，不是平等自由的国民所堪受的”。“因为有了民权，平等自由方能够存在，如果没有民权，平等自由不过是一种空名词”。在其民权思想的六个方面中，孙中山将“民治”进一步细分为选举权、罢免权、创制权、复决权等四项具体权利。

1906 年，针对西方“三权分立”存在的弊病，孙中山又以“五权宪法”，即“立法、司法、行政、考试、监察五权”，来完善其资产阶级民主思想。在革命实践方面，孙中山领导和发动了资产阶级的民主革命——辛亥革命，推翻了统治中国 268 年的清王朝，结束了中国两千多年的封建帝制，建立了中国历史上第一个资产阶级共和国——中华民国，并制定了类似于西方资产阶级宪法的《临时约法》。虽然，由孙中山所领导的资产阶级民主主义革命最终并没有取得胜利，然而其影响却绝不能被忽略。

关于西方由封建社会向现代资本主义社会过渡的历史节点，恩格斯（Friedrich Engels）以文艺复兴时期意大利诗人但丁（Dante Alighieri）的作品《神曲》作为划分那个时代的标记。在 1893 年意大利文版《共产党宣言》的序言中，恩格斯指出："意大利曾经是第一个资本主义民族。封建的中世纪的终结和现代资本主义纪元的开端，是以一位大人物为标志的。这位人物就是意大利人但丁，他是中世纪的最后一位诗人，同时又是新时代的最初一位诗人。"[①] 众所周知，西方近代立法、司法、行政三权分立的政体雏形，起源于公元前 510 年至前 27 年，取消了王室、建立了奴隶主体制的古罗马共和国。此后，这种政治体制成为了普遍被欧洲和世界仿效的模板。这也就是为什么恩格斯将意大利称为西方第一个资本主义民族的根据。

不过，与中国不同的是，西方的政治体制是建立在由奴隶社会、封建社会向资本主义社会演进的过程中的，是开放的和跨国度的。西方近代民主政治制度的建立和发展已有三百多年的历史。多党制、普选制、议会制下的立法、行政、司法三权分立是西方民主政治的三大支柱。西方政治体制的发展有其自身的历史和文化背景，西方的发展模式是其自身选择的结果。需要指出的是，西方的观念、体制和模式并不都具有普适性。由于世界各国的宗教信仰、文化传统、历史背景、社会结构、科学技术与经济的发展水平均不相同，所以以西方的政治模式作为统一的民主模式是不现实的，这个世界绝不会如此简单。不过，也应当看到，西式民主毕竟是一面镜子，不能被全盘否定。

另外，关于中国共产党自身的传统和信仰。具体来说，新中国成立后的政治体制来自于两个方面：一是新民主主义革命时期，党领导下的党、政、

① ［德］马克思、恩格斯：《共产党宣言》，人民出版社 1997 年版，第 24 页。

军合一，权力高度集中的政权体制；二是照搬苏联党政不分、以党代政的政治体制。在新中国成立初期，这种政治体制基本适应了高度集中的指令性计划经济的需要，发挥了一定的历史作用。然而，在党的工作重点转入社会主义经济建设以后，这种体制便明显地暴露出了问题。其结果是，延续思想上“左”的倾向，最终阻碍了社会经济的发展。

由于受到俄国革命的深刻影响，中国共产党的信仰是外来的马克思主义。追溯其演进的过程，马克思主义所倡导的社会主义思想，完全是公元前古希腊“柏拉图共产主义”、16 世纪英国和意大利的乌托邦思想，以及 18 世纪法国空想社会主义的延续。毫无疑问，作为一种社会思潮，社会主义完全是根植于西方的，但是作为一种社会实践，它并没有在西方获得成功。

列宁在《马克思主义的三个来源和三个组成部分》中指出，马克思主义的三个来源是德国的古典哲学、英国的政治经济学和法国的空想社会主义。政治经济学是马克思最具有学术价值的理论，其最重要的部分就是发现了剩余价值和剥削。1859 年，马克思写了《政治经济学批判》。1867 年，他又发表了《资本论》第一卷。马克思从人类社会生活最基本的经济生活入手，研究整个人类社会的结构、矛盾、机制、规律、发生和发展。通过对人类社会形态和发展的研究，他提出了人类社会经济生活中的剩余价值和资本积累的一般规律等理论，并成为了科学社会主义的创始人。对于马克思的两大发现，恩格斯的评价是，马克思使社会主义从空想变成科学。

世纪之交，在西方，马克思先后被英法等国最有影响的媒体评为“千年思想家”。此后，2005 年，马克思又因创建唯物辩证法哲学以及以《资本论》为代表的政治经济学而被誉为世界历史上“最伟大的哲学家”。马克思的政治经济学所探讨的是社会根本性的问题，即资本主义制度的起源、发展规律和前景。正如美国经济学家熊彼特（Joseph Alois Schumpeter）所说：一般的经济学家感兴趣的只是资本主义制度的运行机制，而他本人和马克思感兴趣的则是资本主义制度的长期发展趋势。

同任何宗教一样，马克思主义和社会主义也是一种信仰，是政治信仰。

毋庸置疑，对于国家或民族而言，最具有凝聚力的就是信仰、观念、文化和传统。这其中，宗教信仰、政治信仰与社会观念、文化传统既有联系，又有区别。因为，无论是政治信仰，抑或是宗教信仰，其相同之处在于，两者都是一种社会观念的提高和升华，或者说是追求和寄托；不同之处在于，政治信仰是某个政党或者某个社会精英群体的奋斗目标，属于意识形态的范畴；而宗教信仰则是大众的一种社会观念，属于文化传统的范畴。简单来说，政治信仰体现的是党派或少数社会精英群体的凝聚力，而文化传统连同宗教信仰体现的则是整个国家或民族的凝聚力。

如果从现实主义出发，对马克思主义和西方文明做进一步的分析比较，应当可以看到，与马克思主义是一种现实一样，西方文明同样也是一种现实，并且，马克思主义并不是来自于东方，它本来就是西方文明的一部分。进一步说，即便将共产主义看成是一种崇高的信念和理想，它也不可能通过闭门造车的方式来实现。人们需要做的是，在理想与现实之间找到一种平衡，而绝不能被一种乌托邦式的思维方式所驱使。道理其实很简单，伴随国际经济一体化的大趋势，中国与世界各国在政治、经济、思想、文化、教育等各个领域的交流和融合将会越来越多，中国不可能成为人类文明的孤岛。

从辩证唯物主义和历史唯物主义的理论观点出发，马克思和恩格斯始终反对任何形式的教条主义，坚持把社会主义看成是一个不断发展和变革的历史过程。在《马克思恩格斯全集》第三十七卷中，恩格斯明确表示：“我认为，所谓‘社会主义社会’不是一种一成不变的东西，而应当和任何其他社会制度一样，把它看成是经常变化和改革的社会。”[①] 在第三十九卷中，他强调：“马克思的整个世界观不是教义，而是方法。它提供的不是现成的教条，而是进一步研究的出发点和供这种研究使用的方法。”[②] 在论及思维对存在、精神对自然界的关系问题时，恩格斯在《路德维希·费尔巴哈和德国古典哲

---

①《马克思恩格斯全集》(第三十七卷)，人民出版社 1971 年版，第 443 页。

②《马克思恩格斯全集》(第三十九卷)，人民出版社 1974 年版，第 406 页。

学的终结》中指出:“但是，在从笛卡儿到黑格尔和从霍布斯到费尔巴哈这一长时期内，推动哲学家前进的，决不像他们所想象的那样，只是纯粹思想的力量。恰恰相反，真正推动他们前进的，主要是自然科学和工业的强大而日益迅猛的进步”。①

当今人类社会的现实是，除去利益冲突、战争冲突、文化冲突和自然环境的恶化以外，无论是东方还是西方，都存在信仰的危机，信仰危机的出现与现代社会的科技与经济的发展密不可分，这是人类历史发展的必然规律。社会越发达，信仰的危机就会越加严重，因为信仰本身就是一种精神寄托或是超现实的理想。由此，不禁使人们联想起 1847 年，马克思针对蒲鲁东（Proudhon Pierre Joseph）的《贫困的哲学》一书撰写了《哲学的贫困》一事。文中，马克思用历史唯物主义的观点，批判了蒲鲁东基于黑格尔形而上学的哲学思想，并指出蒲鲁东的所谓“社会主义”，实际上是幻想一个没有资本家阶级的资本社会。用马克思的话说就是:“他们在自己头脑里找寻科学真理的做法便成为多余的了；他们只要注意眼前发生的事情，并且有意识地把这些事情表达出来就行了。……一旦看到这一面，这个由历史运动产生并且充分自觉地参与历史运动的科学就不再是空论，而是革命的科学了。”②

由此看来，时代的发展已经证明，面对中华民族三种不同的传统，过分地强调或者排斥其中的哪一种都是片面的，相反，有选择地将三者有机地融合，才可能更具有发展优势。人类最终希望实现的是安全、和平、自由、平等、民主和富裕，最终希望看到的是文明的融合与世界的大同。

在人类历史发展的长河中，任何一种文明的存在都不可能是孤立的，人类文明的多样性是人类社会的基本特征，也是人类社会发展的基本动力，失去发展动力的文明必然衰落，甚至走向消亡。五四运动以来，中国人对西方

---

①［德］恩格斯:《路德维希·费尔巴哈和德国古典哲学的终结》，人民出版社 1997 年版，第 18 页。

②［德］马克思（K.mayx）:《哲学的贫困》，人民出版社 1961 年版，第 98 页。

的认知和学习，经历了从机械电器、自然科学、经济管理、政治体制，到价值观念、思维方式和文化生活等诸方面的过程。人类社会进入 21 世纪以后，再反观这一历程，不难发现，对于一个民族的发展而言，其文化、核心价值观和思维方式才是一个民族的根本。

历史的经验证明：几千年来，中国历朝历代的封建王朝都有坐千秋江山的美梦，夺取统治地位之后，都将江山永固的幻想寄托于君王的贤明之上。然而，历史的规律却总是，短周期的王朝只有几十年，长周期的王朝也就一二百年，多的不过三百年。所以，必须认清的是，社会必然要变革！“坐天下”的永远无法沿袭“打天下”的一切。没有具体的制度安排和理论创新，单纯地依赖于某种理想和信念的支撑，其后果总是难以为继。正如恩格斯在《反杜林论》中所说：“真理和谬误，正如一切在两极对立中运动的逻辑范畴一样，只是在非常有限的领域内才具有绝对的意义……如果我们企图在这一领域之外把这种对立当作绝对有效的东西来应用，那我们就会完全遭到失败；对立的两极都向自己的对立面转化，真理变成谬误，谬误变成真理。”①

进一步说，历史规律所体现出的并非都是些与政治信仰、意识形态相关的大道理，其中也有常识性的小道理。在中国，这种小道理就叫“富贵不过三代”。因此，无论是中国的政治体制改革、国家的外交战略，还是人民的江山，既会受到那些大道理的影响，也会不可避免地受到某些小道理的制约。头脑中只有大道理没有小道理的是脱离现实的理想主义者，是乌托邦；只有小道理没有大道理的是目光短浅的实用主义者，是世俗。因此，面对民族的历史文化传统、马克思主义和西方的普遍价值观，中国的政治体制改革将是一项极其复杂的社会工程，如果只是采用简单的理想化的方式来对待，其效果不可能好，并且也不可能被全体国民所认同。

---

①《马克思恩格斯选集》（第三卷），人民出版社 2012 年版，第 467—468 页。

三、改革之本：告别主观唯心主义

在当代的中国，人们以“70后”“80后”“90”后等字眼，来描述现代社会不同年龄段的青年人在价值观、思维方式和生活追求上的差异。并且，很显然，未来的中国必定将会由他们来继承，这是个不以人的意志为转移的客观规律。为此，也有人将其称为“人口的代际更替”。所以，很难想象，对于这些每天上互联网、经常吃麦当劳、看好莱坞大片、追求世界名牌、办西式婚礼、过情人节和基督教圣诞节的青年人而言，有什么力量能阻断他们接受来自西方文化的影响呢？历史上，原本不属于中国的佛教、基督教都已经进入了中国，难道现代西方的价值观和生活方式就能被完全地阻隔在中国的国门之外吗？

2013年12月，中国社科院发布了《境遇、态度与社会转型——80后青年的社会学研究》报告。报告从社会学的角度，对中国“80后”的青年在社会转型背景下的社会观念进行了全面的描述。报告显示：中国“80后”的总人数为2.2亿人。目前，这批被称为“网络上的原住民”的“80后”，在旧的价值体系逐渐消解、新的价值系统尚未确立的转型过程中，既对国家的前途怀有信心，又对社会及自身的现状抱有诸多不满；这些人一方面希望以个人的努力改变命运，另一方面又无法摆脱社会力量的左右。在社会观念上，中国“80后”的青年人已经呈现出带有草根化、平民化、娱乐化且不乏叛逆精神和批判倾向的特征。

1980年，在谈到行政体制改革时，邓小平曾指出：“我们的各级领导机关，都管了很多不该管、管不好、管不了的事，这些事只要有一定的规章，放在下面，放在企业、事业、社会单位，让他们真正按民主集中制自行处理，本来可以很好办，但是统统拿到党政领导机关、拿到中央部门来，就很难办。”[①] 他还说过：“党和国家现行的一些具体制度中，还存在不少的弊端，妨碍甚至严重妨碍社会主义优越性的发挥。如不认真改革，就很难适应现代化建设的迫切需要，我们就要严重地脱离广大群众。从党和国家的领导制度、干部制度方面来说，主要的弊端就是官僚主义现象，权力过分集中的现象，家长制现象，干部领导职务终身制现象和形形色色的特权现象。”[②]

那么，如何才能对于邓小平讲话中的问题实施更为及时和有效的预防和惩治呢？很显然，不能只在事发之后，依赖专职的纪检委或反贪局来行使职能，还必须让大众和媒体也共同参与监督。事实证明，权利与道德不能画等号。道理很简单，在个人、民族、国家和政党的权利与利益中，个人的权利与利益是构成民族和国家的权利与利益的基础，民族利益和国家利益高于一切。人民有当家作主、自由选择自身命运的权利。一个领袖、一个执政党无论多么英明，在执政党的利益与民族和国家的利益之间并没有绝对的等号，任何政党的利益必须服从于整个民族和国家的利益。市场经济的法则是公平竞争、优胜劣汰，因此，从理论上说，政治领域也应当一样。当然，这并不等于说，政治体制改革只能照搬西式民主的模式；相反，结合中国的现实，解放思想、大胆创新，采取渐进式的改革应当更稳妥，更适合中国这个拥有 13 亿人口和 56 个民族的大国的国情。

此外，政治竞争同样具有多种形式。除多党制外，开展党内竞争演说、普选、自由辩论，以及在执政党、媒体、大众之间真正建立起相互制约的关系，容许媒体、大众积极参政、议政等也是一种竞争。简单来说，竞争本身就体现了民主。

体制改革有“治表”与“治本”之说。实际上，腐败、权贵、分配不公、国进民退、环境污染、社会群体事件等，这些还都只是“标”。而说到“本”，在中国，大概有相当多的人会想当然地认为，所谓“本”就应当是按

① 《邓小平文选》（第二卷），人民出版社 1994 年版，第 328 页。

② 《邓小平文选》（第二卷），人民出版社 1994 年版，第 327 页。

照西方的民主模式建立国家体制，即以实行多党制、普选制、议会制下的立法、行政、司法三权分立作为最终的改革方向。不过，其中的问题是，西方政治体制有其自身的历史和文化背景，是其自身选择的结果。虽然，西方的文明代表了一种现实，但是，由于世界各国的宗教信仰、文化传统、历史背景、社会结构、科学技术与经济的发展水平均不相同，所以对于中国来说，西方的观念、体制和模式既不具有普适性，更不能拿来生搬硬套。

抽象到价值观的层面，西方的民主所体现的自然是西方的文明，包括西方的社会人文和政治人文思想，即人权思想、自由主义思想、民主政治和强权政治的价值观体系。概括起来，这个价值观体系就是"自由、平等、民主、法治、强权与利益"。在西方的价值观体系中，"自由、平等、民主、法治"是对内的，而且并不真实，其象征意义远大于实际意义。因为，就最具有代表性的美国而言，事实上，其国家机器最终和最主要的服务对象便是资本主义发展到最高阶段的金融垄断资本。而西方的"强权与利益"则是对外的，维护的仅是西方自身的国家利益。因此，最终"利益"才是西方价值观体系的核心。

在哲学界，唯心主义既被划分成主观唯心主义和客观唯心主义两种类型，又被指出其产生有社会历史、阶级和认识论三个根源。主观唯心主义强调人的意识是第一性的，客观唯心主义强调在人之外，客观世界还存在一个超自然力的意识，比如上帝和神。唯心主义的社会历史根源被归结于人类早期的生产力和科学技术不发达，以及脑力劳动和体力劳动的分离，片面夸大精神的作用所致。阶级根源是指在阶级社会，各种唯心主义的观念往往是统治阶级用以麻痹和压迫被统治阶级的工具。认识论根源是指将人认识过程中的某一特征片面地加以夸大，使之绝对化，造成了主观和客观、认识和实践的分离。如列宁所说："直线性和片面性，死板和僵化，主观主义和主观盲目性就是唯心主义的认识论根源。"①

①《列宁全集》(第三十八卷)，人民出版社 1959 年版，第 412 页。

对于当今社会而言，如果再套用上述唯心主义产生的三个根源之说，显然已不够全面。不过，在现实与历史之间也并非不可对照。具体来说，在当今社会，执政党中一部分人的官僚主义严重，其实就是传统政治中“官本位”意识的继续；既得利益者以权谋私，就是对全民的一种剥削；一些高层领导者主观唯心、思想僵化、教条主义和形式主义严重，就是阅历简单和知识结构单一的直接体现。这些人可能知道孔子和马克思等人说了些什么，但却对老子的思想没有深入的了解，更不知道汤因比、费正清（John King Fairbank）、马克斯·韦伯（Max Weber）、保罗·肯尼迪（Paul Kennedy）、罗素（William Russell）、威廉·冯特（Wilhelm Wundt）等人都说了些什么；只知道有马克思主义的哲学和政治经济学，但却对于西方政治文化并没有全面深入的了解，更没有认真研究过社会学、心理学以及其他一些与体制改革有关的社会科学。

唯心主义当然也能在文风中反映出来。在理论界和某些领导人中，由于抱定唯心主义的世界观，一些人的思想僵化、知识匮乏、视野狭窄。说观点，一开口便是官话、大话、空话、套话；写文章，就像痴人说梦一样地充满纯理论的说教，从概念到概念，从教条到教条。在这些人看来，中国似乎就是一个世外桃源，一个人类文明的孤岛，马克思主义就是金科玉律，是一种能够涵盖一切的终极理论。他们追求的是一种脱离现实的精神境界，而将所有希望改革的声音都看成是资产阶级的自由化倾向。总之，在中国，虽然改革开放已经进行了三十多年，但是，主观唯心主义始终是深化改革最根本的障碍。

由此可见，在执政党内存在的唯心主义，绝不是个学术问题，更不只是文风问题，而是涉及国家和民族前途的大问题。一个执政党，如果其政治理念不能随着时代的发展而产生革命性变化，那么，其结果必然是彻底的改革不可能出现，并且中华民族的复兴之路必将遭遇社会动荡和经济衰退的巨大风险。

因此，一方面，中国的体制改革，应当以思想改革为先导，正本清源，摒弃那种乌托邦式的理想主义信念和理论教条，解放思想，实事求是，大胆创新，走与中国的基本国情相适应的现实主义的发展道路。如果认不清这一点，一叶障目、不见泰山，其结果只能是事与愿违；另一方面，民主与法治建设，并不是一个口号，也不是一种形式，而是一项严谨的，以社会统计心理学为基础的社会系统工程。民主与法治需要反映出的并不是某个人或某个集团的意志，也不是民族和国家的短期利益，更不是少数人或少数团体的私利，而是整个民族和国家的长远利益。

2013年11月召开的中共十八届三中全会向全社会发出了深化改革的积极信号。对于此次会议，国内的主要媒体就全会决议的总目标与进程、全面深化改革的重点、改革的方法和路径做了详细的解读。然而，被国内的媒体和专家们忽略的是，党在全面深化的改革方案中，与政治体制改革紧密相关的总体战略这个问题的关键。这就是：坚持党的领导、人民当家作主、依法治国，有机统一深化政治体制改革，深化行政执法体制改革，确保依法独立公正行使审判权检察权，健全司法权力运行机制，完善人权司法保障制度。推动人民代表大会制度与时俱进，推进协商民主广泛多层制度化发展，发展基层民主，以及深化国防和军队改革，设立国家安全委员会等方面的内容。

需要注意到的是，在改革涉及的六大领域——市场经济、民主政治、先进文化、和谐社会、生态文明和党的建设中，重中之重的是，在中国最终实现真正意义上的社会主义民主政治，由人民当家作主，维护宪法法律的最高权威，建设一体化体制下的法治国家、法治政府、法治社会。此外，设立国家安全委员会释放出的信号，不仅仅体现在其职能是制定国家安全战略，应对当前国际环境下的传统安全和非传统安全问题，发挥决策性作用。从长远看，组建国家安全委员会，必然会对军队的改革和法治化建设起到积极的促进作用。

中共十八届三中全会决议体现出的不仅有改革者的决心，更包含了改革者的智慧。中国的改革既不会简单地照搬西方的民主模式，也不会在旧体制下停滞不前。中国的改革所要创建的，是一个属于中国自己的、全新的政治经济模式。正如《关于全面深化改革若干重大问题的决定》中所说，改革要“敢于涉险滩，以更大决心冲破思想观念的束缚”。

2014年10月20日至23日，中国共产党第十八届四中全会强调：全面深化改革，完善和发展中国特色社会主义制度，提高党的执政能力和执政水平，必须全面推进依法治国。四中全会专题讨论依法治国问题，这在党的历史上尚属首次。全会提出，全面推进依法治国，总目标是建设中国特色社会主义法治体系，建设社会主义法治国家。全会明确了全面推进依法治国的重大任务：完善以宪法为核心的中国特色社会主义法律体系，加强宪法实施；深入推进依法行政，加快建设法治政府；保证公正司法，提高司法公信力；增强全民法治观念，推进法治社会建设；加强法治工作队伍建设；加强和改进党对全面推进依法治国的领导。

着眼未来，政治体制的改革对于中华民族有多重意义：其一，没有政治体制改革，经济体制改革不可能深入，经济发展也不可能持续。其二，政治体制改革的核心在于必须对传统的政治文化、马克思主义和西方文明有全面客观的认识，而要做到这一点，就必须既要有广阔的政治视野、广博的知识，又要有理论创新的能力。否则，那就只能是自以为是、孤陋寡闻、闭门造车和刻舟求剑。其三，没有宽松的政治环境，文化不可能变革，文明也不可能实现超越。事实上，实施变革中华文明的文化战略要比推行政治经济的改革更为艰难，因为文明的变革所要改变的是中国人在几千年内形成的文化属性。

目　录
Contents

第一章　多视角下的中国

民主不应是抽象的概念，不能脱离历史和文化，也不是放之四海而皆准。

——［英］马丁·雅克

从许多方面看，中国的问题正是由它所取得的成功造成的。史无前例的经济增长引发了前所未有的社会变革。中国把西方200年的工业化进程，压缩在30年里就完成了。

——［美］法里德·扎卡利亚《后美国世界》

一、“好话”与“坏话”

对于中国自身而言，既要听得进好话，也要听得进“坏话”，既要承认民主有特色，但又不能固步自封。

首先需要说明的是：一则，本节主要涉及的是与国内改革开放相关的话题，关注点仅在于一些比较有影响的评论和观点。二则，这里所说的“好话”与“坏话”，只是一个泛指，“好话”指赞扬的话，“坏话”既包括对于政策的质疑，也有善意的批评。三则，本书所引用的观点只是一少部分，做对比的目的仅在于强调兼听则明、偏听则暗。这其中，“好话”自然多出自于有官方背景的人士之口，当然也包括了部分外国人的观点，相关的作品有《大国崛起》《中国和平崛起》《复兴之路》《中国之路》《正道沧桑——社会主义 500 年》《中国大趋势》等。与之相反，批评的大作不多，多为小块文章。不过，这也许并不重要。重要的是，无论是“好话”还是“坏话”，非官方的观点也许更有参考价值，这种话可能更客观。

2009 年 9 月，美国著名作家约翰·奈斯比特发表了他的《中国大趋势》一书。书中，奈斯比特的结论是：中国正在创造一个崭新的社会、经济和政治体制模式，所以，资本主义已经赢得了世界的所谓“历史终结论”，其实并不真实。中国的成功在于，不通过政治上的党派竞争，也能协调好一个大政府和市场经济的关系。因此，就像一个大企业一样，中国的成功依赖的是自上而下的战略与自下而上的参与之间的相互配合。这种自上而下的战略就是所谓的“纵向民主”；而自下而上的基础则是儒家的秩序与和谐。此外，中国也是一个学习型的社会，因为中国很善于通过采用先“试点”、再推广的方式，来实现渐进式的改革。序言中，奈斯比特还提及了张维为的一句话：“中国人相信政绩的合法性。如果政府政绩突出，它就会被认为是合法的。”奈斯比特的写作手法是通过分析发生在中国社会、政治和经济生活中的显著变化，来揭示其内在的深层次因素。

另一本赞扬中国的书是2010年英国经济学家马丁·雅克写的《当中国统治世界》。在对中国文化进行深入分析和研究的基础上，作者认为：“民主不应是抽象的概念，不能脱离历史和文化，也不是放之四海而皆准。因为，缺乏了环境，民主不但不会奏效，甚至还会带来灾难。”“中国将越来越民主……但民主形式不可避免地烙上根深蒂固的儒家印记。”因此，“文化是理解中国的关键。”不了解中国的历史、政治、文化和传统，就无法理解中国崛起的真正含义。历史证明，中国属于一个文明的国家，而不是一个单纯的民族国家。作者的意思是：文明国家注重与他国的和谐，而不像民族国家那样，更多关注的仅是本民族的利益。

马丁·雅克写道“西方对中国的评论，错就错在太过于关注中国的政体、民主的缺失、共产党政府以及所谓的军事威胁等问题。事实上，中国崛起所带来的真正挑战很可能是文化上的，……中国崛起成为一个世界大国之后，很可能会在相当长的一段时期内在文化等方面完全改变世界秩序。”“中国绝对不会走西方民主化的道路，只会选择一种不同于西方世界的发展模式；中国的崛起将改变的不仅仅是世界的经济格局，还将彻底动摇我们的思维方式和生活方式。”“中国的崛起标志着西方民主国家在全球主导地位的终结。”

在国内，20世纪80年代曾担任过邓小平翻译的张维为，于2011年出版了一本影响力颇大的书——《中国震撼》。其主要的观点是向世界说明，中国是一个文明型国家，中国的发展是和平崛起。他在书中写道：“中国‘文明型国家’的特征决定了中国不是一个寻求对抗的国家，而是一个寻求不同体制和平共处、互相学习、互利共赢的国家，这对世界是个好事。”“中国模式并非十全十美，但其总体的成功令那些采用西方模式的非西方国家望尘莫及，西方国家本身也因此而受到震撼。”“环顾今日之世界，数千年古老文明与现代国家形态几乎完全重合的国家只有一个，那就是中国。”“中国‘文明型国家’主要有八个特征。这八个特征又可以被简称为‘四超’和‘四特’。‘四超’就是超大型的人口规模、超广阔的疆域国土、超悠久的历史传统、超深厚的文化积淀。‘四特’主要是由‘四超’衍生而来，即独特的语言、独特的政治、独特的社会、独特的经济。”依照张维为的观点，中国的国家理念也可以归纳为八条：实事求是、民生为大、整体思维、政府是必要的善、良政善治、得民心者得天下与选贤任能、兼收并蓄与推陈出新、和谐中道与和而不同。

此外，说“好话”的还有一些其他的人。如美国哥伦比亚大学的学者奥戴德·申卡尔（Oded Shenkar）在他的《中国的世纪》一书中得出的结论是：中国大陆经济的崛起从根本上不同于日本、印度和亚洲“四小龙”的兴起，而更加类似于一个世纪以前美国的崛起。中国正朝着一个未来世界强国的方向持续而快速地迈进。他预测，在 20 年甚至更短的时间内，中国将成为世界上最大的经济体。此外，中国学者刘涛也写了一本《中国世纪》的书。英国《泰晤士报》记者威廉·里斯·莫格（William Lord Ress Mogg）在一篇题为《这是中国的世纪》的评论中也发表了类似的观点。

2011 年 6 月 17 日，在加拿大多伦多举行了一场题为“21 世纪是否属于中国？”的辩论会。辩论会中，正方是中国经济学家李稻葵与哈佛大学历史学家尼尔·弗格森（Niall Ferguson），反方是亨利·基辛格[①]（Henry Kissinger）与法里德·扎卡里亚。辩论涉及对于中国在经济、政治、外交等

① 亨利·基辛格，美国著名外交家、国际问题专家、美国前国务卿，著有《论中国》《大外交》《白宫岁月》《领袖们》和《世界秩序》等书籍。

几大方面未来前景的争论。辩论各方虽然在主要议题上各持己见，但是对于中国崛起是否会威胁到西方的利益，双方倒是取得了一致。李稻葵指出：不管能不能，中国实际上根本不想统治世界。弗格森说："统治全世界从来就不是中国的理想，过去不是，现在不是，未来也不会是。"作为补充，反方的基辛格表达了两个基本观点：其一，中国自己的经济、社会问题非常多，如收入差距、发展方式转变、经济发展的持续动力、经济结构的调整、地区发展的不平衡等。因此，中国不可能腾出手来致力于在世界范围的扩张；其二，中国生存的国际环境非常恶劣，周边国家并不友好，对中国充满猜疑，因此，中国很难在世界上称王称霸。

关注"中国世纪"这一话题的不仅有国内媒体，更有一些西方的主流媒体，如美国的《时代》周刊、《新闻周刊》《纽约时报》、CNN，英国的《泰晤士报》和《每日电讯报》等。其中，同样有赞同的，也有反对的。另外一些力求客观的看法认为，"在 21 世纪，美国的相对竞争力正在走下坡路，而中国的国力则趋于上升。这早就是既成事实。""中国正带着问题超速前行。""也许会出现一个中国世纪，但是那个世纪是 22 世纪，不是 21 世纪。"

应当看到，问题的实质是：一方面，谈论中国的崛起也好、复兴也好，或是中国世纪也好，无论是国内，或是国际，中国发展所面临的机遇与风险是共存的，成绩不能抹杀，但是问题也不能掩盖；另一方面，对于中国自身而言，既要听得进"好话"，也要听得进"坏话"，既要承认民主有特色，但又不能固步自封。

很显然，"好话"无需过多引述，因为，这毕竟是主流。接下来，再听一听某些所谓的"坏话"。与"好话"比较，说中国"坏话"的文章远不够全面、系统和正式，这其中有"独裁国家""中国威胁论""中国崩溃论"以及所谓的《中国人权报告》等。

1991 年 9 月 10 日，《纽约时报》的一篇有关美中关系的评论写道："当今世界没有哪个国家比中国更敢于这么大胆地维护大部分美国人认为是过时，或邪恶的意识形态和价值观念。"这种说法当然应当算是一种出于某种顽固立场的攻击。

2001 年 7 月，美籍华裔律师章家出版了一本三百多页的书《中国即将崩溃》。在书中，作者断言："中国四大国有银行的坏账已经高到不能维持的地步。""中国现行的政治和经济制度最多只能维持五年"。此书后来不但上了《纽约时报》的畅销书排行榜，而且作者还成了各地争相邀请演讲的名人，甚至连美国国会也邀请他举办听证会。不过，事实证明，这个出生在美国，在中国上海工作过十余年但却始终不懂中文的美籍华人，以及那些追捧他的人实在是过于无知。

至于"中国威胁论"一类的文章倒是屡见不鲜。自 2000 年布什（George Bush）政府执政以来，在美国出现的"中国威胁论"包括了中国的经济威胁、军事威胁、科技威胁等各种不同论调。当代的"中国威胁论"相似于西方早期的"黄祸论"和朝鲜战争爆发后麦克阿瑟（Douglas MacArthur）曾辱骂新中国的"共产主义黄祸论"。而"中国威胁论"的一种理论版本是 2002 年美国芝加哥大学政治学教授、国际关系研究领域中的领军人物约翰·米尔斯海默（John Mearsheimer）发表的、颇具影响力的《大国政治的悲剧》一书。

在书中，作者指出：在一个由大国主导，但是又没有绝对权威统治的国际社会中，所有的大国都不会满意当前的权力分配，都会损人利己，追逐唯一的霸权。因此世界将会永远存在大国之间的竞争。这是国际政治始终都要遵循的悲剧式的历史循环。因为国际社会恒久的法则是，只有绝对的优势地位才是生存的最好保证，所以中国将是美国最大的威胁，中国必将像当年的美国一样，采用类似"门罗主义"那样的政策将美国赶出亚洲，寻求地区霸权。该书的结论是美国当然需要"遏制中国"。从美国现政府的所作所为来看，美国的国家战略确实正沿着这样的一条路线进行。

2012 年，在美国总统大选的最后一场辩论中，当辩论题目涉及中国问题时，两党候选人均指责中国"使美国就业机会流失"，但同时又表示，中国不是美国的威胁，中国可以成为美国的国际伙伴。不过，接下来，共和党候选人米特·罗姆尼（Willard Mitt Romney）声称，如果当选美国总统，他就将宣布中国为汇率操纵国。众所周知，美国从来就是一个言行不一的国家，其战略东移，以及在中国周边地区频繁的军事动作，说明它确实把中国视为威胁。

发表所谓的人权报告，是美国官方更为正式的攻击中国的一种方式。自20世纪70年代初开始，美国国务院每年都向国会提交人权国别报告。在美国国务院向国会提交的2011年度人权国别报告中，美国再次抹黑中国的人权状况。在谈及中国时，报告用了142页的篇幅，指责中国在少数民族、劳工权益、人口拐卖、贪腐和言论自由等方面的人权问题。

再看一些来自国内的批评。2011年11月，在北京召开了有一千多位国内外学者参加的“第二届财新峰会”。会议期间，国内有学者指出：“30年前，我们批判了‘两个凡是’的谬论；30年后，又有‘两个谬论’，里面包含了很大的危险——一个是‘稳定压倒一切论’，一个是‘中国情况特殊论’。”该学者认为，所谓“稳定压倒一切论”就是还要坚持人治，而“中国情况特殊论”实际上是站在了唯心主义的立场上，将政治制度与政治理念分开，一方面承认体制改革的必要性，但是，另一方面又反对理念上的变革。

会上，也有学者用苏联的经验教训，强调了不彻底改革的风险，该学者说道：“不少俄罗斯学者指出，一味地、片面地维持‘稳定’，是勃列日涅夫（Leonid Brezhnev DoeRidge）时期全面停滞的主要原因，勃列日涅夫靠‘稳定’维护其领导地位，也用‘稳定’来压制改革……然而，由于此前的历次改革都是局部性的改革，都只是对传统体制做一点修修补补，积累了大量问题，到了戈尔巴乔夫（Gorbachev）时期，可以说已经病入膏肓。”

另外，学者们还指出：“从中国起步阶段的结构化取向来看，中国改革的停顿事实上已经绵延了20年之久：政治上解决权力来源问题的局限，经济上解决产权的徘徊，文化上推出核心价值的困顿，选择改革突破口上的踌躇，全方位凸显了改革的窘迫状态。”“尽管执政后搭起了人民民主的基本制度框架，但既缺乏合理分权限制的宪政安排，也未能致力于操作层面上的程序性制度建设。这不仅使民主形式化、口号化，还造成新的过度集权、个人崇拜和制度化的等级特权，使专制政治传统依然深刻地影响着党和国家的政治生活。”“人类最容易犯的一个错误就是把手段当目的。党的领导也好，社会主义也好，都应当是让人民幸福的手段，不应当是目的。”

对于存在于中国模式中的经济问题，学者们的批评意见更为广泛。例如，学者们指出：“大部分‘十二五’规划中所包含的结构性问题在‘十一五’规划中就已经讨论，并且已经做过相当多的许愿。但是五年过后，多数问题不但没有改进，反而变得更加严重。”“以垄断行业为例，2008 年全国垄断行业的人口只占全国就业人群的 8%，但是却拿走了全国工资福利的一半，形成了巨大的行业不公。政府特殊利益膨胀，造成行政垄断严重，市场规则被破坏，导致公共政策制定的公平、公正性受到质疑，政府公信力下降。”“资料显示，从党的十六大以来，中国每年惩治的省部级腐败分子平均达到 8 人，而 2009 年竟然达到 20 人。”

近期，现任国务院研究发展中心研究员、经济学家吴敬琏指出：如果改革不彻底，就会形成新的利益集团。由此已经产生的弊病包括腐败、寻租、社会不公。“改革初期的阻力主要来自意识形态，而此时则主要来自既得利益……推动国有垄断企业和政治体制改革，意味着政府要对自身进行改革，改革由此进入更为艰难的攻坚战，进度明显放慢。”吴敬琏曾于 2005 年荣获首届“中国经济学奖杰出贡献奖”。同他的其他许多观点一样，其所言往往是带有善意的批评。

2013 年，面对价格仍在上涨的房地产市场，政府发布了“国五条”。随后，各地的细则也在 3 月底密集发布，其中大部分城市都提到了要在年内增加土地供应和保障房、廉租房的建设。对此，有业内专家表示：去年就说了，但最后也没完成，政府老说空话，国土部没有完成土地供应计划也没问责，没有人对政府的错误或者完不成计划承担责任，所以“永远不会完成任务”。

在谈论中国问题时，还有一些观点比较居中，难以将其做“好话”与“坏话”之分。持有此类观点的人一般的出发点是力求客观与公正。不过，这其中也不乏带有一定的倾向性。曾在吉米·卡特（Jimmy Carter）总统时期担任过美国国家安全助理的兹比格涅夫·布热津斯基（Zbigniew Kazimierz Brzezinski），是在国际上颇有影响力的三本书《大抉择》《大棋局》和《大博弈》的作者。2012 年，在新书《战略远见：美国与全球权力危机》中，布热津斯基说：“中国的崛起不仅标志着西方一家独大的终结，也标志着全球权力中心的相应东移。”“不可否认，中国的发展可能会因为国际对中国产品的需求下降而受到负面影响，全球性的金融危机也有可能逆转中国的发展势头。此外，由于社会差距扩大，中国社会变得越来越紧张。这种局面可能会产生政治不安定。”“更大的危险有可能来自一个截然不同的危险源，它不太像是个经济危险，倒很像是个政治危险……”“中国自己的内部政治和社会发展有挥之不去的潜在不确定性。政治上，这个国家从以前的激进形式（特别是‘大跃进’和‘文化大革命’），演变成越来越具有民族主义色彩的威权主义。到目前为止，这一新形式一直展现着举世瞩目的经济成就。但是，它的社会基础可能证明是不堪一击的。如前所述，中国的经济增长和社会福祉的提升已经造成严重的社会不平等，而这一点再也不能掩公众耳目。”

以此类口吻发表见解的还有一本《后美国世界》的书。据称，该书曾帮助奥巴马（Barack Obama）成功赢得竞选。该书的作者法里德·扎卡利亚是一位美籍印度人、美国《新闻周刊》国际版的主编。与布热津斯基比较，由于职业经历和身份的不同，显然扎卡利亚的观点要更全面一些。扎卡利亚在书中说：“一个集权制度政府能使经济保持这么长时间的高速增长，这实在是不同寻常的。”“中国也是世界上最大的财富持有者。中国的外汇储备达到 1.5 万亿美元，比居第二位的日本多 50%，是欧盟所有国家外汇储备总额的 3 倍。”“迄今为止，中国的崛起已经梦想成真，但对国际社会造成的震动却十分有限。”

在谈到中国存在的问题时，他的观点显然更为客观：“腐败现象也屡禁不止，而且腐败案件的高官涉案率急剧攀升。地区差距也不断拉大，贫富差距高得惊人，导致社会矛盾异常紧张。”“从许多方面看，中国的问题正是由它所取得的成功造成的。史无前例的经济增长引发了前所未有的社会变革。中国把西方200年的工业化进程，压缩在30年里就完成了。”

20世纪美国最著名的外交家、国际问题专家亨利·基辛格在其2012年的新作《基辛格：美国的全球战略》中说：“邓小平打赢了经济战，而在政治领域继续保持共产党的统治地位。他选择了一条自相矛盾的道路：为了完成一场经济和社会革命，强调政治稳定。邓小平认为，他反的是混乱，而不是民主。”“从意识形态角度解释美中关系造成的挑战也不能给布什政府任何指导，因为中国的行为主要受19世纪民族主义论的影响，而不是19世纪的马克思主义。”

此处，特别需要引起注意的是，基辛格的这种印象，不是从别人那里，而是从毛泽东和邓小平等老一辈领导人身上得来的。对于所有人来说，这一点是绝对不能被忽略的。在谈到历史观时，他说：“中国经历过14个朝代，其中10个朝代中的每一个都比美国的整个历史要久。”涉及中美关系，他的看法是：“倘若其他国家认为，美国奉行与中国为敌的政策主要是因为看到中国经济上日益强大，且厌恶中国的意识形态，美国只会孤立自己。”“与中国对抗只应是万不得已的手段，而不应是一种战略选择。”

以上引述的各种观点并不算多，不过基本上可以从中得出一些结论：其一，虽然，中国经济上所取得的成就无可否认，但是，对功劳是否完全属于政府，尚有争议。正如国内某专家所说，是人口红利带来的低廉劳动力、城市化进程带来的消费、垄断行业改革带来的变化、高新科技产业化带来的新经济，以及比较优势带来的贸易顺差等因素推动了我国经济快速持续的发展，不能将此归功于政府的管制和国有企业的垄断。其二，有关中国存在的问题，各类观点中，扎卡利亚所谓“从许多方面看，中国的问题正是由它所取得的成功造成的”倒显得颇带些辩证唯物主义之意，即中国的问题与成就是孪生的，不能因为有了成就，就忽略掉问题。其三，看问题必须从多方面入手，既要看到经济与科技，也要看到政治与社会。至于是否将出现“中国世纪”，要从分析中国综合国力的发展入手，不能只看经济上的成就。

二、四种人论政：文人、学者、政治家、老百姓

对于论政者而言，实际上，说“好话”和说“坏话”相对都简单，说实话、真话却不容易，而要使所说的实话、真话，既全面、客观，又准确、深刻则更难。

如果对上文所列举的“好话”和“坏话”再做进一步的分析，可以发现，发表议论的一般可分为三种人：文人、学者、政治家。这三种人的身份、知识结构和经历不同，因而各自的文风和观点自然也大不相同。当然，除此之外，社会上还有所谓的“百姓论政”或称“平民论政”。不过，与上述三种人论政比较，虽然“百姓论政”的权威性、代表性、说服力与影响力要小得多，但是，这毕竟是发自于社会最基层的声音，因此，对于执政者而言，体察民意，注意倾听百姓的意见，显得格外重要。

看什么是所谓的“文人论政”？所谓“文人论政”，实际上是中国特有的一种政治文化现象。近代以来，与美国人只关心个人利益、不关心政治相比，中国激进的知识分子一直就有议事、论政的传统。这其中，民主和制度等重大的政治性问题一直是他们关注的重点，揭露、批评，甚至抨击制度的不合理性是其主流。在中国，此种现象就被人们称为“文人论政”。实际上，文人论政现象的产生与多方面的因素有关。

其一，近代以前，中国封建社会历史文化悠久，经济繁荣昌盛。近代以

后，由于屡遭外国势力的入侵，中国的国力渐衰，民不聊生。在历史与现实的巨大反差之下，面对国家衰败、政府腐败无能，自然就引起了诸多知识分子忧国忧民的情绪和议事论政的冲动。

其二，近代以后，随着西方传教士的进入，清朝时期“洋务运动”的展开，尤其是新闻与报业的兴起，便形成了中国特有的文人论政的风气。因为，发新闻，办报纸，最主要的职业技能就是要有文字能力和写作水平，而按学科分类，这显然属于文科的范畴，是文人的特长。

其三，由于中国有五千多年的文明史，并且绝大部分时期是处于近代以前的封建社会。而中国封建社会所创建的、属于自己的学问，主要集中在了哲学、文学、历史、政治和军事等方面，缺乏的是近代以后才由西方引进的社会学、经济学、心理学以及几乎全部的现代自然科学等。所以，这一现实所最终产生的影响是，直至当今，相当一部分的中国人，尤其是年长的中国人，无论是在写作手法，或是表达方式上，仍然在延续“文人议事”或“文人论政”的传统。

在近代历史上，文人论政始于改革帝制、变法维新的诉求，这在中国确实曾经起过积极的作用。清末时期的革新派人物中，有被称为中国文人论政开拓者的王韬、梁启超、胡适、黄远生、陈独秀、章太炎、胡汉民等人，他们救国的口号是“天下兴亡，匹夫有责”。这正如美国著名的汉学家费正清所说的：“中国有过一个强烈而确有感召力的传统，每个儒生都有直言反对坏政府的道义责任。”中国文人论政的重要人物胡适认为，主办舆论要有四方面的能力：须能文，须知吾国及世界史事时势，须具远识公心，须具决心毅力。早期文人论政的报纸刊物有《新青年》《每周评论》《努力周报》《新月》《大公报》《独立评论》《自由中国》等。

在当代，对中国的文人论政持正面看法的人认为，文人论政的主流体现了爱国热情、责任感、公正、客观和理性。而否定的观点则认为，中国的这类知识分子浅薄、片面，民主意识有缺陷，缺乏独立的人格。尤其是时代不同了，文人论政的这种过于传统的思维方式和论事风格，已经越来越失去了说服力。并且，当代传统文人所具有的知识结构也完全适应不了现实的要求。用某个头脑清醒的文人自己的话说就是："文人论政已是明日黄花，今日的喉舌已不再需要它了。"

什么是所谓的"学者论政"？所谓"学者论政"，一般是指当代的国内外专业研究人员以论文的形式发表政治见解的现象。所谓专业的研究人员自然是专门从事政治、经济或社会问题研究的学者。其文章的特点是力求全面客观，有分析、有论点、有论据、有建议。不足之处在于，其中大部分的文章往往带有学院式的文风，虽然面面俱到，但却抓不住重点。不过，也不能一概而论。在学者中，有理论建树的也不乏其人。或许，对于这类学者，应当称其为专家学者。专家学者与一般学者的区别在于，专家学者有更丰富的知识、更深的阅历，并且对于所关注的问题有更深入的研究和更深刻的见识。换句话说就是，专家学者能够理论联系实际，而一般学者只会做表面文章。尽管如此，无论是说"好话"，还是说"坏话"，"学者论政"总是强于"文人论政"，因为毕竟时代不同了。

此外，说话更有分量的人物当然应属政治家。与一般人相比，政治家有别人所不具备的特殊身份和经历。政治家论政的特点是，并不依赖于发表长篇大论，但是文风简单、明了、深刻、一针见血。具体来说，以国外的专家学者和政治人物为例，约翰·奈斯比特、马丁·雅克、法里德·扎卡利亚，此三人对于中国的事物，前两人的观点完全属于赞扬派，后一位的观点力求客观，偏向于居中。亨利·基辛格和兹比格涅夫·布热津斯基无疑属于政治家。此二人对中国问题发表的见解有两个特点，一是完全出于美国的国家利益，另一个是基本上还算客观。

所谓的"百姓论政"，或称"平民论政"是什么呢？2005 年 4 月，广东省中山市在户外公开举办了第一期"城市规划提升现代生活"的城市论坛。到场的都是论坛嘉宾，市民自愿参与，不设任何限制，可围绕主题自由发言、参与讨论，直接向政府职能部门的负责人提问、质询，面对面对话。此后，由中山市委宣传部主办、市各职能部门分期承办的"城市论坛"，连续成功举办了许多期，论政的内容涉及与广大市民切身利益直接相关的社会治安、公共建设、城市管理、市场管理、社会保障、未成年人教育、医疗卫生等诸多民生方面的议题。

在广东省中山市举办面对面的“百姓论政”以后，全国各地便开始通过广播电视和网络媒体等渠道，举办类似的活动。2010 年“两会”期间，湖北武汉市开通的“百姓论政”栏目吸引了广大市民的关注和参与。2011 年 3 月，在第十一届全国人大四次会议召开期间，中国网络电视台《焦点访谈》栏目也搭建起了亿万百姓论政的平台。平民百姓对“两会”的愿望、期待、意见或建议，都可以传递到两会现场，与代表委员进行交流。

据报道，2016 年中国的网民人数已经达到了 7.31 亿，相当于欧洲人口总量。“网民论政”的特点是方便、快捷，适合于广大网民对当前的时政热点事件和人物发表看法，能够充分激发起年轻人“论政”的热情。根据《2016 政务指数 · 微博影响力报告》，截止到 2016 年底我国已开通认证的“政务微博”为 16.45 万个，政务微博总互动量超过 51 亿次。报告指出：“政务微博”在政府信息公开和舆情应对体系中处于重要地位，与当地经济发展水平、网民数量和互联网普及率都有明显正相关。“政务微博”所涉及的范围包括公安、交通、司法、教育、医疗、宣传等领域。

通过以上简单比较，能够得出的结论是：对于执政者而言，“兼听则明，偏听则暗”只是一般的道理，更需要注意的还是说话人的身份和文风，尤其是需要注意倾听那些来自普通平民百姓的声音；对于论政者而言，实际上，说“好话”和说“坏话”相对都简单，说实话、真话却不容易，而要使所说的实话、真话，既全面、客观，又准确、深刻则更难。

三、从数据看中国

和平崛起的外部环境只可能是大国间战略力量均衡的产物，而绝不可能是一种一厢情愿的结果。

以前面提及的“文人论政”为例，从文风来看，其观点的推出带有一个明显的特征，即这类文章的论述基本上是以定性推理为主。虽然“文人论政”并不是完全没有事实和数据，但是相比之下，这种定性推理的表述方式，其客观性肯定值得质疑。进一步说就是，世界上的事物是复杂的，正确的方法只能是写有论有据的文章，彻底放弃已经过时的所谓“文人论政”的文风。因此，如果要对中国在崛起的过程中所取得的成就以及存在的问题做全面的评价，最终还必须用客观的事实和数据说话。

国际上公认的评价国家实力的报告主要有两大类，一个是“国际竞争力”报告；另一个是“综合国力”报告。“国际竞争力”一般被认为是一个国家或地区帮助企业保持竞争力的能力，这种能力包括国内经济、国际化程度、政府政策、金融环境、基础设施、企业管理、科学技术和国民素质等八个要素，每个要素又包括几十项指标。“国际竞争力”报告的关注点集中在了经济、科技和管理方面。与之不同的是，“综合国力”报告弱化了对经济力和科技力的分析，增加了国家在外交、军事和资源上的力量对比，更加注重国家的安全形势。简单说来，一个关注的是“发展”；一个关注的是“安全”。

因举办达沃斯峰会，瑞士的经济研究机构“世界经济论坛”发布的国际竞争力报告一直备受关注。世界经济论坛是一个国际非政府组织，每年在瑞士达沃斯举办一系列有关世界经济的会议。报告分为12个评估项目，包括基础设施建设、教育医疗水平、政府及市场运作效率等方面，满分为7分。

自1986年起，瑞士洛桑国际管理学院（IMD）每年发表一期《世界竞争力年鉴》（简称《洛桑年鉴》），对有关国家和地区的国际竞争力进行分析评价，并排出名次。1994年，中国被正式列为评价对象。2003年，《洛桑年鉴》又在以往国家（地区）与指标的基础上推陈出新，把各国（地区）按照人口多少进行了重新划分和排名。与之相应，中国的国际竞争力在人口超过2000万的30个国家和地区中排名第12名，其中，科学基础设施也为第12名，而技术基础设施的排名则在第23名。不过，《洛桑年鉴》的评价体系在2001年和2003年发生了两次较大的变动，其相应的评价结果也随之发生了较大的变化。在IMD发布的《世界竞争力年鉴2014》中，美国第1名，瑞士第2名，新加坡第3名，中国排名第23位。

2010年10月，孙冶方经济科学基金会、中国社会科学院城市与竞争力研究中心、中国社会科学院财政与贸易经济研究所、社会科学文献出版社在北京共同举办了《中国国家竞争力报告》研讨会。会上发布了由倪鹏飞博士主持撰写的《2010国家竞争力蓝皮书》。

蓝皮书分析了1990—2008年，中国在全球100个主要国家的位置及其变化，将中国的国家竞争力由原来的第73位提升至第17位。2008年，全球100个主要国家和地区国家竞争力排名前10位分别是：美国、欧盟、日本、韩国、新加坡、德国、英国、荷兰、瑞士、法国。根据社科院发布的这个蓝皮书，2010年中国的国际竞争力在全球列第17位。蓝皮书还比较了中美两国的国际竞争力，认为美国的整体竞争优势依然较大，大多数领域都领先于中国，但是中国国家竞争力的发展潜力巨大。蓝皮书提出了以所谓“梯次追赶战略”为路径的发展中国家竞争力的总体战略目标，即按照高端引领、重点跨越、规模竞争、多层合作、国家营销、内外互动、制度创新的步骤逐步实施，争取在2020年，使中国成为国际竞争力强国。

2013年1月,《第一财经日报》发表了一篇题为《央行资产负债表：10年膨胀之后首度缩水5100亿》的文章。文章称，10年之中，中国央行的资产负债表整整扩张了8倍。按资产论，中国央行已是世界最大。在西方国家对美联储、欧洲央行资产负债表迅速膨胀忧心忡忡之际，中国央行的资产负债表却走上了一条截然相反的道路。在中国央行资产负债表悄然收缩的同时，欧美央行的资产负债表却大举扩张。一直以来，中国央行资产负债表中，外汇资产占比超过80%以上。这种资产配置严重外化，意味着对内配置的资产数额较低，从而使得央行进行宏观金融调控的能力严重弱化。

2015年7月,《中国国家资产负债表2015》发布。资产负债表显示：中国国家总资产达人民币691.3万亿元。2000—2014年，中国主权资产从人民币35.9万亿元增加到人民币227.3万亿元，增长191.4万亿元，年均增长13.7万亿元。2000—2014年，中国的主权负债从人民币21.4万亿元增加到人民币124万亿元，增长102.6万亿元，年均增长7.3万亿元。在此14年间，国有企业债务，以及地方政府债务增长非常迅速。2000—2014年，中国的主权资产净值从人民币16.5万亿元增加到人民币103.3万亿元，增长86.8万亿元，年均增长6.2万亿元。

2016年《世界经济黄皮书》指出，2015年世界经济增速放缓，反映出全球复苏之路崎岖艰辛。大宗商品价格继续下降，全球的物价水平增速下行，部分经济体面临通缩压力。发达经济体需求管理政策效果显现，但可持续性堪忧；美联储加息为全球经济带来不稳定因素；大宗商品价格下跌已见谷底；内外经济政策高度政治化，许多经济体内外经济政策和结构改革受到既得利益集团不断掣肘；地缘政治变化和自然灾变亦会对世界经济运行与业绩带来负面干扰。黄皮书指出，中国经济未来的增长点在于“人力资本红利”，而人口老龄化是中国经济潜在增速下降的一个重要背景。

论及中国近年来的经济状况，2010年以来，中国宏观经济指标在调整中呈现出几个新现象：一是随着 GDP 增速逐步回落到 8% 以下，CPI 却保持相对稳定，没有出现整体性通缩；二是服务业有所发展，就业水平并没有恶化；三是总体金融风险在持续上扬。对此，传统的凯恩斯经济理论，即所谓“增量经济学”和“内循环经济学”已很难解释，而只能用开放环境下的新经济增长理论来解释。不过遗憾的是，这样的理论大师现在还没有出现。

再看另一类有关“综合国力”方面的报告。由于经济全球化和国际金融危机加剧了国家之间的竞争，世界主要国家都在积极地谋求国际竞争力的提升。2011 年 10 月，在中共十七届五中全会上，“综合国力、国际竞争力、抵御风险能力显著提高”已经成为了“十二五”经济社会发展的九个主要目标之一。应当注意的是，这里提及的“国力”是国家在以上三个方面所具有的不同能力。而本书分别引述几种不同评价方法的目的，只是在于通过对比，更加全面和客观地认识问题。

在中国社会科学院发布的《国际形势黄皮书——全球政治与安全报告（2016）》中，美国以几乎所有项目的绝对优势排在第一位，其综合国力遥遥领先于其他国家，这显示了美国超强的国力。俄罗斯的综合国力排名第二。俄罗斯继承了苏联的主体部分，拥有强大的军事实力和强大的核武器库，是仅次于美国的世界第二军事大国，但其各种力量极不均衡。国力资源中只有自然资源具有一定优势，而在技术力、人力资本、资本资源和信息力上都处于相当劣势。中国的综合国力排名世界第三。中国是文明古国的唯一幸存者，世界第一人口大国，是拥有完整的基础工业的世界第二大经济体。

“综合国力”的概念最早由一些西方的学者在冷战时期提出。那时，开展对综合国力研究的目的，是要用综合国力的研究结果来判断和评估国家的强弱，并服务于制定国家战略的需要。在一些相关的研究中，美国乔治敦大学战略与国际研究中心主任克莱茵（Ray Cline）在《80 年代世界权力趋势及美国外交政策》一文中提出的“国力方程”：$P=(C+E+M)\times(S+W)$ 最具有代表性。在该方程中，C（Critical Mass）表示人口和国土面积，E（Economy）为经济实力，M（Military）为军事实力，S（Strategy）为战略目标，

W（Willingness）为全民意志，S+W为“软实力”。

有关“软实力”的概念，最早由美国哈佛大学教授约瑟夫·奈（Joseph Nye）提出。按照约瑟夫·奈的解释，“软实力是通过劝说和魅力，而非通过威胁或军事力量来影响别国的能力”。约瑟夫·奈担任过美国助理国务卿，除《软实力》以外，他还写过《美国实力的悖论：为什么世界上唯一的超级大国无法单独行动》一书。不过，克莱茵对于“软实力”的理解与约瑟夫·奈有所不同。前者强调了“软实力”在国家内部，对于国家权力机构的执行效率所起的作用；后者强调了在国家外部，外交所具有的影响力。此外，克莱茵还从结构上对上述五要素作了进一步的细分，并设定了相应的权重。

克莱茵“国力方程”的优点在于：“国力方程”中，“软实力”与“硬实力”之间不是并列关系，所以没有相加，而是相乘。其用意表明，“软实力”是一种可以改变某国整体综合实力的效率因素。克莱茵“国力方程”的不足之处在于：指标中显然缺少了科技T（Technology）和外交D（Diplomacy）。然而，一方面科技代表了第一生产力，是一个国家经济发展的最直接动力；另一方面对于国家的经济利益和安全环境而言，外交的作用无疑也是至关重要的。

2013年9月和10月，习近平在访问中亚四国和印度尼西亚时，分别提出建设“丝绸之路经济带”和21世纪“海上丝绸之路”的构想，即寻求经济合作，互联互通，通过对外投资，缩减外汇储备，输出过剩产能，以实现共同发展、多方获利的“一带一路”的经济战略。此后，“一带一路”的构想写入了中共十八届三中全会《决定》，上升为国家战略。

2014年5月，习近平在河南考察时，从当前中国经济发展的阶段性特征出发，首次提出适应“中国经济新常态”。对于“新常态”，专家们的解释是，自2010年GDP规模取代日本成为全球第二之后，中国经济出现了明显不同于前三十多年的特征，从政策的层面说，应对“新常态”有以下几个方面措施：

1. 经济增速正式告别 8% 的快速增长，预计潜在增长率在 2020 年前后回落至 7.5% 左右，对此将采取“微调”与“预调”常态化。

2. 宏观政策告别常态的调控和刺激，经济增速在 7.2% 以上的合理区间，不会采取非常规的刺激措施。此外，打破“调控”与“被调控”的两分法，将改革与调整贯彻到底。

3. 由于经济增长的动力发生转换，政府投资要让位于民间投资，出口让位于国内消费，创新驱动要成为影响中国经济成败的重要因素。

4. 重视结构性问题引发的系统性风险。在推动新型工业化的同时，强力扶持服务业。经济结构调整应强化“定向宽松”与“定向收紧”相组合。货币政策要在保持总量稳健的基础上，对“三农”和“小微”企业进行定向宽松，对房地产、产能过剩行业进行定向紧缩。

5. 告别货币推动型增长模式，降低对于经济增长的预期，控制好包括房地产在内的资产价格泡沫和债务杠杆。突破教条的传统分类治理，强化综合治理的导向。在“新常态”中，社会、经济、宏观、微观的运行体系都面临重大调整。

然而，受地缘政治、大国博弈、世界经济低迷和去全球化趋势的影响，从 2015 年至 2017 年初中国经济下滑的速度却远快于专家们的预判。当前，在美国和西方发达国家难以继续主导全球贸易协定的情况下，美国重返亚洲，推动 TTP 跨太平洋贸易与投资协议，以及所谓推动“亚太再平衡”战略的主要企图，显然是从政治、经济、军事三个方面遏制中国的发展。由此可见，中国的“一带一路”也好，“中国经济新常态”也好，实际上是对美国从经济上遏制中国发展的反制措施。

论及大国之间在外交和国际关系上的战略博弈，另一个值得注意的重要人物是国际社会学派的著名学者、英国人马丁·怀特（Martin Wight）。在《权力政治》一书中，他将国家的等级按实力分为四种类型：次要国家、大国、支配大国、世界大国。次要国家是缺乏军事实力的国家；大国是有能力对另一个大国开战的国家；支配大国是有能力对他国联盟开战的国家；

世界大国是在全世界拥有广泛利益，并且有能力对其所拥有的这些利益提供有效保护的国家，这当然是指像当今美国这样的国家。马丁·怀特划分国家等级的标准是一种定性的标准，其主要依据就是国家的军事力量。马丁·怀特还指出，由大国支配的近代世界格局可以划分为几个历史阶段：1815 年开始的工业革命时期；1914 年开始的第一次世界大战时期；1939 年开始的第二次世界大战时期；以及第二次世界大战以后。他认为，这些国家中，英国、法国、俄国属于传统的欧洲大国，美国、中国是欧洲以外的后起之秀。

在《权力政治》一书中，马丁·怀特重点关注的领域包括国家体系、国际政治和国际关系。同时，他也高度重视文化传统、价值观、政治理念和历史经历所具有的影响力。他认为，国家体系是由共同文化传统维系的；而国际关系则是由共同利益、价值观和历史经历之间所构成的互动形成的。此外，他更注重国家的军事实力以及国家之间的战争对于人类社会发展的影响。这正如他在书中所说："大国地位因暴力而丧失，正如它靠暴力而赢得一样。"很明显，如果冷静地看待马丁·怀特的观点，其所言还是值得警惕的，因为从 1914 年开始的"第一次世界大战时期"，1939 年开始的第二次世界大战时期，1945 年开始的"冷战"，1991 年"冷战"的结束，再到当今，人类社会在从近代、现代到当代的一百多年中，世界有 77 年都没能脱离战争所带来的灾难和威胁。

由此可见，国家之间政治与军事的战略博弈与均衡无疑是"综合国力"之中的重中之重。要改变它，除非这个由西方强权意识所主导的世界能产生一次革命，或者"强权意识"被放弃，或者被抑制，否则就只能是奢谈和平。也就是说，如果中国要想认清自己在这个由西方意志所主导的世界环境中所处的位置，就必须对大国间政治与军事的战略博弈有客观和准确的评价。和平崛起的外部环境只可能是大国间战略力量均衡的产物，而绝不可能是一种一厢情愿的结果。

综上所述，可以得出的结论是：无论是颂扬中国所取得的经济成就，还是批评中国在改革过程中存在的各类问题，发表观点，必须要有事实、有数据、全面和客观，否则就不具有说服力。换句话说就是，必须认清，当今时代所谓的“文人论政”已经失去了意义，尤其对探讨民族生存与发展的大话题来说，更是如此。读者需要看到的是具体、详尽、有论、有据的表述，而不是相反的情况。

四、解析中国奇迹

在过去50年，中国的投资率已经比其他任何国家在任何时期都要高，中国的资本增加在世界上任何国家都是史无前例的。

在对中国崛起的原因进行分析时，英国《金融时报》副主编马丁·沃尔夫（Martin Wolf）认为，中国经济的高速发展主要是由于投资的拉动。他说："中国在过去25年来取得的成功，最基本的经济发展动力主要是投资，达到了GDP增长的一半。""这个独特性非常重要，中国没有按照日本的发展模式去创新，而是在发展过程中保持非常高的储备力。我发现中国的发展是同韩国和中国香港的发展结合起来的模式，在过去50年，中国的投资率已经比其他任何国家在任何时期都要高，中国的资本增加在世界上任何国家都是史无前例的。"

美国哈佛大学肯尼迪政府学院国际政治经济学教授丹尼·罗德里克（Dani Rodrik）认为："中国1978年之后的经验常常被描绘成经济自由战胜政府监督、市场战胜计划的典型……但这个标准忽视了一个核心要点：中国的政策并非只是大爆炸的'华盛顿共识'改革的一种渐进的，或更加务实的版本，而是一种完全不同的思维模式。"世界银行、英国《经济学家》杂志和俄罗斯《生意人报》则一致认为："中国是经济全球化最大的赢家之一。"这两种观点，前者强调的是内部制度性因素的推动作用，后者看重的是外部的环境因素。

2004 年 4 月，在谈到驱动中国经济持续发展的动力时，博鳌亚洲论坛秘书长龙永图将其归纳为三个方面：改革开放、不断扩大的内部需求和世界经济全球化。龙永图所代表的当然是官方的看法，他的观点既简单又明了。此外，经济学家林毅夫也曾指出：国际上推行金融体制改革是建立大银行体系，但对于发展中国家，90% 的生产活动是中小企业和农户经营的制造业和服务业。如果照搬西方模式进行金融改革，结果 80% 的生产活动可能得不到金融支持。

2009 年 4 月，在论及如何持续以及是什么力量推动了中国经济的发展时，时任社科院副院长李扬在一篇题为《储蓄大于投资是我国经济核心问题》的文章中指出：2000 年以后，我国居民储蓄率在下降，政府储蓄率在不断上升。政府储蓄率上升的源头在于，一是政府投资引发的政府储蓄倾向的上升，二是初次分配和再分配环节中，收入分配向政府部门倾斜。因此，他建议降低储蓄要"减税增支"，将政策的基本着力点放在改善收入分配结构上。他认为，支撑中国经济良好增长的因素包括中国人口红利带来的低廉劳动力、城市化进程带来的消费、垄断行业改革带来的变化、高新科技产业化带来的新经济、加入全球经济运行发挥比较优势带来的贸易顺差等。

在另一位一直关注和研究中国改革开放制度变迁的经济学者看来，"中国奇迹"的关键是，"中国三十年来所取得的巨大成就，与改革开放吻合了经济长期增长的基本逻辑密不可分。同时，中国市场规模之扩大的途径与步骤又确实是举世无双"。而且，按照他的理解，改革开放是由一项项具体政策措施、法律法规、管制条例等制度构成的，内容繁杂，时分先后，由此便出现了"制度组合""时机把握"与"实施顺序"问题，"而所谓'中国特色'，大致集中体现于如何处理它们。"这三项条件，缺失任何一个都不可能会有中国改革开放创造的体量惊世的"中国奇迹"。

2008 年 12 月，《瞭望》新闻周刊发表的一篇题为《中国奇迹的历史动力：在正确的时间以正确的顺序做正确的事》的文章认为，有六个方面的因素是产生“中国奇迹”的关键：一是具有中国特色的发展模式；二是持续连贯的经济政策；三是高投资率和高储蓄率；四是对经济发展支撑能力不断增强的基础设施和基础产业；五是强大而雄厚的人力资本；六是繁荣而活跃的多种所有制结构。

另外，也有中国学者试图从科技、教育和政治经济的角度，来解读中国的经济奇迹，认为：中国的经济奇迹是遵循了邓小平关于“科学技术是第一生产力”的发展战略的结果，并且也是坚持马克思主义和走有中国特色的社会主义道路所取得的成就。邓小平凭借坚定的信念、敏锐的思想、全局性的眼光和高超的政治技巧，在经济、军事、思想、文化、外交、干部制度等领域展开全方位的修旧立新和改革开放以保证经济的稳步推进；树立对外开放的思路、纠正两个“凡是”的错误、摸索中国的“自由民主”的界限、出访西方发达国家，充分打开了学习外国先进科学技术和管理经验的大门，重新建立了符合改革开放和现代化建设需要的各级领导班子等。因此，尽管中国目前仍然面临许多难题和矛盾，但从过去三十多年国力迅速提升这一基本事实看，中国的发展仍然为世界所瞩目。

从以上的各种观点中，能够引出的一个非常重要的议题是，究竟是强有力的政府管制、国有经济主导、城市化进程带来的消费、垄断行业改革带来的变化等内部制度性因素，还是人口红利带来的低廉劳动力、全球经济的产业化转移、高新科技产业化带来的新经济，以及比较优势带来的贸易顺差等外部环境因素，推动了中国经济快速持续的发展？换句简明的话说就是，中国经济之所以能够快速持续地发展，是得益于多种因素综合作用的结果。

对于中国经济存在的问题，经济学家陈志武在接受《人物周刊》记者采访时表示：中国的改革经验恰恰证明，新自由主义主张的经济、政治模式非但没有被否定，反而得到了中国经验的支持。中国的财政赤字占本国 GDP 的 2% 多，而美国为 1.6 万多亿美元，相当于美国 GDP 的 14.5% 左右，比中国高出 12 个百分点。但是，美国赤字这么高，是因为政府征税少；而中国的财务状况这么好，是因为征税高，税收占 GDP 的比例比美国多出 10 个百分点。所以，美国是真正的藏富于民……征税是一件非常严肃的事。在中国，把征税看得太随意。因为说到底，所谓征税，是把老百姓的收入通过一个合法的方式，转到政府手里。如果组建一个国家或政府的目的，是让老百姓的生活过得更幸福的话，没有比财富和收入影响更大的。保护财产、控制征税，是任何一个政治家或者政府应该坚守的核心底线。

2015 年 3 月 21 日至 23 日，“与世界对话，谋共同发展”成为当年“两会”后中国发展高层论坛的议题。与会学者就新常态下中国的发展与改革、财税政策、货币政策、对外开放，以及“一带一路”战略等主题发表演讲。多位专家在论坛上表示，中国经济已从高速增长转向中高速增长，但尚未从规模速度型的粗放增长转向质量效益型的集约增长。

五、民主的政治哲学

西方民主“实际上是垄断资本的民主，无非是多党竞选、三权鼎立、两院制”，“那种多党制是由资产阶级互相倾轧的竞争状态所决定的，它们谁也不代表广大劳动人民的利益”。

探讨有关中国体制问题，比较好的方法或许是从追述世界的政治历史开始。

论及“政教合一”，有人可能会将西方排除在外。但是，西方并不是没有出现过“政教合一”，而是已经经历过了“政教合一”。公元前 1 世纪，罗马帝国统一了欧洲，并强迫所有的欧洲人必须改信基督教，基督教成为罗马的国教。所有其他的宗教徒，不是被屠杀，就是被强迫改信基督教。当时欧洲基督教的覆盖范围囊括了所有地中海地区的奴隶制国家。此后，欧洲便进入了黑暗的中世纪，时间长达一千年之久。

中世纪时期的拜占廷帝国、阿拉伯帝国等国家曾长时间地实行所谓“政教合一”的体制。“政教合一”体制的基本特点是：国家的最高领导人和宗教领袖同为一人，政权和教权合二为一，人治是执政的主体；国家法律以宗教教义为依据，宗教教义是处理一切民间事务的准则，个体自由受到限制，人权屈从于政权和教权。“政教合一”制度是宗教和政治结合最密切的形式。近代资产阶级革命和欧洲的思想启蒙运动以后，许多国家实行政教分离制度，相继废除了“政教合一”的体制。

使基督教演变为其现代形态的最重要改革家是马丁·路德（Martin Luther）。马丁·路德写了《95条论纲》，他要求简化宗教仪式，消灭僧侣制，提倡让教会服从世俗政权，主张每个信徒都可以自由地读《圣经》和解释其权利。马克思是无神论者，他对马丁·路德有非常深刻的评价：“马丁·路德战胜了信神的奴役制，只是因为用信仰的奴役制代替了它。他破除了对权威的信仰，却恢复了信仰的权威。他把僧侣变成了俗人，但又把俗人变成了僧侣。他把人从外在宗教解放出来，但又把宗教变成了人的内在世界。他把肉体从锁链中解放出来，但又给人的心灵上套上了锁链。”

人们都知道，当代西方的政治体制主要由议会制、多党制和三权分立制度构成，其中包括了选举制度、政党制度、议会制度、行政制度和司法制度等。西方国家典型的政治制度分为三类：以英国为代表的君主立宪制，以美国为代表的总统制，以及法国的半总统制。英国的君主立宪制主要指责任内阁制，即国会分为上、下两院，上议院议员由王室后裔、世袭贵族、终身贵族、上诉法院法官和教会大主教及主教等组成，下议院议员由选民直接选举产生，下议院获胜的多数党领袖就会成为首相。首相负责组阁，内阁对首相负责，不对国王负责。美国的总统制实行分权与制衡的原则，即立法、行政、司法三种权力分别由国会、总统、法院掌管，三个权力部门互相制约，以达到权力平衡。总统为国家元首和最高政府首脑。

对于西方民主政治体制的实质，邓小平指出，西方民主“实际上是垄断资本的民主，无非是多党竞选、三权鼎立、两院制”，“那种多党制是由资产阶级互相倾轧的竞争状态所决定的，它们谁也不代表广大劳动人民的利益”。以美国为例，实际上民主只是一种表象，其政治体制中最突出的特点有两个，一个是资本的属性，另一个是宗教的属性。

作为资本主义发展到最高阶段的代表，美国在社会结构、国家体制、经济理论、运行机制和管理模式上，已经完全具有了金融垄断资本主义的性质，而美国政府的最终服务对象就是这种金融垄断资本家。有学者讽刺说：

美国实际上只有一个政党，那就是“财主党”，这个政党有两个分部——民主党和共和党。美国的政治就是有钱人的游戏，金钱政治已经成为了不争的事实。

再看美国的宗教属性。当代美国虽然是世界上最富有、最强大的现代化国家，然而它同时也是世界上公认的最具有宗教色彩的国家之一。很多人都把美国看成是一个追求物质享受的现代化的世俗国家，其实，宗教在美国社会和文化中的影响力十分巨大。美国并不完全是大量影视作品所表现出的那个美国。在美国，尽管与传统宗教准则相违背的行为广泛存在，自杀、未婚同居、离婚、堕胎、暴力、犯罪以及滥用毒品的比率居高不下，但是美国仍然是世界上宗教色彩最浓厚的发达国家。根据美国盖洛普公司的调查，在美国，有 95% 的人信仰上帝，其中 86% 的人是基督教徒。其中 60% 为新教教徒，其他信仰天主教的人群是 28%，信仰东正教的人群是 12%。

美国的宗教意识在普通的美国人和上层社会中，具有完全不同的含义。美国是一个以清教徒创立、新教教徒为主的社会。清教徒来自于英国基督新教中的加尔文教派，该教派具有强烈的天命意识，主张改革社会和改造世界，建立起一个实行基督教原则的基督王国。美国基督教中的保守主义和自由主义的斗争，一直影射到美国的两党之中。美国共和党的主要基础是基督教中的保守派，即福音派，林肯、里根、布什父子等人均在其内。福音派在美国成年人中有 1/3 的信徒。美国的民主党则主要依赖于犹太教、天主教和部分保留有天主教传统的新教教徒的支持，担任过美国总统的民主党人士有肯尼迪、约翰逊、卡特和克林顿等。

关于基督新教对于美国意识形态的影响，国内有学者指出：对于民主政治的合理性，西方国家都引用洛克（John Locke）和卢梭（Jean-Jacques Rousseau）的思想，社会主义国家则引用马克思的思想，而美国的主流意识则将此归结为上帝。“在美国，民主、自由、人权等，是被绝对化了的、含有崇高和神圣意义的词，意味着几代人的理想和奋斗精神及奋斗历程。”

接下来，再将与中国相似的其他社会主义国家的体制做个比较。朝鲜一直以“先军政治”为立国之本。与朝鲜相比，越南的政治体制已经进行了适度改革，包括：1. 司法独立，依法治国，中央及各级党委不干涉司法程序；2. 最高法院可独立审理党政高级领导的腐败案件，越共中央完全不干预审判；3. 禁止政府官员兼职国会代表；4. 实行《阳光法案》，国会代表和政府官员必须申报个人财产。

古巴的政治体制形式上与中国接近，由全国人民政权代表大会、国务委员会和部长会议三个部分组成。全国人民政权代表大会即议会，是国家最高权力机关，享有修宪和立法权，每届任期五年，每年举行两次例会。国务委员会是常设机构，由全国人民政权代表大会选举产生，在全国人民政权代表大会休会期间代表其行使国家权力。部长会议即政府，是国家最高行政机关。部长会议主席即为政府首脑，由国务委员会主席兼任。不过，与中国不同的是，古巴是事实上的终身制和世袭制。朝鲜和古巴基本上都以计划经济为主，目前两国都正在探索经济改革之路，学习中国。此外，由于坚持强硬的反美立场，大力推动国内的国有化改革，并修改宪法，南美洲的委内瑞拉也被认为正在转变为社会主义国家。

社会主义国家的共同点是：都受到苏联政治体制的深刻影响，由共产党执政，实行民主集中制，属于发展中国家，国有企业在国民经济中均处于主导地位。

作为一种政治体制，“党政合一”被认为是国家由一个政党主导，党的领导人就是政府的领导人，并且这一制度是一直延续的。世界上“政教合一”的制度已经延续了几千年，而“政党合一”政治制度的出现，则是第二次世界大战之后社会主义革命的产物，始于苏联及其所领导的整个社会主义阵营。随着社会主义的转型，目前，继续维持这一制度的国家已经不多了。

近些年来，东亚地区各国在实现了经济高速发展的同时，实行了一种既保留了本民族的道德文化传统，又具有现代性的政治体制。公民享受广泛的民主权利，新闻和大众舆论不受政府的干涉和控制，政府权力的产生通过多党政治以公开的“普推直选”方式完成，由此形成了所谓东方式的民主体制。这些国家包括马来西亚、新加坡、日本、菲律宾、印度尼西亚和韩国等。

新加坡前总理李光耀指出：在当今世界的所有国家中，只有二十多个国家实行的是英美式的民主法治社会。对于其他大多数国家而言，大众的生存与就业的权利，远比言论自由和参与政治更重要。因此，实行所谓软权威的政治体制，更能实现社会的和谐与安定。相反，民主只是实现社会秩序和经济福利的工具。西式民主存在的问题是：一方面，由于受选举和任期制度的制约，执政党更关注的是如何满足选民的短期诉求，如消费、福利和医疗等，再加上执政党的频繁更换，使得政策的连续性很难得到保证，必然会对长期的经济发展不利；另一方面，由于选举的过程和执政的政策，往往是各种利益集团之间力量博弈的结果，因此，国家长远的整体利益也难以统筹安排。

当然，对于如何理解和选择适合于本民族的民主形式，专家们也有争论。有人认为，所谓“亚洲式民主”就是把政治稳定和社会秩序放在个人权利和民主之上，个人利益需要服从于集体、社会和国家的利益，因此，不应将民主看成是超越其他社会价值之上的一种政治选择或终极目标。

另有专家指出，政治体制的选择会因地缘环境、历史文化和经济发展阶段的不同有很大的差异。第二次世界大战以来，没有一个国家能够使经济增长持续 25 年以上，而不出现政治民主化变革的。当全球的产业部门从工业化走向信息化，经济部门从国别经济走向区域经济和一体化，没有理由认为其政治特性不会发生变化。信息化和市场化的必然结果是市民社会的发展和社会力量的多元化，这将会削弱政治权威对社会的影响和控制。换句话说就是，经济上的多元化，必然会导致政治上的多元化。因此，进一步看，“亚洲式民主”也将会随着其内部各种政治、经济和社会因素的变化，而引发整个体制的变化。

美国学者格雷厄姆（William Graham）对于民主的看法更为独特，他指出：人民并非一个统一的整体，人民中间存在着不同的阶级、不同的种族、不同的信仰。人民是一个具有无限多样性的群体。这样的群体，不用说统治，它几乎不可能独自进行任何具有功能和效率的统一性活动。既然人民的统治在逻辑上无法成立，那么民主能否存在呢？这正如美国科学史家、科学哲学家托马斯·库恩（Thomas Samuel Kuhn）所说："你是无法用旧模式中的词汇来理解一个新模式的。"中国显然正在开创出一条人类社会发展的新道路。

2010 年 1 月，《纽约时报》刊登了卡特琳·本霍尔德（Katrin Bennhold）题名为《随着中国崛起，与西方经济冲突也在增多》的文章。文章认为：中国的政治制度的形成有其历史的原因，中国传统上历来有"民为贵，君为轻"的"民本主义"思想。清朝的覆灭、中华民国和中华人民共和国的建立并没有改变中国政治独立的传统特性。1978 年中国实行改革开放以来，资本的力量开始崛起，其影响力虽日益增强，但仍受政治权力的最终制约。

本霍尔德又写道："有人认为，中国的政治制度如果放到全球、两岸政治比较的视野下，就会发现中国真正与众不同的特色是有效的一党制，这才是中国经济成功的真正原因。中国缺乏'民主'是一个优势，让它可以作出不得人心但必不可少的变革。比如中国的计划生育政策，虽然与个人的意愿不相符合，但是却符合国家的整体利益。"该评论还将中国一党制的优势归结为以下六个方面。

第一方面，可以制订国家长远的发展规划和保持政策的稳定性，不受立场、意识形态和政党更替的影响。而低效率则一向是民主制度的通病。因为，任何一项决策都要经过不同利益集团的博弈，并伴随冗长的程序才能达成。

第二方面，对出现的挑战和机遇能够作出及时有效的反应，特别是在应对突发或灾难事件时更为明显。如，北京为迎接奥运会，三年建成首都机场三号航站楼，这在西方连审批程序需要的时间都不够。

第三方面，在社会转型期的特殊时期，可以有效地遏制腐败。西方的腐败为刚性腐败，中国的腐败是人性腐败。西方的民主选举必须要有钱，政治人物接受财团支持获胜后，要给予回报，这属于民主制度下原理。在中国，官员的任命除去人际关系或贿赂之外，还会受到个人资历、工作能力、群众测评诸多因素的影响，因而腐败主要与人性的贪婪、收入相对较低，以及法律监督不完善有关，不属刚性腐败。

第四方面，西方批评中国“绝对权力，等于绝对腐败”并不全面。因为，“绝对权力同时也意味着绝对责任”。在中国，政治人物有了错误，早晚最终都要被追究，而在西方的所谓民主制度下，政府出了问题可以推诿。执政党既可以将责任归咎为在野党的反对，也可以推卸给前任的失误。

第五方面，中国政治人才的培养过程漫长，能力是主要的标准。在西方，影响选举的因素除去党派和金钱以外，还涉及宗教信仰、种族和演讲才能等，但政治人物的从业经历和能力却被忽略了。

第六方面，中国的一党制可以代表全民，而在西方的多党制下，每个政党代表的利益群体各有不同，没有一个政党是全民的政党。

面对中国的高速发展和西方的衰落，文章还列举了英国 BBC 在部分西方国家做的社会调查的结果：在 27 国 2.9 万人的调查中，仅有 11% 的人认为资本主义在正常运行；而有 23% 的受访者认为资本主义存在致命弱点，世界需要新的经济制度；另有 51% 的受访者认为自由市场经济的资本主义系统需要规范和改革。被调查国中，最悲观的是法国人。有 43% 的法国人表示对资本主义经济制度完全失去信心，认为需要彻底抛弃。

由此可见，虽然专家们的各种意见往往会将简单的问题复杂化，但是问题的结论最终却还是可以简化的。因为，从哲学的角度看：其一，世上只有相对真理，没有绝对真理。凡事有一利，必有一弊，没有绝对的好与坏，国家的政治体制当然也如此。其二，世上没有一成不变的事物，上层建筑的变化必须适应经济基础的变化。因此，政府权力的产生和运用需要逐步与经济的发展和社会变化的现实相适应。其三，经济发展既需要有规则，也需要竞争，政治权力的产生与运用当然也同样需要。其四，实事求是，发展是硬道理，实践是检验真理的唯一标准。

中共十七大曾对中国特色社会主义政治发展道路作出过“一个统一”“四项制度”的概括和诠释，即：把党的领导、人民当家作主、依法治国有机统一起来，坚持人民代表大会制度，坚持中国共产党领导的多党合作和政治协商制度，坚持民族区域自治制度，坚持基层群众自治制度。在“一个统一”中，核心的内容是“人民当家作主”“党的领导”和“依法治国”最终要保障人民当家作主。并且，中共十八大报告也特别强调，必须坚持人民的主体地位。不断推动民主法治，是共产党人的历史责任和正确的方向。此外，对于中国香港和澳门特别行政区，中国政府还有“一国两制”等制度的存在。反过来说，对于中国而言，如果完全照搬西方国家的多党民主模式，势必存在以下问题：

其一，无论何种原因，中国的民主党派都过于弱小，无法担当领导国家的重任，因此，短时期内实行两党制或多党制尚不现实。

其二，创建新体制与维持旧体制的风险是同时存在的。不彻底改革现有的体制，各类矛盾将会越积越多，后患无穷；如果进行激进式的彻底改革，有 13 亿人口和 56 个民族的中国将存在分裂的风险。

其三，西方国家现行的民主模式并非完美无缺。以美国为例，其表面上的两党竞争、全民普选、三权分立，实际上最终维护的仍然是极少数垄断集团的利益。

其四，意识形态的信念与宗教的信仰是历史的积淀。同主导美国上层社会的基督教清教徒的信念一样，中国的社会主义信仰同样根深蒂固，其持续性至少能到“50 后”的人群。然而，人类的历史总是后浪推前浪，中国的将来必然要由“70 后”“80 后”“90 后”，以及更往后的一代人所主导。那时，又有谁能为他们的信念定规则呢？因此，把握中国政治体制改革的时代节点十分重要，政治理论创新必不可少。在体制上，这种理论创新的基础就是所谓的科学民主。

论及中国的政治体制改革，专家们提出了各种不同的方案。有的主张，现实的办法是先从党内的竞争性普选开始；有的主张，应立即解决的是司法独立；还有的主张，应当从政府的行政改革起步等。2008 年 7 月 8 日，中共中央党校副校长李君如在一篇题为《中国政治体制改革的回顾与前瞻》的讲话中，谈到了中国在建设和发展政治文明的过程中，出现了三个值得重视的走势：公民有序的政治参与，民主的制度化、法律化；通过党内民主来带动人民民主；中国共产党在宪法和法律的范围内活动，坚持依法治国、依宪治国。这三大走势的指向很明确，最终将在中国建立一个坚持党的领导、人民当家作主和依法治国有机统一的社会主义民主政治体制。

总之，以上所言主要涉及的是有关改革的方向、方法与路径等方面的问题，但这并不是问题的全部。问题的关键还在于，政治体制改革必须要首先扫除掉思想上、理论上唯心主义与形而上学的障碍，以及克服掉既得利益集团的阻力。然而，这既需要有大智慧，也需要有足够大的勇气，因为，这毕竟意味着执政党要给自己做手术了。

六、中国模式的利弊

中国模式的核心是中国特有的政治经济模式，政治改革的目标是建立社会主义民主。在经济方面，中国是混合经济模式，是中国政治模式的产物。

改革开放以来，中国的经济总量由世界的第10位，上升至2012年的第2位，达到50多万亿元人民币，GDP年平均增长9%左右。2016年中国经济总量达到了74.4万亿元人民币，GDP增速6%~7%。中国取得的成就不但引起了全球的持续关注，而且有关所谓“中国模式”或“北京共识”的各种说法也开始在国际上流行。总体来看，观点同样可以大致分为三类：一是颂扬派，二是质疑派，三是客观派——探讨问题力求全面深入的人。

颂扬派的突出代表人物有美国经济学家、2001年诺贝尔经济学奖获得者约瑟夫·斯蒂格利茨，《当中国统治世界：中国的崛起和西方世界的终结》一书的作者、英国的中国问题研究专家马丁·雅克和《中国震撼——一个“文明型国家”的崛起》的作者张维为等。由于张维为的观点已经被国内众多的读者所了解，所以多听听来自外部的声音可能更有益处。马丁·雅克在他的书中写道：“如果说英国曾是海上霸主，美国是空中和经济霸主，那么中国将成为文化霸主。”

美国经济学家斯蒂格利茨指出：中国认识到宏观稳定的重要性，永远不会混淆目的和手段之间的关系，它从来没有把和通货膨胀的斗争走向极端。

为了保持社会稳定，就必须避免大规模的失业，而只有重新改造企业，才能创造出新的工作机会。中国“是作为一个成功地融入全球市场而拒绝华盛顿共识传统理论的国家的榜样”，“中国已经采取私有化和降低贸易壁垒……但是用一种渐进的方式借此防止这一过程中社会结构出现崩溃。它很少听从国际货币基金组织的建议，在其达到较高的增长率的同时，减少了贫困”。在迈向市场经济方面，中国是“迄今为止最为成功的低收入国家”。

对于目前我国经济的发展状况和模式，国务院发展研究中心研究员、著名经济学家吴敬琏也提出了质疑。他说:“中国模式其实不是一个模式，它最大的特点就是强势政府。”他反对将我国经济的快速发展，归功于国有经济主导以及强有力的政府管制。他指出：由于国有企业进一步改革受阻，经济领域出现“国进民退”，政府以宏观调控的名义对微观经济活动的干预加强，市场力量出现了倒退。吴敬琏认为，目前国有部门在资源配置过程中所处的主导地位集中表现在三个方面：一是尽管国有经济不再是 GDP 的主要组成部分，但是仍控制着经济的关键性领域，国有企业继续在石油、电信、铁路、金融等领域处于垄断地位；二是各级政府在配置包括土地和资本在内的重要经济资源上，具有巨大的权力；三是现代市场经济必不可少的法治基础还没有建立，各级政府官员拥有自行裁量权，可以通过投资项目审批、市场准入、价格管制等手段直接干预企业的微观经营活动。

另据有关调查的资料显示，事实上“国进民退”的现状已经非常严重。目前，中国有中小企业约 365 万家、个体工商户 2800 多万家，二者相加占中国企业总数的 99.6%，对国民经济的贡献率达 60%，对税收的贡献率达 50%，创造就业约占 80%。但是，这其中只有 10% 的中小企业能从正规的金融机构得到贷款，而民间借贷的利率要比国家法定的利率高出 10 倍左右。在“四率”（利率、汇率、税收、费率）、“三金”（薪金、租金、土地出让金），以及“两价”（原材料价格、环境保护价格）等九种因素的作用下，中国的中小企业实在不堪重负。

陈志武在接受《人物周刊》的记者采访时也表示：2011 年美国债务危机

的爆发，否定的是现代政府走向福利国家的潮流，否定的是“大政府主义”。民主宪政国家是很容易走向财政崩溃的。所以，像“标普”对美国主权债信用评价的下调，以及资本市场的反应，都是很好的，长期来说，都是很健康的。可以把越来越膨胀的大政府主义打压下去一些，迫使政府作一些修正。

国内有见地的经济学家们也指出：政府的经济管制，包括国企垄断，政府的财政、税收、市场准入政策，以及对利率、汇率、资源等要素价格的管制，导致了国民经济在收入结构、支出结构、生产结构上出现了严重的扭曲。政府改革严重滞后，行政权力与垄断资本相结合的局面如再不能得到抑制，将有可能发生国家资本主义向权贵资本主义的蜕变。

另外，中国社会科学院专家认为，中国的“强国家—弱社会”体制虽然在发展初期具有高效率整合社会资源的优势，但随着社会发展，其劣势也同样越来越明显地表现出来。概括起来说，中国模式的五大困境包括：

其一，“腐败困境”。在“强国家—弱社会”体制下，社会对于国家的制衡能力就相对弱化。官僚腐败与相当一部分官员反法制的自利行为，难以通过社会制约来纠正，在某些官员权力范围内，社会反弹往往被解释为不稳定因素来予以抑制。他们可以运用自己管控的“强国家体制”来抑制社会对他们的抗议与反弹，久而久之，腐败治理就发生许多问题。

其二，“国富民穷困境”。国家官员或机构与垄断性的利益集团相结合，利用政府强大的税收能力，从社会中汲取资源，而社会本身对国家财富集中缺乏足够的制衡能力。其结果直接导致社会消费严重不足，经济拉动困难，影响经济的可持续发展。

其三，“国有病困境”。在体制内有一种强有力的观念，认为国企是国家安全与体制安全的命根子，任何强化国企并向国企利益倾斜的政策，从政治稳定的角度来说，都被认为是大方向正确的。国企的“非经济思维”（从政治角度来考虑问题与决策）的特点，使社会上对“国进民退”风潮产生忧虑。“国有病”最大的隐性负效应，是自身效率递减与整体经济运行的低效性，一些垄断性的国有企业无须激发创新意识与提高效率，便可以轻而易举地通过“炒房”从社会获得巨利，社会随之出现了“大众勤劳不致富”、民营企业挣钱越来越难的局面。

其四，“两极分化困境”。一方面，有权势的政府官员与权力保护下获得巨大利益的企业家，形成垄断性的分利集团，双方结成权钱交易的互利关系。他们在圈地中取得了巨额利益；另一方面，高房价又使中产阶级与普罗大众财富积累困难，这就形成了中国模式下的两极分化。

其五，“社会创新能力弱化困境”。在“强国家—弱社会”模式下，由于公民社会缺乏，原先由社会承接的社会功能，如教育与文化，均由强势国家包下来，国家官僚具有天然的行政化、功利化倾向性，这就使中国的教育、文化等社会精神文明建设方面，受制于行政化官僚约束，社会利益多元化不能通过公民社会来调节。行政官僚“保姆”对文化教育的强控制，社会矛盾积累到一定程度，就会引发群体性事件与社会冲突，强势国家可以利用督导性的强势资源，通过行政与经济手段，以“花钱买稳定”的方式来抑制矛盾。这样做在一定程度上可以取得短期效果。然而，由于弱势社会不能为解决问题提供“多元整合”机制来帮助国家解决各种矛盾，所以矛盾虽可以延迟爆发，但不会消解，而是不断积累。一旦再次爆发，国家仍然通过同样的办法来“摆平”问题，“维稳”成本越来越高，社会矛盾越积越多。久而久之，就会导致一种路径依赖与恶性循环。如果社会矛盾不能通过“高频率低强度的爆发”方式来化整为零地解决，那么，它们就会通过“积零为整”的方式来个总发泄，中国将陷入“低频率高强度爆发”的危机与困境。

还有学者的提法略有不同，认为当前中国社会的五大问题是贫富差距过大、“三农”问题日益突出、腐败问题趋于恶化、就业问题非常突出、社会信任出现危机。新加坡国立大学东亚所所长郑永年更加概括地总结为“改革缓慢、发展迅速、社会不稳”。

与上述两种观点比较，客观派的不同在于论述问题更加力求全面和深入。郑永年在其《中国模式：经验与困局——中国模式的核心是什么？》一文中指出：应当从历史的角度理解中国模式。讲中国模式还需要讲改革开放前的三十多年。如果不从大历史来看中国模式，就既不知道有无中国模式，更不知道中国模式是什么。从大历史的角度来看中国模式，就不难发现这个模式的存在及其主要内涵。尽管中国模式表现在方方面面，但其核心是中国特有的政治经济模式，这两方面互相关联，互相强化。中国的成就是因为这个模式，而这个模式中的很多因素如果失去平衡，又可导致模式的危机和衰落。

在现代和当代社会中，世界上的经济体制模式主要有四种：美、英的自由主义市场经济模式，以政府干预少、经济法体系完善为特点；日、法的行政导向市场经济模式，以政府计划、政府对企业的扶植为特点；德国和北欧的社会市场经济模式，以强调社会福利、企业的社会责任为特点；中国所特有的模式，其特点是强调政府的宏观调控、国家计划、国有资产和行业管理。当然，所有这些模式都没有完全脱离凯恩斯主义经济学思想的影响。

中国模式的核心是中国特有的政治经济模式。政治改革的目标是建立社会主义民主。在经济方面，国有部门和非国有部门、政府与市场要保持平衡。一旦失去平衡，危机就会接踵而至。世界上哪里也找不到像中国那样的一个经济模式，在那么长的历史时期里，总有一个很强大的国有部门，国家对关键的经济领域起着直接的作用。国有部门承担着国家的很多功能，包括公共基础设施的建设、应对随时发生的各种各样的危机、平衡市场的力量等。

正是因为中国有个强大的国有部门，像西方那样的私有化在中国不会发生。从历史上看，私有经济或者民营经济在中国一直是存在着的，但中国绝对不可能走到西方那种完全私有化的地步。好多经济学家，一说解决问题的办法，就是私有化。这脱离中国的现实。中国的经济只有一部分是私有化。全面的国有化和全面的私有化都不是中国经济的常态。

和其他任何模式一样，中国模式也在演进和演变过程中。在全球化时代，模式的变革动力更为强大。因为成为世界体系的一部分，中国模式和其他模式的互动更为频繁，或者主动地向其他模式学习，或者被动地受其他模式的影响。从这个角度来说，各种模式有趋同的趋势。但是趋同不会变成同一。

著名经济学家刘国光在其所写的《总结30周年的一个经济改革的经验》一文中，对中国模式今后的发展趋势发表了见解。他认为：中国模式是指在向市场经济过渡过程中，市场经济制度主要不是依靠从外部（西方）“引进的”政策和规则，而是根据自己国家的国情和改革进程中形成的政策、规则、路径和方式，逐步实现国家的新制度安排。我们也可以走中国特有的社会主义道路。如果从制度变迁的视角审读“中国模式”的意义，它意味着中国开创了一条中国式的制度创新道路，这就是：“中国模式”在改革开放进程中逐渐形成的制度内生性，即中国转型的“内生性制度安排”。中国模式丰富和发展了世界发展模式，也必将为人类文明不断地走向繁荣与发展作出自己的贡献。如果来分层次地理解，根据资本事实，可以把它概括为四个层面：

第一，从所有制角度来看，我们是实行公有制为主体、国有经济为主导、同时多种所有制共同发展的所有制结构，这是经济模式的第一层面。

第二，从分配角度来看，我们是实行市场经济条件下，以市场型按劳分配为主体、多种分配方式并存的分配模式。

第三，从资源配置或者说经济调节模式来看，是实行市场调节为基础、国家调节为主导的这样一种双重调节模式。简单来说，就是国家主导型的市场经济模式，即国家调节为主导、市场调节为基础。

第四，从统筹国内外，也就是从对外开放这个角度来讲，就是要建立一种中国自力更生为主导，同时又是全方位开放的模式，即自立主导型全方位开放模式。中国有自己的国情，世界上还没有一个国家实现过十几亿人的现代化，中国改革绝不意味着简单地照搬西方体制。

中国社会科学院美国研究所前所长、研究员资中筠将中美的体制和模式做比较，在2011年12月《经济观察报》举办的“观察家年会”上表示，在新的全球化背景下，美国面临三个拐点：所谓“世界领袖”的负担沉重不堪；出现了“虚拟经济”，离实体经济越来越远；全球化带来的利益在国内分配严重不均，加剧了社会不平等。中国改革开放以来所累积的严重问题也不容回避，现在中国也面临着新的拐点：当前发展模式不可持续；腐败丛生难以遏制；两极分化日益严重，社会矛盾尖锐化。

对以上三类论点做比较，可以看出，做“颂扬派”最容易：改革成绩是显著的，因此摆成绩就可以了。做“质疑派”，挑毛病有些难度，必须说到点子上，否则就没有说服力。相对而言，“客观派”的看法比较全面和深入，既指出了形成中国模式有历史因素，强调了中国模式之中政治与经济的紧密关联，又对中国模式的优劣与西方模式做了深入的分析和对比。应当看到的是，作为一种大胆创新的尝试，中国模式还在摸索之中，其中有成就，也有问题。

有关中国模式的另一个问题是国家的产业政策是否需要改变。现行的执政理念认为，国家产业政策是政府为了实现一定的经济和社会目标而对产业的形成和发展进行干预的各种政策的总和。干预包括规划、引导、促进、调整、保护、扶持、限制等方面的含义。产业政策的功能主要是弥补市场缺陷，有效配置资源；保护幼小民族产业的成长；熨平经济震荡；发挥后发优势，增强适应能力。产业政策包括产业组织政策、产业结构政策、产业技术政策和产业布局政策，以及其他对产业发展有重大影响的政策和法规。

对于现行的执政理念，在2016年10月15日召开的首届野三坡中国经济论坛上，国务院发展研究中心研究员吴敬琏在演讲中提出了开放思想市场的问题。他说：我们应该研究基本问题。最重要的就是开放思想市场。只有有一个卓越的思想市场，才能防止错误的思想造成问题。他认为改革开放这么多年了，很多原来已经形成共识的东西，近些年却有些后退。吴敬琏主张要研究基本问题，而不是就一些现象提一些口号。比如产能过剩，没有从基本理论上研究，只提“去产能”的口号，结果越调越糟。对于产业政策的讨论，吴敬琏指出这是早有共识的事情，那就是以竞争政策为主体、减少产业政策。吴敬琏最后强调，有了开放的思想市场，才能避免在思想上犯错误。

第二章 走向衰落的西方

中国的发展速度超过了世界上其他主要经济体，而出现经济僵化、止步不前的正是西方国家。

——［英］尼尔·弗格森《西方的衰落》

一、进退两难的欧盟

简而言之，无论是对内、对美，还是对中，当今的欧盟都正处在一个进退两难的尴尬境地之中。

被称为“经济巨人、政治矮子、军事侏儒”的欧盟，目前在经济上仍然是世界上第一大经济联合体和全球一体化程度最高的区域组织；政治上，其一体化的主要动力来源于法德两国政治家主张按联邦主义重塑欧洲的推动，不过，此进程极其缓慢，困难重重；军事上，其防务尚不能完全独立，仍需要依赖于由美国主导的北约。

2005年以来，尤其是全球性金融危机爆发之后，欧盟一体化进程遇到了越来越多的问题，欧盟发生了深刻的经济、政治和社会的危机，包括经济发展迟滞、移民问题突出、成员国的主权信用危机越演越烈、民众信心的丧失，欧洲内部悲观主义和失败主义情绪蔓延，以及一体化方向不明等。

首先，在经济方面，在欧盟内部，法国、德国、意大利和荷兰的经济总量占了欧盟经济总量的大部分。这几个西欧国家不仅是欧共体的创始国，也是欧元区的主要成员国。新世纪以来，新兴经济体国家发展迅速，世界经济格局发生了巨大的变化，然而，欧洲传统经济大国依然固守原有的以高社会福利为基础的社会经济发展模式，结构调整进程缓慢，再加上自身的迅速扩张，其内部结构性矛盾不断加深。具体来看，在宏观经济领域，以法国、德国和荷兰等为核心的欧盟国家具有较强的支柱性产业实体和经济竞争力，并且有能力支撑经济的可持续性发展。但是除此之外，包括外围“欧猪五国”（也叫“笨猪五国”，对葡萄牙、意大利、爱尔兰、希腊、西班牙五个较弱经济体的贬称）在内的中南欧国家的产业则只能依靠旅游、房地产和其他一些低税收的产业为主来发展经济。在微观经济领域，欧盟的内部矛盾表现为：劳动力市场严重僵化、劳动力成本居高不下、企业税负过高、企业竞争力衰退、失业现象严重、政府的财政赤字和负债沉重，以及由于国家干预经济过多，市场主导力被削弱，经济活力明显减退等。虽然欧盟已经创立了单一的市场和统一的货币欧元，但是长期以来，欧盟经济的增长仍然缓慢，甚至步入衰退，因此民众对欧盟及经济一体化的前景感到失望，内部的凝聚力也在逐步下降。

2011 年，欧元区陷入了成立 12 年以来最大的主权债务危机。为解决危机，欧盟领导人峰会通过了内容十分广泛的全面应对方案。该方案提出了扩大现有临时性救助措施，包括进行经济治理改革，建立永久性的金融稳定机制，增强成员国的经济竞争力，加强内部经济政策协调等。同年 7 月，欧元区成员国领导人决定向希腊提供第二轮总额为 1090 亿欧元的救援贷款，并同意帮助希腊减轻债务负担，延长贷款期限，降低贷款利率和扩大欧洲金融稳定机制的资金规模。8 月，欧洲央行试图通过用购买部分成员国主权债务的方式，来抑制有关成员国融资成本的上升，此外还向市场提供大量的流动性。

不过，9 月以后，欧洲债务危机的形势继续恶化。受冲击的成员国从经济规模较小的希腊、爱尔兰和葡萄牙等国开始，蔓延到了经济规模较大的西班牙和意大利等国。在此情况下，国际主要信用评级机构纷纷下调了西班牙的主权信用评级，这使本来就不景气的欧洲经济更是雪上加霜。由此，市场普遍担心的是，如果欧洲债务危机得不到有效解决，很可能会进一步引发多米诺骨牌效应，并导致欧元区解体。法德两国是欧盟对希腊实施财政救援方案的最大援助国，一旦希腊退出欧元区，不但两国的损失惨重，而且很可能会加剧西班牙和意大利的恐慌。面对如此严重的困境，欧盟委员会的基本评估是：虽然欧盟经济不会出现二次衰退，但是却很可能陷入一个较长的停滞期。如果金融市场的动荡继续加剧，不排除欧盟经济有二次衰退的可能。

另外，在政治方面，有关发展道路之争一直是困扰欧盟发展的一大障碍。一方面，以法国为首的一些国家希望借助于欧盟的整体力量，将欧洲发展壮大为世界的一极，并能与美国、中国和俄罗斯具有同等的话语权。不过，另一方面，英国等亲美国家则对政治欧洲不感兴趣，认为只要建立起单一的欧洲市场就可以了，而其他一些新成员国则希望能将欧盟当做弱化俄罗斯影响的一个盾牌。近期发生在欧洲的难民潮问题说明也许英国的主张更为现实。

2015 年 9 月 7 日，《人民日报》海外版刊登的一篇文章指出：当前，欧洲正遭遇第二次世界大战以来的最大难民潮。据联合国难民署统计，2015 年前 8 个月已有 30 多万难民和非法移民横渡地中海进入欧洲，途中意外死亡的难民人数超过 2600 人。这些难民大多来自战乱频繁的利比亚、叙利亚等西亚和北非国家。可以说，欧洲遭遇的这场数十年来最严重的难民危机，不仅造成了东西欧成员国之间的分裂，也给欧洲一体化进程带来了新的问题。

另外，美俄之间的冷战思维依然存在，对抗的心理基础没有消除。受此影响，欧盟甚至还没能明确，究竟是要建成一个以经济发展为主要目标的联盟，还是建成一个希望扩大其政治影响力的联盟。

2015 年 9 月 4 日，俄罗斯总统普京（Putin）说，难民潮是欧洲国家在西亚北非错误政策的“必然结果”。他们“盲目地对美国亦步亦趋”。欧洲国家在这些地区的外交政策“实际上就是美国的外交政策”，“这是种什么样的政策？这种政策是强加自己的标准，不顾当地的历史、宗教、文化特征和国情”。还有人说，叙利亚、伊拉克、埃及、也门、摩洛哥、乌克兰、前南斯拉夫、格鲁吉亚……哪个国家信了美国的民主、自由、人权，哪个国家就动荡不安，人民就流离失所。值得深思的是，美欧国家一贯将“民主政体”视为普世价值，并在世界上到处推销。为何美欧民主政体选出来的本国领导人，却越来越鼠目寸光，其对外政策是如此短视？不客气地说，这恰恰是西式民主的特定产物。在金钱至上和民粹主义双重交织的政治氛围中，不可能推选出目光远大、代表历史潮流的政治家。

其次，在社会问题上，一方面，由于欧洲白人的出生率越来越低，老龄化现象日益严重，所以欧洲的确需要新移民。不过，事实上多年来，来自北非和中东国家的移民，包括大量非法移民已经进入了欧洲的劳动市场，并且未来移民的数量还会不断增加。在此情况下，移民问题便成为了欧洲一个重要的社会不稳定因素。另一方面，欧洲一体化的最高目标是建立一个统一的欧洲，然而高速的扩张显然已经使欧盟患上了“消化不良症”。民意的支持度和民众的凝聚力前景堪忧。欧盟从最初的六个共同体国家发展到十五个国家，共用了二十多年的时间，而从十五个国家扩张到二十五个国家则仅用了十年的时间。欧盟最初的扩大对象基本上都是富裕国家，而 2004 年以后的新成员国则大多为经济欠发达国家。所以，新老成员国之间经济地位的差异，造成了民众就业压力的增大和幸福感的降低。同时，这也使欧盟内部民意的支持度和民众的凝聚力大不如前。

持续七年之久的债务危机已使欧洲疲惫不堪，矛盾重重。在应对欧洲债务危机的过程中，欧洲各国的差异性日益凸显，欧洲一体化的许多共识和基础也有所动摇。在此背景下，由于规模越来越大的难民潮的不期而至，这对许多欧洲国家来说更是雪上加霜，也导致欧盟再想保持住其政策的协调性、一致性，共同化解危机更加难上加难。继英国脱欧公投之后，欧洲出现了民粹主义的思潮，其中有代表性的事件是意大利发起了反精英、反体制、反欧元、反难民的所谓“五星运动”，以及新成立的英国独立党、法国国民阵线、德国另类选择党等。

在欧美关系上，作为当今世界舞台上的一支关键性力量，欧盟内部发生的问题及其变化必然会对外部世界产生很大的影响。由于政治经济实力的衰退，欧盟对于美国的依赖也趋于加强，因而欧美关系也有所恢复。伴随着法德两国政权的更迭，在反美的希拉克（Jacques Ren é Chirac）和施罗德

（Gerhard Schroeder）下台之后，欧盟内部大西洋主义的力量得以加强。自2005年起，欧美双方在伊朗核问题、中东和平进程、叙利亚和黎巴嫩等问题上的立场逐渐趋于一致。在对华武器解禁的问题上，欧盟也对美国表示出让步。

在中欧关系方面，虽然中欧战略与安全伙伴关系并没有受到实质性的冲击，但是从意识形态出发，在传统安全和军事领域，欧盟很难与中国有实质性的合作。另外，与武器解禁问题一样，有关中国的市场经济地位问题，也成为了欧盟在对华贸易中的谈判筹码。因此，简而言之，无论是对内、对美，还是对中，当今的欧盟都正处在一个进退两难的尴尬境地之中。

2015年，应英国女王伊丽莎白二世邀请，习近平总书记于10月19日至23日对英国进行了一次“超级国事访问”。媒体和学者们称：英国是最精英的“站队者”。在19世纪反法同盟、克里米亚战争，20世纪的第一次世界大战、第二次世界大战中，英国都成功选对了同盟者，进而拥有了胜利者的地位和利益。21世纪以来，在贸易、经济、金融的博弈中，英国选择与中国站队，同样是明智的。对于“老欧洲”，英美并提由来已久。一方面，从第二次世界大战到海湾战争以来，英美并肩作战使其盟友色彩高于其他西方国家；另一方面，由于经济市场化程度高于欧洲大陆，因而英美才被称为“真正的资本主义”。然而，在开放与务实的旗帜下，中英却共同走出了一条不同文明、不同政治制度的大国之间双赢合作的典范之路。中国模式将会使人们重新审视中西方在价值观和政治上的分歧，并对21世纪的国际关系产生重要影响。

二、美国的困境

进入21世纪的时候，美国经济并非衰弱不堪，美国社会也并非不可救药，但美国政治却病入膏肓了。美国的政治制度大约建立于225年前，如今它已经陈旧落后、高度僵化，被金钱、特殊利益、情绪化的媒体和进行意识形态攻击的集团主宰着。

在外交环境和国际安全方面，遭受到9·11的恐怖袭击和金融危机之后，美国正面临诸多重大的国际安全问题。事实证明，美国所采取的一系列全球战略并不成功。作为现代世界次序最主要的制定者和维护者，美国所面临的战略困境包括：全球性恐怖主义威胁的蔓延，伊拉克、阿富汗和叙利亚局面的动乱，朝鲜与伊朗的核危机，难以彻底解决的巴以冲突，一些阿拉伯国家对美国的仇恨，以及存在于世界大国之间的战略猜疑和利益冲突等。

国际局势不稳定的主要因素之一，实际上就是美国作为世界的头号强国，追求“单极世界”，抱定地缘政治和强权文明的理念，推行霸权主义全球战略的必然结果。而这其中，最典型的就是美国所谓“新保守主义”的思想理念。国内有学者对美国“新保守主义”的特征做了如下的描述：单极霸权、绝对安全、崇尚武力、先发制人、极端自私，在具有强烈宗教使命感、美式“民主制度”的优越感，以及在冷战思维的驱使下，企图将美国的价值观强行地推向世界。

1991年，在苏联解体和东欧社会主义国家政权瓦解以后，美国在政治和战略上的敌对目标被极大地削弱。此时，美国国内的新保守主义势力开始兴起，并在政府、军方、商界、智库、媒体、学术界普遍具有了影响力。被称为美国“新保守主义”教父的政论家欧文·克里斯托尔（Irving Kristol）把第二次世界大战以来美国保守主义的发展划分为三个阶段：第一个阶段是以威廉·巴克利（William Buckley）的《国家评论》杂志为中心的传统保守主义的复兴；第二个阶段是“新保守主义冲击的影响”的展现，同样以一本新杂志《公共利益》的出现为标志；第三个阶段是“近几十年所出现的以宗教为基础、关注道德的政治保守主义”，即美国当代的“新保守主义”。

2002年，英国首相布莱尔（Tony Blair）的外交政策顾问罗伯特·库珀（Robert Cooper）在其出版的一本名为《世界秩序重组》的书中，提出了由“单极稳定论”“先发制人论”“主权有限论”“民主和平论”所构成的“新帝国论”。他在书中宣称：“恢复世界秩序是自由民主主义的任务”，“要使落后国家的文明和统治获得新生，就需要新的殖民政策”，“帝国主义的机会和必要性同19世纪相比没有任何改变”。

2004年，在写了两本畅销的著作《大失败》和《大棋局》之后，布热津斯基又推出了他的新作《大抉择》。该书的议题主要集中于国际的政治、经济和文化三个方面。书中，布热津斯基罗列了美国在五个方面所面临的战略困境：美国的国家安全、全球性的混乱、维持与联盟的关系、全球化、霸权式的民主。布热津斯基的疑惑可以说就是美国的疑惑。在该书的结尾，他承认：“美国在全球的主宰地位终将消亡，即使这一天不会很快到来。”但是他又说：“实际上，如果美国出于某种原因决定——像五百多年前的中国那样——突然退出历史舞台，其自身的存在就会受到威胁。美国与中国不同，它一旦孤立出来，世界很快就会陷入混乱，所以它不能这样做。”因此，布热津斯基的结论是，在国际的政治舞台上，美国的角色应当是领导，而不是主宰。

在书中，布热津斯基也承认：“美国协助过英国获取核武器，偷偷支持过法国获取核武器，对以色列在这方面的努力睁一只眼闭一只眼，或许更甚，对于中国、印度和巴基斯坦的努力采取过默认态度……”从目光短浅的实用主义价值观出发，同美国在国际问题上一贯采取双重标准所造成的结局一样，美国的所作所为最终损害的不仅是别人，也必将包括自己。

在谈到对美国赢得“冷战”胜利和成为全球超级大国原因的看法时，布热津斯基在其著作《大棋局》中写道：“政治上的生命力、意识形态上的灵活性、经济上的活力和文化上的吸引力，变成了决定性因素。”“总之，美国在四个具有决定性作用的全球力量方面居于首屈一指的地位。在军事方面，它有无可匹敌的、在全球发挥作用的能力；在经济方面，它仍然是全球经济增长的主要火车头，即使它在有些方面已受到日本和德国的挑战（日本和德国都不具有全球性力量的其他属性）；在技术方面，美国在开创性的尖端领域保持着全面领先地位；在文化方面，美国文化虽然有些粗俗，却有无比的吸引力，特别是在世界的青年中。所有这些使美国具有一种任何其他国家都望尘莫及的政治影响。这四个方面加在一起，使美国成为唯一、全面、全球性超级大国。”

与美国的新保守主义者比较，布热津斯基可算客观得多、明智得多，然而，像其他许多美国的政治家一样，他仍然难以超越美国的政治理念、文化与传统的局限。就国际安全和美国自身的安全而言，实际上威胁并不是单方面地来自于被西方和美国认定的异己社会，相反，最主要的威胁恰恰与美国自身采取的全球战略直接相关。世界上有压迫，就有反抗；有殖民主义，就有反殖民主义；有干涉，就有反干涉。美国越是追求绝对安全，越是拼命地扩大军备竞赛，就越会带动世界范围内的军备竞赛，其结果是全世界都不会安全。在中国的道家看来，这个道理太简单不过了。遗憾的是，美国对此并不理解，因为，他们没有这样的文化传统。

通过以上的引述，可以看出，虽然布热津斯基的观点要比美国学者福山（Yoshihiro Francis Fukuyama）的“历史终结论”更为现实和客观，但是他仍然将民主和市场经济绝对化了，因为，他并没有完全看清美国在价值观、政治理念、内部体制，尤其是文化与传统方面所存在的问题，以及由此对于美国的外交和国家战略所产生的负面影响。

2011 年 3 月，布热津斯基的《战略远见——美国与全球权力危机》一书出版发行。书中，布热津斯基的观点有所改变。从战略层面出发，他概括地罗列了当今美国面临的问题和尚存的优势。问题包括：巨大的政府债务、金融监管上的缺陷、不断加剧的社会贫富差距、公共基础设施的陈旧、党派纷争的加剧；优势包括：依然强大的总体经济实力、国家科技创新的能力、人口的活力、自然资源和地缘战略的有利地位、民主体制的吸引力。对于导致美国走向衰退的原因，他的看法是："美国正在同时受到因社会、经济和政治改革不力而造成的制度落后，和多年来错误地脱离后帝国主义时期的现实所造成的外交政策方向错误这两方面威胁。同时，美国的潜在对手（特别是在亚洲某些地区）正在逐步成长为 21 世纪的现代化国家。不久之后，这两方面威胁的某种共同作用，将给美国的国内价值和海外利益造成致命打击。"在谈到中国的崛起以及全球权力的变化时，他写道："中国作为美国在经济方面的挑战者，印度作为地区大国，富有的日本作为美国的太平洋盟友出现在国际舞台，这些不仅大大改变了全球权力排序，而且凸显了权力的分散。""促使全球权力分布格局日渐东移的另一个原因是，摆脱殖民统治的印度近年来走上国际舞台。"

发生在美国的后院——南美洲的一些变化也预示了一种倾向。20 世纪以来，右倾的新自由主义在拉丁美洲流行了二十多年，但结局并不成功。因而，继 1959 年的古巴革命以后，拉丁美洲又出现了多种社会主义的理论和"左"的思潮，其中有委内瑞拉乌戈·查韦斯（Hugo Chavez）的 21 世纪社会主义，玻利维亚埃沃·莫拉莱斯（Evo Morales）的印第安社会主义，秘鲁马里亚特吉（Jose Carlos Mariategui）的社会主义，以及社会民主主义（或称民主社会主义）。拉美的社会民主主义源于第二国际，于 19 世纪末 20 世纪初，从欧洲传入拉丁美洲。从 1960 年开始，拉美的社会民主主义影响不断扩大，目前已经被六十多个政党所认同。除去古巴和委内瑞拉正式宣布为社会主义国家以外，阿根廷、玻利维亚、巴西、智利等国家的左翼政党也纷纷通过选举上台执政。具有典型意义的是三次连任委内瑞拉总统的乌戈·查韦斯的政治思想，他说："资本主义无法实现我们的目标，我们也无法寻求一条中间道路"，"要么社会主义，要么灭亡"。

拉丁美洲国家的社会变革所反映出的是，这些国家对于以美国为首的西方国际社会的怀疑和不满，以及对于追求独立自主发展道路的诉求。不过，也有评论认为，拉美的社会民主主义思潮实际上带有所谓民粹主义的倾向，即只注意了民众的眼前利益，但忽略了社会的长期利益。民粹主义的出发点是一种小市民的心理，缺乏的是核心价值观，而这正是导致拉丁美洲落后的原因之一。

然后，再来看美国国内的经济与社会方面的问题。经济上，近年来美国面临的困难是，每年巨额的军费开支、越来越高的财政赤字、不断增加的贸易赤字以及越来越严重的财富分配不均。根据瑞典斯德哥尔摩国际和平研究所每年发布的报告，2010 年至 2016 年，美国的军费开支分别为 6980 亿美元、7110 亿美元、6820 亿美元、5810 亿美元、约 5000 亿美元以及 6220 亿美元。2012 年以后，为了削减政府财政赤字，美国不得不降低军费开支，即便如此，其每年占全球各国军费开支总额的比例也都超过 34%。

在财政和贸易方面，2010 年至 2016 年，根据美国国会预算局发布的报告，美国联邦政府财政赤字分别为 1.34 万亿美元、1.3 万亿美元、1.1 万亿美元、6800 亿美元、4390 亿美元以及 5900 亿美元。

2016 年 6 月 23 日，国际货币基金组织（IMF）曾表示，虽然美国经济整体良好，但美元已被高估 10%~20%。2016 年下半年，由于经济复苏，就业形势好转，美联储启动加息周期，美元指数不断攀升。2016 年 12 月 14 日，美联储宣布加息 25 个基点，当日的美元指数已从半年前的 80 升至 102.49。同期，国际油价则下跌了 60 美元左右，金价也随之出现了大幅度下跌。所以，应当注意到的是，虽然美元霸权依然存在，但这是一种有泡沫的霸权。

对于美联储启动加息周期，中国人民银行副行长易纲指出，美元走势存在不确定性，不排除市场预期修正引发美元回调的可能。业内专家谭雅玲认为，美联储加息被错判，加息的预期与结论并不存在基础。对于美元进入加息周期，市场的反映是，全球多数央行都在持续抛售美国国债。截止到2016年10月底，各国央行累计抛售了4030亿美债。其中，中国央行连续六个月减持美债至1.1157万亿美元，由此将美国最大债主的位置让给了日本。除中国外，英国、新加坡、德国、瑞士、沙特、印度等国亦均在不断减持美债。美国的国债已经接近20万亿美元，这意味着，每当美联储加息0.25%，美国政府就要多支出近500亿美元的利息。

回顾历史，自1971年时任美国总统尼克松宣布美元与黄金脱钩以来，1985年和2000年美元指数曾分别上升到160和120，其结果是致使西欧、日本、拉美和东南亚的许多国家蒙受了不小的经济损失。然而，今非昔比，有数据表明，美国的经济总量在第一次世界大战后工业产量占世界的50%，黄金储备占66.6%，贸易出口额占33.3%。第二次世界大战后，美国进入了"黄金时代"，其上述三项数据分别上升到了66.6%、75%、33.3%。不过，进入新世纪后，小布什上台以来，美国的GDP占世界的比重呈逐年降低趋势，从2001年的31.80%降到2008年的23.44%，2015年的22%左右。

反观中国的情况。凭借外汇储备充足、对外债务低，以及存款准备金率仍具操作空间等货币政策优势，中国应对此次美元加息的能力远超上述国家。2017年2月7日，虽然央行公布的国家外汇储备已跌破3万亿美元，为2.99万亿美元，但是按照IMF的统计方法，中国的外贸与对外投资目前只需将外汇储备保持在1.5万亿美元即可。并且，为实现人民币国际化，像当初欧盟创建欧元一样，中国选择将人民币主动与美元脱钩也是必由之路。这正如2017年1月19日国务院新闻发布会所表示的："我国经济发展状况、金融市场稳健程度和社会稳定性在全球范围内仍是表现良好的，在应对美联储加息冲击中具有一定优势。"

2013年1月，英国《每日电讯报》刊登了一篇题为《美国走向欧洲式衰退》的文章。文章称："美国没有跌落'财政悬崖'，但向欧洲风格的衰退迈出了一大步。由奥巴马总统推动并获得参议院和众议院批准的‘财政悬崖’协议增税近6000亿美元，但未对政府开支作出任何显著削减。令人难以置信的是，每减少开支1美元对应的是增加税收41美元。虽然奥巴马政府宣称这一协议将能保护美国的中产阶层，但正如提姆·斯坦利（Tim Stanley）的分析所指出的，在2%的社保工资税减免到期的情况下，77%的美国人现在将承受更高的联邦税。财政悬崖协议还将对小企业和投资者产生重大冲击，而他们是启动美国经济所需要的财富创造者，他们现在将面临更高的最高边际税率（39.6%）和资本收入税率（20%）。他们还将承受新的奥巴马医保投资收入税，对资本收入再增加3.8%的附加费。国会预算办公室称，财政悬崖协议将在未来10年增加3.9万亿美元的赤字。总而言之，对于一个已负债16万亿美元、面临48万亿福利资金缺口危机的国家来说，这相当于经济自杀。”

美国所面临的财政危机暴露出来的，恰恰是美国深层次的社会本质和社会矛盾。对此，国内有评论指出：“在美国，本国国家利益压倒国际社会利益和国际义务，党派斗争政治私利又压倒国家利益。”美国《新闻周刊》国际版的主编法里德·扎卡利亚在《后美国世界》一书中也有相同的评论：“进入21世纪的时候，美国经济并非衰弱不堪，美国社会也并非不可救药，但美国政治却病入膏肓了。美国的政治制度大约建立于225年前，如今它已经陈旧落后、高度僵化，被金钱、特殊利益、情绪化的媒体和进行意识形态攻击的集团主宰着。”

三、为实行政治霸权的美国开出“药方”

地缘政治应当有对外政策的非情绪化和非意识形态化的含义，因此需要从现实主义出发考虑国家利益，并按照国家的实力和资源来维护国家利益。

虽然美国仍然还是当今世界的第一霸主，但是其历史的根基，尤其是与中国比较，并不牢固。这正如基辛格所说：“中国经历过的14个朝代中，其中10个朝代中的每一个都比美国的整个历史要久。”在第一批欧洲移民从科德角和詹姆斯河岸登陆美洲大陆以后，1776年7月4日，美国在费城通过《独立宣言》，正式宣布独立。新中国成立初期，美国是一个由13个殖民地组成的小国。1803年，美国从拿破仑一世时期的法国购得了与原有13个州几乎同等大小的土地，从而使国土扩大了近一倍。1819年，美国与西班牙签订条约，获取了佛罗里达，并与英国划定了与加拿大的边境。1846年，经过两年的战争，美国从墨西哥获得了加利福尼亚和新墨西哥。1860年至1865年，美国经历了南北战争。1898年，美国在海外进行了第一次与西班牙的征服性战争，这标志着美国作为一个主要军事强国的崛起。

进入20世纪以来，在经历了第一次世界大战和第二次世界大战以后，借助于军火生意所获取的暴利和第二次工业革命的成果，美国逐步发展成了世界上最为强大的国家，并最终得以确立世界霸主的地位。第二次世界大战以来，以军事和经济两方面的实力作为基础，美国开始有能力大力推行其政治战略。美国的外交和国家战略采取过“孤立主义”“门罗主义”“大西洋主义”“冷战思维”和“单边主义”等策略。从美国在全世界所推行的扩张政策所反映出的现实说明，在外交和国家战略上，美国总是将本国的国家利益置于首位。美国的全部历史所展现出的，就是一个新兴大国的领土扩张史。

论及美国的全球战略，2009 年，基辛格出版了《基辛格：美国的全球战略》一书。该书并没有对美国的全球战略给予过多的评论，主要是分析和指点美国应如何制定其全球战略。对于美国制定对外战略的环境和影响因素，基辛格从三个方面进行了分析：

第一方面，当今世界至少有四种国际体制并存，包括：美国的传统理想都能适用的西欧与西半球的国家；彼此视为战略竞争对手，幅员更大、人口众多的亚洲诸强国；与 17 世纪的欧洲相似，冲突不断的中东地区的国家；影响力极其有限的非洲国家。

第二方面，20 世纪 90 年代后，美国制定不出一项连贯的全球战略的根本原因在于对外交政策的看法大相径庭的三代领导人，即在新千年里走老路、推行“冷战”战略的 20 世纪 50 年代和 60 年代的老一代领导人；越南战争时期的反战骨干，想把自己的经验教训用于新的世界秩序中的领导人；不理解冷战时期、只受自己时代影响长大的，并将“上合组织”认定为反西方联盟的一代领导人。

第三方面，美国对外决策还必须考虑政党主张、公众舆论、利益集团、智囊机构等因素。

实际上，该书中的大量篇幅是介绍美国制定国家战略的决策机制和过程，而在涉及具体的战略问题时，基辛格只是提出了一些原则性的指导意见：“中国若能继续保持国内的凝聚力，势必会成为一个世界大国，从而更有能力挑战美国。美国是技术最发达的国家，中国是人口最多的国家，两国负有特别义务调整彼此间的分歧，找出相同的利益。”

基辛格指出：“美国惯于把合作看作他国认同美国的议程，动辄让自己的亲密盟友适用美国的法律，对已失去往日辉煌的国家的处境麻木不仁。美国的对外政策必须更注意照顾他国的情感。美国在未来的近期以及可以肯定在未来的中期，都将是一个杰出的国家，这是不争的事实。美国如何对待自己的杰出地位将决定未来出现什么样的远景。”

“俄国——任何认真研读历史的人都知道，在建设一个新的国际秩序时，非常重要的一点是使俄罗斯发挥重大的作用，同时又要防止它重蹈历史的覆辙。”

“亚洲——亚洲国家对共同的威胁从来没有过共识，不同的国家对威胁来自何方看法迥异。有些国家始终对俄罗斯惧怕三分，有些主要不放心中国，有些对一个崛起的日本担忧……印度和巴基斯坦则是一对虎视眈眈的冤家。”

“中东——以色列军队很强大，不可能在军事上打败它；而巴勒斯坦解放组织在国际上有太多的支持者，不可能在政治上打败它。”

2015 年 8 月，基辛格所著《世界秩序》中文版出版。在书中，基辛格详细分析了始于四百多年前，由统治西班牙、神圣罗马帝国、奥地利的哈布斯堡王室和法国、瑞典以及神圣罗马帝国内勃兰登堡、萨克森、巴伐利亚等诸侯邦国在德国签约，象征三十年战争结束的威斯特伐利亚体系及其此后国际秩序的变迁对于当今世界的影响。

他认为，世界各国的文化和宗教因素，深刻地影响一个国家对世界的看法。历史上各种文明都有过各自对国际秩序的定义，都倾向将自己的原则视为世界的普遍价值。然而，进入 21 世纪后，西方国家对世界秩序的理解已经不再具有普遍性。西方国家应当学会尊重非西方国家的文化传统，注重秩序的稳定性，不应强制推行自己的所谓“正义”理念。世界如果失去了秩序，那么“正义”就没有了价值。基辛格认为，自威尔逊以来，美国正是一直在不断地违背这个规律的国家。秩序和自由有时被说成是人类体验的两个极端。其实二者应被视为一种相互依存的关系。

作为美籍犹太人，基辛格不是基督教徒，不属于保守派，而属于民主党中的自由派人士。他认为，地缘政治应当有对外政策的非情绪化和非意识形态化的含义，因此需要从现实主义出发考虑国家利益，并按照国家的实力和资源来维护国家利益。从维护美国的国家利益出发，显然基辛格的这一主张与布热津斯基的结论，即“在国际的政治舞台上，美国的角色应当是领导，而不是主宰”颇为相似。

实际上，西方的地缘政治学理论到了基辛格时代有了新的创意。与其他的地缘政治理论家不同的是，基辛格的思想无疑更温和、更现实，并且少了些侵略性。不过，基辛格的思想并不能完全代表和左右所有美国的政治家。某些国际政治专家认为，传统地缘政治理论的一些主要观点，仍然在相当程度上主导着当今美国的全球战略思维。因此，那些为拯救美国霸权开出的“药方”，无论是出自于基辛格、布热津斯基，还是扎卡利亚，最终是否能被采纳，人们也只能拭目以待。

四、没落的西方模式

当资本主义发展到最高的金融垄断阶段，民主普选其实只是一种形式，政府的权利已经完全被私人垄断资本所控制。

西方近代民主政治制度的建立和发展已有三百多年的历史了。与中国不同的是，西方的政治体制是建立在由奴隶社会、封建社会向资本主义社会演进的过程中的，是开放的和跨国度的。多党制、普选制、议会制下的立法、行政、司法三权分立是西方民主政治的三大支柱。西方政治体制的发展有其自身的历史和文化背景，西方的发展模式是其自身选择的结果，但是，西方的观念、体制和模式并不都具有普适性。因为，世界各国的宗教信仰、文化传统、历史背景、社会结构、科学技术与经济的发展水平均不相同，所以，以西方的政治模式作为统一的民主模式是不现实的，这个世界绝不会如此简单。分析西方的体制，以美国为例，其政府所真正代表的只是垄断商业集团的利益。由不同政党、不同的领导人执政，就由不同的商业集团获利。而那种将自身的民主模式，强行向世界推行的做法，表面看起来简单幼稚，其实最终是在维护其自身的利益。

2008 年，发生在华尔街的金融危机，使两房（房地美、房利美）和 AIG 集团被政府接管；五大投资银行中，雷曼破产，美林和贝尔斯登被收购，只有高盛和摩根士丹利尚可自保。而此后，收购了美林证券的美国银行和收购了贝尔斯登的摩根大通等，便在华尔街获得了更大的主导权。从政治经济学的角度来分析，在西方自由市场经济的体系下，虽然每一次危机爆发的时间和地点都可能带有偶然性，但是其中的必然性是，市场垄断总是在向更高层次的方向发展。由美国引发的此次金融风暴充分说明，西方资本主义世界的经济已经从产业垄断资本，发展到了国际金融垄断资本的新阶段，其典型的代表就是美国。

首先，看美国国内的情况。美国自身在社会结构、国家体制、经济理论、运行机制和管理上，已经完全具有了金融垄断资本主义的属性。事实上，美国国家机器的最终服务对象就是这种金融垄断资本。超级富人们大量地占有了社会财富，他们手中有大量的金钱，但是他们的社会行为模式是继续追逐高额利润、聚敛财富，而不可能成为推动创新、发展生产、拉动消费和促进共同富裕的动力。因为，与其获取“财产性收入”的投入相比，超级富人们的消费规模已经完全达到了饱和状态。

美国有共和党和民主党两党。一般人的概念是，共和党代表富人的利益，民主党代表穷人的利益。比如，民主党的奥巴马上台以来，其执政的目标不就是要限制华尔街的投机，向富人加税，给穷人增加社会福利吗？然而，人们看到的只是表面现象。实际上，就其社会的本质而言，如果不了解美国政府、美联储和华尔街三者之间的关系，就不可能真正地了解美国。

一位曾在美联储有九年工作经历的美国人伊森·哈里斯（Ethan S Harris）写了一本名为《伯南克的美联储》的书。在书中，哈里斯对美联储的机构及其属性做了简单描述：1913 年，美联储根据《联邦储备法案》建立，成员由七名华盛顿的美联储理事和十二名地区联邦储备银行的总裁组成。七名华盛顿的美联储理事由总统任命，再经国会批准，任期十四年。美联储主席每四年由总统重新任命一次。对美联储理事的弹劾案必须经过参议院 2/3 的赞成票同意。在美国，绝大多数的经济学家都认为，只有中央银行不受政治势力干预，才能确保低的通货膨胀率，因此中央银行必须要保持自己的独立性。

不过，从美国历史上所发生的几次经济危机来看，作为独立的中央银行，美联储并没有起到其预期的作用。1929 年至 1933 年的经济危机无疑是最为严重的一次，其结果造成了资本主义世界工业、农业、商业和金融部门的严重衰退，生产下降了 30% 以上，贸易总额缩减了 70%，3000 多万工人失业。有专家指出：一方面，由于美国在 20 世纪 20 年代经济繁荣的基础不稳固，分期付款和银行信贷刺激了超前消费和市场的虚假繁荣，并使股票投机活动猖獗；另一方面，由于少数垄断集团控制着国家的经济命脉，造成国民收入分配不均，贫富差距巨大，5% 的最富有者占有国民收入的 1/3，造成社会实际消费受到制约。这两个原因是导致此次经济危机的根源。

数据显示：此次美国发生金融危机后，美国的贫富差距还在加大。从 2007 年到 2009 年，从绝对比例看，美国 20% 的富有家庭财富缩水了 27%，80% 普通家庭的财富缩水了 39%。从相对比例看，20% 富有家庭占有的财富上升了 2.2%，达到 87.2%，而 80% 普通家庭占有的财富仅为财富总额的 12.8%。对于美国的这种状况，看一下美联储的资产负债表就会知道，美国国家的中央银行——美联储是私有银行，美国的钱主要是在美联储和华尔街手里，不在政府手里。所以，当前由美国引发的全球金融危机可以说明，“民主、自由、人权”已经完全成为了美国社会极少数富人手中借以维护其利益的工具。

此外，《伯南克的美联储》一书的作者哈里斯也列举了几个例子，以此指责美联储的政策总是偏向金融机构和有钱人，并将这些人称为民粹主义者，如民主党国会议员赖特·帕特曼（Wright Patman）和亨利·冈萨雷斯（Herry Gonzalez）。不过，正如哈里斯所说，美国大多数的经济学家并不认为美联储有阴谋控制全球经济的倾向，而指责美联储的政策偏向有钱人，也只是极少数的民粹主义者。因此，虽然作者在其书中使用“美联储的政治经济学”作为小标题，但是，从通篇文章看，其实哈里斯仍属于技术派，他头脑中并没有真正的政治经济学意识。因为很简单，从效果论出发，现实是美国贫富的差距在加大，民众的生活水平在下降。

因此，可以得出的结论是：美国政府也好，美联储也好，实际上都是一种具有双重角色的机构。对内，它们是几种势力平衡的产物——华尔街的垄断金融资本、军事复合体、新兴产业和高科技企业，以及资源和传统制造业厂商；对外，它们维护的是美元霸权和美国整体的国家利益。现实是，作为执掌美国国家经济和金融命脉的中央银行——美联储完全为私人所拥有，美国政府的全部权力机构，包括总统、国会、最高法院都无权改变其决策，而那些为美联储的大股东们效劳的正是华尔街的各种对冲基金。这里引用一句被称为“国际金融之父”、欧洲的犹太银行家梅耶·罗斯柴尔德（Mayer Amschel Rothschild）曾经说过的话，可能更耐人寻味，他说：“只要我能控制一个国家的货币发行，我不在乎谁制定法律。”

其次，再看美国是如何实施其国际金融战略的。同样，对于世界其他的经济体而言，美国政府所一贯代表的也是这一小部分垄断金融资本家的利益。自 1971 年美国总统尼克松（Richard Milhous Nixon）批准美元与黄金脱钩以来，美国政府所长期采用的扩张性财政政策和货币政策，已经一步一步地彻底绑架了世界经济。通过实施这样一种长期的金融战略，美国实际上已经将全世界的财富，当然也包括美国民众的财富，逐步地转入了超级富人的手中。有数据表明，这些以美国为首的国际金融资本的总规模已经超过了 1.4 万亿美元，占到了 2009 年美国 GDP14.33 万亿美元的十分之一。

基辛格曾经说过：“谁控制了石油，谁就控制了所有国家；谁控制了粮食，谁就控制了所有人；谁控制了货币，谁就控制了全世界。”应当看到，基辛格所表达的绝不仅是一种个人理念，而完全是一种国家意志和战略。那么，如何证明美国正在实行这样的一种战略呢？一位诚实的美国经济学家迈克尔·赫德森（Michael Hudson），在其用 30 年时间完成的研究成果——《超级帝国主义》一文中给出了他的结论：

1. 第二次世界大战以后，在长期的地缘战略和金融外交的运作下，美国建立起了以美元为中心的全球金融清算体系，使美元成为全球唯一的一种“超主权”货币，从而控制全球的国际贸易。

2. 以提高经济运行效率为诱导，积极地倡导和推动世界各国的资产，尤其是国家核心资产的私有化运动，为美国及国际垄断资本的侵入和控制创造条件。

3. 借助在金融和信息技术上的优势，大力推动资产的证券化和金融化，以实现通过对于虚拟经济的操作，完成对于他国实体经济的侵占和控制。

4. 一方面，放任国际垄断资本的金融投机；另一方面，在由于过度金融投机造成金融危机之后，又以国际货币基金组织和世界银行作为中介，实施对于目标国家核心资产的侵占和控制。

5. 大力宣扬自由市场经济和货币主义的经济理论，诱使各国中央银行放松金融监管的力度。

6. 借助在金融和外交上的实力，通过对于利率和汇率的控制，以及双重的债务标准，确保美国在国际贸易中获得利益。

在《超级帝国主义》一文中，迈克尔·赫德森揭示了这样的现实：美国之所以能实行这样一种扩张性的战略，其物质基础就在于美国拥有超强的综合国力，包括强大的军事、科技、金融实力，以及丰富的资源和粮食；而所有这些实力均可以转换为一种金融资本，包括现量和存量的货币资本。因此，可以说，虽然美国出现过股市泡沫和房地产泡沫，但是美国政府并不会破产。

那么，美国实施这样一种战略的技术条件和环境都有哪些呢？迈克尔·赫德森指出：其一是世界经济金融化（或称证券化），不但包括了银行、保险、投资公司、证券等金融机构，也包括了房地产、能源、资源和垄断性公共设施；其二是在新自由主义经济理论框架下，主导了世界贸易的自由化；其三是世界资产的私有化。

在国际贸易中，美国已经为全世界制定了一个双重标准，通过由美国控制的国际货币基金组织、世界银行、关贸总协定和所谓华盛顿共识，美国可以胁迫其债务国向其出售核心资产；而相反，作为美国的债权国，任何试图收购美国核心资产的行为都会被看成是一种敌对行为。美国政府一方面打着新自由主义旗帜，大力宣扬自由化和私有化；另一方面却秘密地通过对于全球的信贷的控制，从全球贸易中获取利益。美国所玩弄的这套金融骗局的理论基础，就是基于芝加哥学派的货币主义。

通过打造这样的一条资本链条，美国政府所扮演的角色，是在牺牲了国际贸易伙伴和国内大众消费者的利益的同时，为国内的私人垄断资本和国际金融炒家提供牟取暴利的机会。由此可以看出，当资本主义发展到最高的金融垄断阶段，民主普选其实只是一种形式，政府的权利已经完全被私人垄断资本所控制。美国政府金融战略的实质是，对于一切以实用主义哲学为原则的美国而言，国家和政府的信誉并不重要，只有私人垄断资本和国际金融炒家的利益是永恒的。

美籍学者廖子光在《金融战争》一书中对于当今国际金融垄断资本主义也有如下评价：在美国国内，1% 的最富裕人口占有 40% 的国家财富和 90% 的商业财富；在全球范围内，“世界银行估计，在过去的 20 年，新自由主义全球化为全世界新增了高达 2 亿的贫困人口，使世界贫困人口总数超过 15 亿，占世界总人口的四分之一。”“无论是在国内，还是在国际，全球贸易都已成为剥削弱者以强化强者的工具。”“里根（Ronald Wilson Reagan）将国家债务平均分配给全国民众，而克林顿（William Jefferson Clinton）把所有财富分配给富人。”

2011 年 8 月，受美国出现债务违约危机和遭到主权信用评级下调的影响，世界经济又面临新一轮衰退的风险。对此，许多经济学家对于经济前景表示了担忧，有的甚至还试图为美国政府提建议，想对策。然而，专家们忽略掉的现实是，从国际政治经济学的角度看，虽然面临巨额债务和主权信用危机，但是，只要美国的印钞机还开得动，军费还维持在高位，高技术产品还限制出口，那么，就表明美国仍然有能力继续绑架世界经济，因为，这反映出的是美国金融垄断资本主义的本质。对此，正像前美联储主席艾伦·格林斯潘（Alan Greenspan）所说的那样，美国完全不存在债务违约的可能性，因为美国只需启动印钞机，即可偿还一切债务。

在《财经网》一篇题为《伯南克可能采取更多“非传统”手段来刺激经济》的文章中，作者给出了如下评论：“如果把美联储看作一个国家，把其资产规模看作其经济规模，那么，它将是世界第九大经济体。《联邦储备法案》的第 13 条第 3 款规定：在‘非同寻常的紧急情况下’，只要联邦储备委员会七名成员中有五位以上投赞成票，就能授权任何一家联储银行，为任何个人、合伙企业或公司提供任何形式的资金。”“而只要美联储的印钞机还转得动，实现这一点没有问题。无怪乎有人说，美国权力最大的不是总统，不是国会，而是美联储。”综上所述，可以看出，作为当今世界的唯一超级大国，金融危机带给美国的，与其说是一场经济危机，不如说是一场政治危机和国家的信用危机。

当然，美国并不能代表所有的西方国家。西方政治体制的差异在于，美国是总统制，英国和德国属于议会内阁制，法国类似于半总统制。在经济体制上，与美国经济体制相近的国家还有英国、加拿大和澳大利亚。这些国家的相同之处在于，私人经济占绝对主导，国有经济比重小；私人资本集中程度高，垄断性强；市场自发调节作用很大，国家干预少；劳动力市场的自由程度高、流动性大。不同之处在于，只有美国才有能影响全球经济的美联储。除此之外，还有以德国为代表的欧洲的市场经济模式。德国的市场经济模式，被认为是成功的市场经济模式。这种混合经济体制，既反对经济上的放任自由，也反对对经济进行严格管制，而要将个人的自由创造和社会进步的原则结合起来，强调社会保障。不过，如前文所述，在欧盟从经济一体化向政治一体化过渡的进程中，其自身存在的各类结构性问题短期内是非常难以解决的。因此，所谓德国模式也很难具有示范作用。

五、历史学家看西方

欧洲的扩张在某种程度上可用欧洲基督教的扩张主义来解释。……而且，为了使异端和不信教的人皈依基督教，基督教会总是毫不犹豫地使用武力。

当今的基督教是世界最大的宗教，现有信徒人数约20亿，占各种宗教总体信徒人数的33.7%。基督教提倡原罪观、拯救观、超越观、终极观和普世观。作为一种信仰和价值观的文化体系，基督教对世界文明产生过积极的历史作用。然而，随着科学技术的发展和人类社会的进步，同东方的佛教一样，近代和现代的基督教一直处于衰退之中，并且只是越来越成为人们的一种精神寄托。

关于西方基督教文明的扩张性，正如美国历史学家勒芬·斯塔夫里阿诺斯（Leften Stavros Stavrianos）所说，可以从其信仰的热情和好战精神中得以验证。他在《全球通史——1500年以后的世界》中写道："中世纪后期，向强大的民族君主政体发展的政治趋势，使上面提到的宗教好战精神、思想骚动、经济活力和技术进步这四股力量结合成一体，并指向外部世界，从而大大地促进了西欧的扩张。""欧洲的扩张在某种程度上可用欧洲基督教的扩张主义来解释。与欧洲其他大宗教完全不同，基督教浸透了普济主义、改变'异端'信仰的热情和好战精神。从一开始起，基督教就强调四海一家，宣称自己是世界宗教；从使徒时代到现在，积极传教一直是基督教会的主要特点。而且，为了使‘异端’和不信教的人皈依基督教，基督教会总是毫不犹豫地使用武力。基督教的好战性源自犹太游牧民所崇拜的复仇和惩罚之神。基督教作家常用战争作比喻，将人间世界看作上帝与撒旦交战的战场。”

英国的著名历史学家阿诺德·约瑟夫·汤因比被学术界称为文化形态学派的主要代表人物。他在用40年时间写成的巨著《历史研究》中，把基督教比喻成欧洲古代文明与近代文明之间的中介和桥梁。按照他的说法，人创造了宗教，并试图通过宗教去理解超越人们思想范围的那个终极世界。在存在着不同的宗教、文明、阶级和种族的世界环境中，人类应该学会理解，甚至是欣赏彼此不同的文明，把世界上不同的文明当成人类的共同遗产来珍惜和爱护。他认为，历史上任何一种文明都不曾完全统治世界，西方文明不是西方人独自的贡献，是融合了世界上各种文明的结果。未来的世界也绝不会被某一种文明所独霸。

西方的近代史表明，西方的政治思想沿袭了两条不同的发展方向：一条是从“自由、平等、博爱”的精神到人权思想的形成，其最终导致的是西方民主制度的建立；另一条是从“等级正义论”“强权文明”到“强权政治”的理念的形成，其最终导致的是西方的扩张和霸权。西方价值观的核心是强调“权利和利益”，而放弃“义务和道德”。虽然这种矛盾的文化和分裂式的文明使西方得以富强，但是它带给这个世界的却是越来越大的贫富差距、越来越恶劣的环境和无休止的冲突。

西方文明在经历了由近代社会到现代社会的发展与转变的过程中，其社会人文和政治人文的思想，包括人权思想、自由主义思想、民主政治和强权政治所体现的价值观体系也逐步趋于完整。用具有代表性的概念来概括这个价值观体系，那就是“自由、平等、博爱、民主、强权”。这其中，“自由与平等”的基础是个人的“权利和利益”；“博爱”虽然带有“道德和义务”的含义，但似乎已经成为了宗教式的口号，不再被认真对待，并且也与“强权”相矛盾。因而，在西方的价值观体系中，最终形式上的“民主”是对内的，而实质上的“强权”是对外的。

在西方的政治思想史上，“等级正义论”和“强权文明”的思想起源于欧洲文艺复兴时期资产阶级政治学的创始人——意大利人尼可罗·马基雅维利（Niccol ò Machiavelli）。到19世纪，马基雅维利的“强权文明”又被称为“现代人本主义和反理性主义的‘唯意志论者’”的尼采（Friedrich Wilhelm Nietzsche）的“强权政治”所继承和发扬。由此，西方在从奴隶社会、封建社会和向资本主义社会演进的过程中，其传统的政治文化经历了由柏拉图（Plato）等人的“等级正义论”、马基雅维利的“强权文明”到尼采的“强权政治”的过程，成为了西方政治意识形态的主流，并且一直延续到了当代的西方社会。

在西方传统政治文化中，“等级”和“强权”的思想与西方资产阶级革命时期形成的“自由、平等、博爱”的精神完全对立。这表明，是自相矛盾的文化观念导致了西方“科学与人文的分裂”。西方科学的理性主义是由自然科学领域的学者、教授和专家等社会精英所推动的；而西方的“强权文明”则是由政治理论家、政客和独裁者所推动的。西方形式上的民主体制是对内的；而“强权文明”则是对外的。

西方的文明史就是一部不断拓展“生存空间”的扩张史。从特洛伊之战、罗马帝国的兴衰、欧洲海权的争夺、英国的殖民统治、美洲新大陆的争夺、美国的独立到美国成为世界唯一的超级大国，无一不是在体现一种狭义民族主义的国家利益。在西方进入现代与当代的垄断资本主义时期以后，美国又将西方的价值观扩展为实用主义、功利主义和普世主义的多元体系。

塞缪尔·亨廷顿（Samuel Huntington）认为：“西方，特别是一贯富有使命感的美国，认为非西方国家的人民应当认同西方的民主、自由市场、权力有限的政府、人权、个人主义和法制的价值观，并将这些价值观纳入他们的体制。然而，在其他文明中，赞同和提倡这些价值观的人只是少数，大部分非西方国家的人民对于这些价值观占主导地位的态度或是普遍怀疑，或是强烈反对。西方人眼中的普世主义，对非西方人来说就是帝国主义。”“在这个新的世界里，最普遍的、重要的和危险的冲突不是社会阶级之间、富人和穷人之间，或其他以经济来划分的集团之间的冲突，而是属于不同文化实体的人民之间的冲突。”亨廷顿还说，“冲突的根源是社会和文化方面的根本差异。西方国家的普世主义日益把它们引向同其他文明的冲突；用另外一句话来说就是，危险来自于美国自己，如果美国一直不能认识到普世主义的缺陷的话。”

美国哲学家、语言学家和政论家诺姆·乔姆斯基（Noam Chomsky）指出，西方社会的经济基本上已经由大公司控制，因此，即便仅从经济的角度看，也不可能存在真正意义上的完全的市场竞争。

以美国为例，美国是一个市场经济高度发达的国家，但是，市场经济的总趋势是市场的集中度将不断地提高，寡头垄断的局面将越来越趋于严重，尽管政府还在不断地出台各种旨在鼓励中小企业发展的政策，以及积极地为它们营造技术创新的机制。

对于社会舆论，在乔姆斯基看来，美国的公共舆论已经完全被权力与资本所垄断，这是一种将社会现状看成是经济对于社会的投影的观点。乔姆斯基认为，美国虽然是一个以欧洲移民为主的移民国家，但是美国在其自身二百多年的发展中，已经形成了自己的精神和文化传统。在政治方面，由于美国处于原先几乎是完全独立的北美大陆，周围的邻国多为弱国，又有两大洋将其与其他强国隔离，因此，美国国际政治思想和外交政策与欧洲的传统模式完全不同。他认为，美国在第二次世界大战后形成的霸权地位，加上美国自身所特有的政治制度，使美国的国家利益具有了多种含义，包括经济、政治、意识形态、安全、文化，甚至道德理念。

对于民主政治，诺姆·乔姆斯基指出，美国政府不仅越来越孤芳自赏，而且还竭力地向其他发展中国家推行，并希望由此可以获得更多的经济利益，因此，实质上美国政府的内外政策最终所维护的只是少数人的利益。在其发表的一篇题为《失败的国家：国力的滥用和对民主的侵害》的文章中，诺姆·乔姆斯基从“非民主国家”“最无赖的国家”“帝国主义的共性”三个议题出发，抨击了美国的政治文化。

诺姆·乔姆斯基还指出：美国自托马斯·伍德罗·威尔逊（Thomas Woodrow Wilson）执政以来，一直将推广民主视为自己在国内和国际上的使命和目标，但是，这“假如或者只有在其符合自身战略和经济利益的情况下”才会出现。美国“一面大肆称颂民主程序实施最残酷的暴力，一面又竭尽所能地操纵民主结果”，因此，美国并非民主国家。文中，诺姆·乔姆斯基列举了美国长期以来一贯藐视国际法的种种行为——无视《日内瓦公约》《不扩散核武器条约》；公然攻打伊拉克，践踏“联合国宪章”；拒绝对有关尼加拉瓜“非法使用武力”的国际法庭裁决等。所以，他认为这样的国家就是无赖的国家。

对于世界未来的发展趋势，西方许多有名望的历史学家和战略家都明确地提出了他们的观点：世界的大趋势是西方在衰落，东方在兴起。这些历史学家和战略家有:《全球通史——1500年以后的世界》的作者勒芬·斯塔夫里阿诺斯、《大国的兴衰》的作者保罗·肯尼迪（Paul Kennedy）和《大趋势》的作者约翰·奈斯比特等。

勒芬·斯塔夫里阿诺斯在其所著《全球通史——1500年以后的世界》中写道:“在某种意义上说，20世纪历史的进程意味着西方的衰落。”西方文明起源于欧洲，当论及产生欧洲工业革命奇迹的原因时，《大国的兴衰》的作者保罗·肯尼迪认为，是经济上的自由主义、政治上和军事上的多元化，以及知识上的相互结合促成欧洲经济的跨越式的进展。然而，需要指出的是，当今的西方文明发展到美国独大的时代，这种文明所支撑的一切已经走到了尽头。因而，欧洲已经开始转变，而只有美国仍然在延续原有的轨迹。目光短浅的实用主义、一元化的普世主义，以及企图将一种文明强行推向世界的新保守主义，毕竟会使西方文明逐渐失去生命力。

2003年2月10日，《经济观察报》刊登了该报对英国牛津大学政治与金融史教授尼尔·弗格森（Niall Ferguson）的一篇标题为《帝国的兴衰》的访谈录。尼尔·弗格森说:“我们正处在西方世界衰落的前夜。这种看法是一种悖论，因为美国的力量现在仍在其巅峰。在军事上，美国还有足以改变历史的力量。但是我认为，这个力量将会证明是虚弱的。举例而言，观察一下人口分布的趋势和经济增长趋势，你会发现全球正在转换其重心。中国的经济正在高速增长。因此，大的趋势指向了与美国的主导地位相反的方向。”

2007 年 1 月 25 日，英国《金融时报》刊登了美国加州大学洛杉矶分校教授迪帕克·拉尔（Deepak Lal）题为《资本主义全球化为何遭憎恨》的文章。作者认为，反对资本主义全球化的群体有两个，包括第三世界的文化民族主义者和所谓“第三条道路”，即社会主义道路的支持者。作者写道：“被视为伴随资本主义全球化的兴起而出现的社会的道德沦丧，一直被错误地归咎于促使社会繁荣的重要因素——资本主义，而不是归罪于西方不断扩大的道德真空。事实上，正是道德真空摧毁了西方的传统道德支柱。”“遭受创伤的欧亚大陆各文明国家对西方的这种冲击分别做出三种回应。一是像日本人那样接受西方的物质观，同时保留本国的宇宙观。二是因可能导致西化而逃避现代化。第三种也是最常见的一种回应，即通过某种形式，在传统与现实之间找出一条中间道路。”

2011 年，约瑟夫·斯蒂格利茨指出：“2011 年的两件更积极的事情：美国终于认识到富人阶层和其他阶层，即顶层 1% 和剩余的 99%——之间令人咋舌的差距了。此外，青年反对运动——从西班牙的‘愤怒’青年和‘占领华尔街’的美国青年——明白无误地显示，资本主义体系有大问题。”

关于美国“金钱政治”的本质，正如前总统吉米·卡特所说：“现在美国只有寡头政治，无限制的政治贿赂成为提名总统候选人或当选总统的主要影响因素。州长、参议员和国会成员的情况也是如此。现在我们的政治体系已经遭到颠覆，它只是用来为主要的献金者提供回报。”

尼尔·弗格森的著作《西方的衰落》和福山的著作《政治秩序与政治衰败》，都表达了西方主流学者对西方衰落的忧虑。按照西方学者的概括，西方现代的民主是自由主义、代议制、宪政的综合，而不是古希腊意义上的直接民主。但由于西方在意识形态上过分地强调民主至高无上的价值，这就限制了反对精英主义、追求大众民主的民粹主义思潮。

第三章　经济全球化中的政治动向

“冷战”结束，制造出观察家称之为“单极的世界”或“一个超级大国的世界”。但是，美国实质上并没有比“冷战”开始时更能单方面独断全面问题，美国比十年前更占优势，可是够讽刺的是，权力也更加分散。因此，美国能够运用来改造世界其他地区的力量，实际上也减弱了。

——［美］亨利·基辛格《大外交》

一、欧洲的政治一体化

与东欧的巨变和苏联的解体相比，欧洲一体化的进程还表明：富裕使社会统一；贫穷使社会分裂。

两次世界大战的历史经验表明：在国际事务中，正是西方传统的“强权为利益”的价值观导致了人类的灾难，破坏了世界和平。有评论指出，表面上看，第一次世界大战的直接起因是奥地利大公弗兰茨·费迪南德（Franz Ferdinand）在萨拉热窝的被刺，但实际上真正的原因源于当时欧洲列强之间经济利益的冲突，如英法在泰国和尼罗河的冲突，英德在东非和西南非的冲突，英俄在波斯和阿富汗的冲突，以及德法在摩洛哥和阿尔及利亚的冲突。对此，美国历史学家斯塔夫里阿诺斯所给出的结论是：正是欧洲列强之间，以及欧洲中心国家与边缘国家之间的利益冲突和矛盾，导致了两大联盟体系之间的第一次世界大战。这些冲突和矛盾包括经济上的竞争、殖民地的争夺和对立的民族主义愿望。

第一次世界大战之后，西方的战胜国建立起了一个凡尔赛—华盛顿体系。这个体系的实质是，按新的实力对比重新瓜分世界，包括对战败国的掠夺、对苏维埃俄国的遏制、对民族解放运动的扼杀，以及对中国主权的损害。因而，可以说正是这个不公正的凡尔赛—华盛顿体系又一次埋下了第二次世界大战的祸根。

在第一次世界大战之后的二十年间，德国和日本的工业发展迅速，经济实力明显增强。而相比之下，由于1929年和1937年发生的两次严重的经济危机，英、法、美等国的发展则先后出现了停滞，西方各国政治经济的力量对比出现了不平衡。在此基础上，德国对由英、法、美主宰的凡尔赛—华盛顿体系日益不满，日本为了向外扩张建立了法西斯专政。此外，再加上美、英、法希望将由德、意、日形成的法西斯势力引向苏联所采取的绥靖政策，导致了第二次世界大战的爆发。两次世界大战的事实说明，西方所谓普世的价值观并不是只有民主、自由、法制和人权，其中也包含了“强权为利益”。

在一般人看来，欧盟似乎只是一个经济联合体，但实际上政治一体化却是欧盟的最高目标。1945年，在经历了两次世界大战的苦难之后，欧洲终于认识到了通过战争手段，不但不能保障欧洲各国的安全，反而导致了欧洲整体的衰落与国际主导地位的丧失。在美苏争霸和欧洲衰落的大背景下，欧洲的政治家开始产生了通过建立政治联合来发展欧洲的想法。

1950年，以“舒曼计划”为起端，欧洲揭开了探索以联合求发展的序幕；1952年，法国与德国摒弃前嫌，决心“以合并各国的根本利益，取代世世代代的对立”；1957年，《罗马条约》签订，欧盟的最初框架被创立；1961年，欧洲共同体在其首脑会议的政治宣言中首次宣布“决心建立政治同盟”；1972年，欧洲共同体进一步提出建立“欧洲联盟”的目标；1973年，欧洲共同体决定欧洲将作为一个单独的实体参与世界事务，每年举办至少四次外长会议讨论共同关心的国际问题，并提出了在国际事务中“用一个声音说话”的口号；1974年，欧洲的首脑会议被命名为“欧洲理事会”，下设外长会议、政治司司长会议、专家小组会议等多级组织，从而，一个完整的“欧洲政治合作”体系得以建立；1979年，欧洲议会将防务问题列入议程；1985年，欧洲议会开始酝酿自主的“欧洲防御计划”；1992年，《马斯特里赫特条约》签订，欧洲政治一体化的核心内容被确立。

进入新世纪以来，2003年12月13日，欧盟首脑会议签署了加强欧洲一体化的《欧洲防务战略》《欧洲安全战略》和《欧洲外交战略》三大战略性文件。由此，“冷战”结束以后，欧洲以经济合作作为基础，以政治诉求作为最终目标的愿望得以初步实现。

2004 年 10 月 29 日，在罗马，欧盟 25 个成员国的领导人签署了《欧盟宪法条约》，这标志着作为第三级火箭的政治同盟初步得以建立。从当时欧盟的内部看，在政治体制方面，绝大多数的欧盟国家采用多党制和议会民主制；七个采用君主立宪制的国家为比利时、英国、丹麦、卢森堡、荷兰、西班牙和瑞典。在宗教方面，欧盟成员国的宗教也不再是单一的基督教，东正教和东仪教的国家也逐渐融入其中，欧盟已经成为了一个地缘文明的中心。

与东欧的巨变和苏联的解体相比，欧洲一体化的进程还表明：富裕使社会统一；贫穷使社会分裂。欧洲一体化进程不但促进了欧洲社会走向集中统一，同时也带动了北美自由贸易区、亚太经济合作组织、东盟自由贸易区等区域性国际经济合作机构的发展。对于由欧洲一体化所引领的经济全球化，有评论从国际政治经济的角度将其归纳为以下几点：1. 全球化进一步推进了世界的多极化趋势；2. 更加凸显了和平与发展的时代主题；3. 导致了南北矛盾的加深和贫富差距的拉大；4. 使传统的国家主权受到冲击和挑战；5. 使国家安全的内涵发生了转变；6. 使协调与合作成为国际关系的主旋律。

不过，由于欧盟至今尚不是一个主权国家，所以涉及内部各自的利益时，各国间便充满了反复的谈判、妥协和讨价还价，这无形中增大了安全与防务政策运作机制的复杂性。此外，就欧盟的外部而言，最主要的当然是欧美关系。首先，在政治方面，冷战结束后，北约仍是欧洲安全防务的主导力量。通过北约，美国一方面希望欧盟各国加强自身的军事力量，为其分担更多的责任；另一方面又担心欧盟的防务会脱离北约而独立。因此，对于欧盟，美国的政策是既依赖，又制约。其次，在经济方面，无论是从产业，或是从金融的角度来考虑，实际上美国都不希望看到一个过于强大的欧洲。

2016 年 6 月 24 日，英国通过公投的方式决定结束与欧盟数十年的关系，虽然英国“脱欧”的过程还要经历相当漫长和复杂的时光，但是这件事情本身对欧盟一体化的冲击非常大，将使欧盟在政治力量上受到重创。有专家认为，英国“脱欧”是一种反全球化思潮的体现，是对现行国际经济体制和理论的否定，其主张自由贸易、单一市场，商品与资本的自由流动。英国“脱欧”是民族保守主义的胜利、精英主义的失败。

对于英国“脱欧”的原因，相关的分析集中于两个方面：其一，作为一个具有开放性的国家，英国的国际贸易是支撑其经济发展的基础和动力。对于英国来说，与欧洲大陆国家联合，给自己带来的经济利益远小于“脱欧”所带来的利益。近年来，欧洲联盟为强化自身的存在，正在承担着越来越多的地区和国际义务，这也使得英国不堪重负。其二，美国作为英国传统的战略盟友，其以往制定的一系列国际外交政策都会充分考虑到英国的利益。但是，进入21世纪后，美国在中东北非地区发动的一系列战争，都让英国背上了沉重的包袱。英国跟随美国所获得的利益远小于其付出的代价，因此，在一些重大问题的决策上，英国也与美国保持了适当的距离。一个非常典型的例子是，英国作为欧洲国家率先宣布加入亚洲基础设施投资银行。这说明英国已经充分意识到，在未来国际事务中，为维护自己的利益，英国将采取更加独立的政治、经济、外交和军事战略。

有关中国与欧洲的双边关系，国内有评论认为，欧盟强调“和平解决争端”和“有效多边主义的重要性”，以“实现世界的和平、可持续发展和繁荣”作为政治目标，这既符合了世界长期发展大趋势，又与中国的政治主张相一致。此外，从地缘政治的角度看，欧盟与中国并无重大利害冲突，相互不构成威胁，并且与美日相比，欧盟也没有建立或维护世界或地区霸权的战略，因此，欧盟与中国双方在客观上，就存在着建立战略合作伙伴关系的基础。

作为中国的第一大技术来源地，在中欧有关生物技术、航空、航天工业的合作中，欧盟给予了中国很大的帮助，双方的合作成果显著。除此之外，在中欧之间的合作项目还涉及政治、经贸、法律、社会、文化、环境、信息技术等诸多方面，既与国计民生相关，又包括了如朝鲜、伊朗、阿富汗等地区问题，以及裁军、反恐、金融、能源、粮食、环境、气候、卫生等全球性的问题。但是，同样应当看到的是，中国与欧洲在社会制度、历史文化、意识形态、价值观，包括自由、民主、人权等观念以及发展模式等方面，还有诸多的不同。所以，中欧关系在某些领域仍然存在不同程度上的分歧或矛盾，这也在所难免。另外，西方自由选举的政治制度也给中欧关系带来了不确定性。

二、G20中的大国博弈

如今还能占到世界经济总规模44%的G8“富人俱乐部”，到2030年将下降到31%，而G20中另外12个非G8成员，同比则将由39%提升至51%。

20世纪70年代初，西方国家的经济遭受到了第一次石油危机的重创。1973年3月，美、英、法、联邦德国财长在白宫图书馆聚会，形成了“图书馆集团”。此后，日本加入，构成五国财长集团。1975年11月，在法国的倡议下，美、日、英、法、德、意等西方六大工业国成立了六国集团。1976年，加拿大加入，从而七国集团（简称G7）就此诞生。1997年，俄罗斯的加入使得G7转变为G8。

G8最初是一个经济论坛，之后很快便增加了政治议题，因为G8对第三世界国家的援助往往被指是与政治挂钩的，并且俄罗斯的加入也被很多人认为是西方对其抛弃共产主义的一种奖赏。多年来，依仗雄厚的经济力量和北约的军事优势，G8集团通过国际货币基金组织、世界银行、国际清算银行、世界贸易组织等机构，为任何想要与其打交道的国家或组织设立了必须遵守的标准。不过，此后随着乌克兰危机的发生，俄罗斯被排挤出了G8。

1999年9月25日，八国集团的财长在华盛顿宣布成立20国集团（G20）。2008年11月，在美国的华盛顿，20国集团举办了首次金融峰会；2009年4月，第二次金融峰会在伦敦举办；2009年9月，第三次金融峰会在美国的匹兹堡举行；接下来的九次峰会，分别在加拿大的多伦多、韩国的首尔、法国的戛纳、墨西哥的洛斯卡沃斯、俄罗斯的圣彼得堡、澳大利亚的布里斯班、土耳其的安塔利亚、中国的杭州和德国的汉堡等地举行。

G20最初只是部长级会议，后来，就有了第一次G20首脑会议。随后，G20的影响力逐渐超越了G8，变化之大令人瞩目。这其中的主要原因有三个：一是应对全球经济危机，G8已经显得力不从心；二是作为最大和发展最快的新兴工业化大国，中国坚持不加入也使得G8失去了代表性；三是美国因素。在G8体系中，欧洲国家占五席，美国处于劣势，而美国推动G20取代G8，就能削弱欧盟的力量。G20首脑会议虽然由法国发起，但最终却被美国成功改造，从而重创了欧盟。

客观地看，虽然G20只有十多年的历史，但却更具有代表性，因为，这其中除了传统的G8之外，又增加了“金砖国家”中的中国、印度、巴西和南非，以及韩国、沙特阿拉伯、澳大利亚、印度尼西亚、墨西哥、土耳其、阿根廷和欧盟。按照惯例，国际货币基金组织与世界银行也列席了该组织的会议。从数据看，G20的GDP总量约占世界的85%，人口约40亿，显然覆盖范围更为广泛，更具有影响力。

论及G8与G20的对比，有观点认为，G20将会成为未来的“世界经济政府”。不过，在“初级阶段”，在G20内部可能还会存在更多的政治碰撞，而G8从此也将不再需要谈论经济问题。中国社科院世界经济与政治研究所副所长王逸舟认为，G8从少数西方大国的“炉边对话”开始，逐渐演变成了一个“大国俱乐部”，其对话层级有首脑会议、外长会议、财长会议以及下属的很多工作组，议题涵盖经济、气候、人权等全球性重大问题，所以，其影响力不容忽略。

中国人民大学国际关系学院教授时殷弘认为，西方将仍会保持G8，同时也不会放手G20。在新一轮的全球金融危机下，美国需要向中国借钱刺激经济，欧洲要求改革国际金融体系，这些都离不开G20。虽然G20比G8更加重要，但是在其他情况下，还不能断定G8就会被边缘化。据英国经济学家安格斯·麦迪逊（Angus Maddison）预测，如今还能占到世界经济总规模44%的G8“富人俱乐部”，到2030年将下降到31%，而G20中另外12个非G8成员，同比则将由39%提升到51%。

至于在G20框架的内部，虽然因为有了中国的加入，从而增强了中国作为第三世界国家代言人的影响力，但是目前的这个机构仍由美国主导，成员国中，亲美或对美国友好的国家仍为多数。另外，G20峰会的轮流主办机制在一定程度上也会引发东道国借机设定对自己有利的议题，因此，相关各国仍将面临各种利益博弈的困局。

2015年11月，在土耳其安塔利亚举行的第十届G20峰会正值全球大部分地区面临经济增长放缓之际，因此，对于美国是否能持续引领全球经济增长，成为了会议的重要议题。会上，加拿大财长乔·奥利佛（Joe Oliver）表示，尽管美国目前仍在引领全球经济，但是这并不可持续。瑞银董事长阿克塞尔·韦伯（Axel Weber）指出，2030年之前在基础建设支出方面，估计有60兆~70兆美元的融资缺口，释放民间部门的能量，将有助于缩小这一缺口。在2007年至2009年金融危机期间，G20合力推出全球刺激计划，不过，当今的挑战更加微妙，分化的货币政策是全球动荡的原因之一。

2016年9月4日至5日，在浙江中国杭州成功举办了G20集团领导人第十一次峰会，峰会的主题为“构建创新、活动、联动、包容的世界经济”。会上，习近平在题为《人类命运共同体意识的文化关切》的讲话中谈到：由世界大国走向世界强国，不仅仅意味着政治、经济和军事实力的增长，还意味着责任的增强。中国所坚持和奉行的和平发展道路，是一条倡导不同文明之间开放包容与交流互鉴、促进各个国家之间相互尊重与合作共赢、推动全世界共享和平与共同发展的道路。中国人民致力于实现中华民族伟大复兴的中国梦，追求的不仅是中国人民的福祉，也是各国人民共同的福祉。

三、“金砖国家”预示了什么?

有迹象表明，“金砖国家”有可能正在形成一个新的“政治俱乐部”或“联盟”，从而“把不断增长的经济力量，转换为更大的地缘政治影响力”。

2001年11月20日，美国高盛公司的首席经济师吉姆·奥尼尔（Jim O'Neill）根据对世界新兴经济本——中国、印度、巴西、俄罗斯四国作出经济发展预测，，并在一份题为《全球需要更好的经济之砖》的文章中，首次提出了“金砖四国”（BRIC）的概念。奥尼尔预言，到2027年，“金砖四国”的GDP将超过西方的七国集团。到2050年，世界经济格局将会大洗牌，届时全球的六大经济体将由中国、美国、印度、日本、巴西和俄罗斯构成。不过，即使如此，2050年“金砖四国”的总财富都不会超过西方的七国集团。

2009年6月，四国领导人在俄罗斯举行首次会晤，并发表《“金砖四国”领导人俄罗斯叶卡捷琳堡会晤联合声明》；2010年4月，“金砖四国”在巴西召开第二次峰会，商定推动四国合作与协调的具体措施，至此，“金砖国家”间的合作机制初步形成。会后，四国领导人就世界经济形势等问题阐述了看法和立场，发表了《联合声明》；2010年11月，20国集团会议在韩国首尔举行。南非在此次会议上申请加入“金砖四国”。2010年12月，“金砖国家”商定，吸收南非为正式“金砖国家”成员国。由此，

“金砖四国”变成“金砖五国”，更名为“金砖国家”（BRICS），并且，“金砖国家”初步形成了以领导人会晤为主，以安全事务高级代表、外长、常驻多边组织使节会议为辅助，以及包括智库、工商、银行等多层次的合作框架。

在南非加入合作机制之后，“金砖国家”的国土面积之和占世界总领土面积的27%，人口占世界总人口的43%。据有关国际组织统计，2009年，五国国内生产总值占世界总量的16%，贸易额占全球贸易额的13%。另外，根据2010年世界银行和国际货币基金组织的改革方案，“金砖国家”在世界银行的投票权将大幅增加至13.1%，在国际货币基金组织的份额将达到14.81%。

南非加入“金砖国家”合作机制的意义在于：首先，在经贸领域，四国能够通过南非的中转，降低地域和文化上的障碍，加强与南部非洲各国的经贸关系，使投资和贸易的效益得以提高。其次，接纳南非成为“金砖国家”的成员，更主要的还不是出于经济上的需要，而是出于地缘政治上的考虑。因为，南非的加入可以使新兴经济体国家在全球的代表性和影响力得以提升，并增加“金砖国家”在国际事务中的发言权。另外，在气候、环境、联合国改革、减贫等重大全球性和地区性的问题上，五国相互协调立场，有助于更好地建设一个公正的国际政治新秩序。

2011年4月14日，“金砖国家”领导人在中国的三亚举行了第三次会晤，会后，就国际形势、国际经济金融问题、发展问题以及金砖国家合作等事项发表了《三亚宣言》。关于国际货币体系的改革和国际间的合作，“金砖国家”表示：应当加强国际金融监管和改革。金砖国家支持国际社会，通过减少市场扭曲来确保实体市场的稳定发展，同时进一步加强大宗商品市场的监管。对于带有政治性的利比亚问题，金砖国家认为，联合国安理会就利比亚问题应加强合作，联合国和地区组织应发挥应有作用，各方应通过和平手段和对话解决分歧。

2012年3月28日至29日，“金砖国家”领导人的第四次会晤在印度首都新德里举行。会议的主题是“金砖国家致力于全球稳定、安全和繁荣的伙伴关系”。会后，发表了《德里宣言》。《德里宣言》指出：“我们对当前叙利亚局势表示深切的关注，并呼吁尽快结束在该国一切形式暴力和侵犯人权行为。”“通过鼓励国家间广泛对话的和平手段来处理危机将最大限度地符合全球利益，这也反映了叙利亚所有人民的愿望，也是对叙利亚的独立、主权和领土完整的尊重。”对于叙利亚危机和伊朗核问题，“金砖国家”领导人达成一致意见，反对西方国家插手和武力干预叙利亚和伊朗问题。

有评论指出：“金砖国家”的出现符合国际社会的共同利益。“金砖国家”主张推动国际关系民主化，希望实现世界政治和经济的多元化，反对一个超级大国主宰世界政治和经济，不赞成在世界贸易和气候变化的谈判中，出现不利于新兴经济体发展的要求。实际情况是，在金融领域，“金砖国家”已经在逐步减持美国国债，转而购买国际货币基金组织新债券。从长期看，这为彻底摆脱“超主权货币”的美元霸权，以及改革不合理的国际货币体制做了准备。目前，“金砖国家”既不是如 G8 或欧盟一样的政治联盟，又不是如东盟一样的贸易联盟，而只是发展伙伴。不过，有迹象表明，“金砖国家”有可能正在形成一个新的“政治俱乐部”或“联盟”，从而“把不断增长的经济力量，转换为更大的地缘政治影响力”。

2012 年 4 月 26 日，《人民日报》发表了题为《探求金砖国家发展之路》的文章。文章指出：“金砖国家”之间的取长补短、互通有无，不但促成了这些国家相互之间的剩余生产力转变成各自发展的新动力，而且有助于不同文明、不同文化之间的对话与交流。正如我们所见，“金砖国家”正从一个经济学概念逐渐发展为一个新型的国际合作平台和具有共同远景的全球性力量，并日益发挥举足轻重的代表性作用。

2014 年 7 月 15 日，“金砖国家”领导人第六次会晤在巴西的福塔莱萨举行。会晤的主题为“实现包容性增长的可持续解决方案”，与会领导人主要讨论两项议题。一是政治协调：全球治理和地区危机；二是可持续发展和包容性增长。会议发表了《金砖国家领导人第六次会晤福塔莱萨宣言》。

2015年7月8日至9日，金砖国家领导人第七次会晤在俄罗斯乌法举行。乌法峰会的主题为“金砖国家伙伴关系——全球发展的强有力因素”。分析指出：中国一直主张改革国际金融体系、完善全球经济治理、推动国际关系民主化。“金砖国家”共同利益不断增加，在重大国际事务中的沟通和协调不断加强，已成为带动世界经济增长、完善全球经济治理、推动国际关系民主化的重要力量。金砖国家合作机制不断完善，已经形成了以领导人会晤为引领，以安全事务高级代表会议、外长会晤等部长级会议为支撑，在数十个领域开展务实合作的多层次架构，已发展成为新兴市场和发展中国家在经济、金融和发展领域交流与对话的重要平台，成为带动全球经济增长、完善全球经济治理、加强多边主义和国际关系民主化的重要力量。国际货币基金组织统计，过去10年，“金砖国家”对世界经济增长的贡献率超过50%。“金砖国家”对世界经济的贡献越来越大。

当然，在“金砖国家”内除了合作外，也存在各种的矛盾和问题。例如“金砖国家”的贫穷人口众多，贫富差距大，区域发展不平衡；中国的经济增长在较大程度上仍然依赖投资和出口，科技进步和改革创新的动力不足；印度的产业发展不平衡，又存在高通胀和高赤字；俄罗斯和巴西的经济增长过度依赖石油和资源出口；南非经济受“欧债危机”的冲击大，增长出现大回落，失业率居高不下等。此外，在全球金融危机的局面下，各方的利益需求有差别。俄罗斯和巴西更多地希望得到贸易保护，而中国和印度则更主张开放自由贸易。不过，对于这些问题，正如中国现代国际关系研究院世界经济研究所所长陈凤英在“金砖国家”第四次峰会上所说：“在多边框架内淡化或解决双边矛盾，这可能是金砖国家合作机制未来的另外一个重要作用。”“在某种意义上，金砖国家合作机制已经实现了‘经济搭台、外交唱戏’，这是五国共同的需要，也将促使五国在未来的合作中主动搁置分歧，强化共赢。”

2017 年 9 月 3 日至 5 日，金砖国家领导人第九次会晤在中国厦门召开。此次会晤一致通过的金砖国家领导人厦门宣言概括为：深化务实合作，促进金砖国家发展；加强沟通协调，完善经济治理，建立更加公正合理的国际经济秩序；倡导人文公平正义，维护国际与地区和平稳定；弘扬多元文化，促进人文交流，深化传统友谊，为金砖合作奠定更广的民意支持基础。这其中所包含的国际地缘政治倾向不言而喻。

四、“上合组织”是反西方联盟吗？

在西方国家的游戏规则中，只有实力才是对话和谈判的资本。

1996年4月26日，中国、俄罗斯、哈萨克斯坦、吉尔吉斯斯坦、塔吉克斯坦五国领导人在上海举行首次会晤，由此，“上海五国”会晤机制正式建立。这是上海合作组织的前身。2001年6月15日，在“上海五国”领导人的第六次会晤中，乌兹别克斯坦被吸纳为新成员，五国扩展成为六国。会议结束时，六国领导人签署了《上海合作组织成立宣言》，上海合作组织正式成立。在上海合作组织成立之后，先后又接纳了蒙古、印度、巴基斯坦、伊朗为该组织的观察员，并且，巴基斯坦和伊朗还提出了加入上海合作组织的申请。此外，白俄罗斯、斯里兰卡等国也表示，希望成为上海合作组织的观察员。

2012年6月5日，“上合组织”在北京举行了第十二次峰会。在此次会议上，阿富汗申请观察员地位，土耳其申请加入成为对话伙伴，被纳入上海合作组织的审议事项。“上合组织”通过了包括《上合组织成员国元首关于构建持久和平、共同繁荣地区的宣言》《上合组织中期发展战略规划》《上合组织关于应对威胁本地区和平、安全与稳定事态的政治外交措施及机制条例》《上合组织成员国打击恐怖主义、分裂主义和极端主义2013年至2015年合作纲要》等10个文件。

在政治合作方面，宣言强调必须停止叙利亚境内的暴力行为，支持叙利亚独立、主权和领土完整的国内对话。关于伊朗核问题，宣言认为，任何以武力解决的企图都是不可接受的。在经贸合作方面，宣言强调，应加强成员国之间在交通、能源等基础设施方面的互联互通，并且进一步促进贸易和投资便利化。

对于美国在国际事务中所奉行的单边主义行为，北京峰会在新闻公报中指出：有关国际争端，必须由所有相关国家通过政治外交努力加以解决。个别国家或国家集团不顾其他国家的正当利益，单方面不受限制地加强反导系统，是对国际安全和全球战略稳定的危害。对于国际互联网和外太空，成员国主张应防止利用国际互联网宣传恐怖主义、极端主义和分裂主义思想，并且应确保和平利用外空、防止外空武器化。成员国认为，实现自身安全不能以损害其他国家的安全为代价。成员国表示支持建立无核武器世界，呼吁所有核武器国家签署《建立中亚无核武器区条约》的有关议定书。对于联合国改革问题，成员国认为，应当积极维护联合国会员国的团结，不应人为预设谈判时限，不应过早提交讨论任何在目前阶段尚未得到压倒性多数会员国支持的方案。

2013 年 9 月 13 日，上海合作组织领导人第十三次峰会在吉尔吉斯斯坦首都比什凯克举行，与会元首共同签署并发表了《上海合作组织成员国元首比什凯克宣言》。

2014 年 9 月 12 日，上海合作组织领导人第十四次峰会在塔吉克斯坦首都杜尚别举行，与会各方围绕进一步完善上海合作组织工作，发展上海合作组织区域内长期睦邻友好关系、维护地区安全、加强务实合作以及当前重大国际和地区问题交换意见，签署并发表了《杜尚别宣言》。

2015 年 7 月 9 日至 10 日，上海合作组织成员国元首理事会第十五次会议与金砖国家峰会同时在俄罗斯乌法举行。观察人士认为，乌法峰会是“上合组织”发展史上重要里程碑，对提升该组织的国际地位和影响力将产生深远影响。“上合组织”乌法峰会的四大亮点包括：1. 批准了《上海合作组织至 2025 年发展战略》，为该组织未来发展指明了方向。2. 启动接收印度和巴基斯坦加入上海合作组织的程序。3. 签署了《上海合作组织成员国边防合作协定》，批准了《上海合作组织成员国打击恐怖主义、分裂主义和极端主义 2016 年至 2018 年合作纲要》，批准启动《反极端主义公约》制订工作，发表了《上海合作组织成员国元首关于应对毒品问题的声明》。4. 发表了《上海合作组织成员国元首关于世界反法西斯战争暨第二次世界大战胜利 70 周年的声明》，阐述对共同维护第二次世界大战成果、缅怀先烈、铭记历史、开创未来的共同主张。

2016 年 6 月 23 日至 24 日，上海合作组织成员国领导人第十六次峰会在乌兹别克斯坦塔什干举行。会上，习近平总书记指出，“上海合作组织成立 15 年来，取得了令人瞩目的发展成就。”开创性倡导和实践了互信、互利、平等、协商、尊重多样文明、谋求共同发展的“上海精神”。此外他还就上海合作组织今后发展提出了五点建议。本次会议议题涉及巩固世界和平、稳定和安全，确保上海合作组织成员国稳定发展，联合打击恐怖主义、分裂主义和极端主义，以及深化经济和文化领域的相互协作等内容。会议发表了《上合组织 15 周年塔什干宣言》，充分肯定了 15 年来“上合组织”各领域发展成就，表明了成员国在重大国际和地区问题上的一致立场。“上合组织”各国元首批准了《〈上合组织至 2025 年发展战略〉2016 — 2020 年落实行动计划》，并共同签署了印度和巴基斯坦获得“上合组织”成员国地位的责任备忘录，以及一系列有关完善组织机构、工作效率，促进成员国互利合作的文件。

“上合组织”成立以来，由于成员国之间的经济和人文交流不断加强，已经引起了周边国家的广泛兴趣。国际上有评论指出：虽然地区性恐怖组织看似松散，但是边境安全问题毕竟是各国领导人关注的工作重点。中国希望通过促进多边的经济交流和增强相互间的关系，来提高对该地区恐怖主义的防范。“那些在历史上相互关系并不十分友好的国家都希望加入上海合作组织，这一事实表明，该组织通过自己的工作，证明了自己在国际舞台上的分量和地位，展现了解决地区冲突的出色能力。”“这些国家更担心的是美国而不是中国和俄罗斯。”

外国媒体普遍认为，从上海合作组织成立之初，美国就把该组织当成了潜在的对手。上海合作组织的成立与扩大，特别是伊朗、巴基斯坦、印度等国的加入，更会引起美国担忧。上海合作组织囊括了中亚地区绝大多数国家，其中中国和俄罗斯是核心。因此，“上合组织”的壮大，可能会影响美国在中亚的利益；而近年来，美国在中亚和南亚地区积极推动的“大中亚”战略，其目的就是希望在该地区削弱上海合作组织的影响。

通过追述国际上现已发生的一系列的事件，需要注意到的是：第一，在当前的各类国际事务中，作为现行几乎所有国际秩序的制定者、获利者和维护者，西方国家，尤其美国绝对不会接受被边缘化或是被排除在外。第二，从西方传统的地缘政治和强权为利益的霸权主义逻辑出发，美国当然要将“上合组织”视为是反西方，尤其是反美的联盟，这一点不会因为某一种示好的外交表态而发生变化。国际上，在西方国家的游戏规则中，只有实力才是对话和谈判的资本。第三，从战略安全考虑，国家的外交和军事战略无疑是“综合国力”之中的重中之重。其中，外交是“软实力”，军事是“硬实力”。

五、围堵中国：大国的“小人战略”

儒家相信“人之初，性本善”，西方人相信“原罪”。

在全球政治、经济的重心正在向亚太地区转移的背景下，为继续维护霸权地位，美国开始实施其全球战略重心东移的计划，这其中当然也包括了遏制中国的崛起，以及应对来自朝鲜、印度、巴基斯坦可能的核扩散对美国国家安全和利益所构成的威胁。

2012 年 4 月 10 日，美国国务卿希拉里·克林顿在美国海军学院发表了题为《美国亚太战略》的演讲。这是继 2011 年 10 月，她在《外交政策》上发表《美国的太平洋世纪》之后，再次提及美国亚太战略的调整。按照希拉里的说法，美国重返亚太战略主要有六大目标：“加强双边安全联盟”；“深化我们与新兴大国的工作关系，其中包括中国”；“参与区域性多边机构”；“扩大贸易和投资”；“打造一种有广泛基础的军事存在”；“促进民主和人权”。

奥巴马政府的所谓“亚太再平衡战略”包括了如下内容：1. 加大政治外交投入。奥巴马总统和国务卿希拉里上台以来，加强了与亚太国家接触和交往，包括频繁会见亚洲国家的国家元首，举办美国—东盟峰会，以及在强化美日、美韩关系的基础上，拉拢印度、越南、缅甸、菲律宾、印度尼西亚等国；2. 在经济上，构筑一个以美国为主导的跨太平洋伙伴体系，试图将亚太经济合作组织的所有 21 个成员都纳入其中；3. 在安全方面，强化军事同盟、扩大军事合作、扩建关岛军事基地、构建亚太军事安全网络。美国的最终目的在于，通过不断地制造地区紧张局势，以达到构筑所谓的“亚洲北约”和遏制中国的目的。

对于美国重返亚太战略，有分析认为，目前在亚太角力的战略力量包括美国、俄罗斯、日本、印度和东盟诸国。这些国家在亚太地区的地缘政治格局，甚至是世界格局中，均有各自的地位。为了遏制中国的快速崛起，美国需要利用中国和其他周边国家之间的矛盾，使中、日、印等亚洲大国相互制衡，以期达到防范中国和俄罗斯两大战略对手的战略目标。因此，美国所采取的策略是，极力扶持日本和印度，大肆拉拢东盟国家。

当然，问题还有另外一面。与“冷战”时期美苏之间全面对抗不同的是，除军事上强化与同盟国的关系，构筑军事包围以外，美国同时也注重与中国保持紧密的接触，以及展开各种形式的互利合作，即采取一种“接触加遏制”的两手策略，企图通过接触，从经济、司法、思想、文化等方面影响并改变中国。而美国为什么一定要通过“接触加遏制”的两手策略来改变中国呢？究其原因，无非有两个：一个是美国要用遏制的策略，尽力延缓中国的崛起，以便继续维持其世界的霸权。另一个是要通过接触，将一个中央集权的中国改造成为一个能够融入西方社会的民主、自由、多党制的国家。然而，问题很清楚，美国在国际上所遵循的霸权主义行径，不正是为了维护其另一种形式的集权吗？

那么，究竟应当如何来解读美国在国际事务中的行为方式和全球战略呢？美国是民族国家？是民主国家？还是拥有全球霸权的帝国主义国家？按历史学家的说法，一个以共同信念建立起来的移民国家——美国，当然不属于民族国家。或许可以对其做如此的评价：从国家形态上看，美国当然是一个现代意义上的民主国家。然而，如果从历史文化、社会结构和政治体制上看，美国既是一个霸权国家，又是一个宗教意识极其强烈的国家。

美国是一个充满个人主义和实用主义的国度。美国人乐意接受有用的新事物，信奉强权和实力，敬佩强悍的对手，而瞧不起无能的友人。在美国人看来，东方人远比他们落后得多，欧洲人保守、刻板，也不再有智慧和创造力，美国才是世界上最完美的国家和世界未来的希望，因此，他们有义务将美国的价值观、宗教信仰和体制推向世界。美国人会因为担心在世界上失去敌对的目标而感到恐惧，认为不知道谁是自己的敌人的人是愚蠢的，因此，只有主动地、不断地抑制敌人，打击敌人才是明智的。从这种国家“性恶论”的道德观念出发，美国人的外交逻辑是：没有人会真正关心别人的利益，“以和为贵”是战术，不是战略，只有在自己处于绝对优势的时候，才是安全的；否则，就不安全。然而事实是，美国真正的危机并非来自于外部，相反，企图永远称霸的心态，以及只为追求自身绝对安全所引发军事对峙的不断升级，不但无法确保其自身的安全，也使世界和平受到威胁。

从 19 世纪末算起，美国进行过西班牙战争、太平洋战争、朝鲜战争和越南战争。这其中，除了对日本的太平洋战争是反侵略战争以外，其余的几场战争都是美国主动发起的侵略战争或干涉战争。在越南战争以后的几十年内，出于国家政治与经济利益的考虑，依靠强大的军事优势，美国连续进行了海湾战争、波黑战争、空袭伊拉克的战争、科索沃战争、入侵阿富汗的战争和入侵伊拉克的战争。然而，尽管如此，按学者们的说法，与历史上的所有帝国比较，美国仍然是最为温和的一个，因为世界毕竟是向前发展了。

此外，美国的宗教活动遍及许多社会组织和机构，几乎无处不在。例如，在军队、医院、监狱、警察局、消防队、夏令营、机场，都聘请专职或兼职的牧师提供宗教服务。美军军官中 46% 以及美国商界人士中 35% 的人每周都做礼拜。美国的宗教不但影响着普通美国人的社会生活，而且更深入到美国的国家政治。例如，即便是国会参众两院的每一届会议，也都是从来自华盛顿的牧师轮流主持的祷告开始。每届会议期间，国会议员还会组织祷文与《圣经》研读活动，并且许多州议会也有类似的安排。简而言之，美国社会的道德基础就是基督教伦理。

除了基督教伦理以外，驱动美国国家意志的还有西方传统地缘政治的思想。地缘政治在西方曾经很流行，是西方政治地理学的最重要流派。传统的地缘政治理论鼓吹的是对抗、扩张和霸权。以地缘政治的观点看问题，国家的概念应包含三个地理因素：领土范围、地理位置和国界性质。地理环境因素可以决定国家的政治事件、对外政策和国际关系，不但能影响国家的内部事物，还能影响国家的外部事物。因此，空间扩张是国家发展中的必然规律。围堵中国，也是美国的必然选择。基于这种偏激的政治观念，由西方主导的近代史展现出的图景是：20世纪的两次世界大战，给世界造成了巨大的灾难；而东西方对抗的“冷战”阴影笼罩了国际社会四十多年，并且，即便在“冷战”结束以后，霸权式的地缘战略仍然使国际形势动荡不安。

实际上，第二次世界大战后，由于欧洲老牌资本主义国家的衰落，地缘政治理论已经不再流行，不过，对于崛起中的美国而言，地缘政治理论不但依然得到重视，并且还有了新的发展。继英国的地缘政治家哈·麦金德（H·Mackinder）之后，美国先后出现了阿尔弗雷德·赛耶·马汉（Alfred Thayer Mahan）和尼古拉斯·斯皮克曼（Nicholas Spekman）的地缘政治理论。二者的融合，构成了第二次世界大战以后美国对外政策的战略理念，其中也包括美国前国务卿基辛格和前国防部长布热津斯基等人的地缘政治思想。

如前文所说，西方的地缘政治学理论到了基辛格时代又有了新的创意。他主张地缘政治应当有对外政策的非情绪化和非意识形态化的含义，应当从现实主义出发考虑国家利益，并按照国家的实力和资源来维护国家利益。基辛格在其《大外交》一书中指出：在日常的外交活动中没有比美国更务实的，但在追求其历史传承的道德信念上，也没有比美国更具理想主义的国家。不过，基辛格的思想并不能完全代表或者左右所有的美国政治家，传统地缘政治的主要观点，仍然主导着当今美国的全球战略思维。

关于美国的政治体制，2004年8月31日，香港《成报》发表过一段社评：“事实上，外交乃是内政的延伸，美国无论由共和党或民主党执政，均会把国家利益放在首位，凌驾于国际关系准则之上。外交政策最终还是要为海外的军事和经济利益服务，一直以来，美国政府一直在国际上寻找主要敌人，作为其对外扩张和霸权的政策依据；而军事工业的利益集团，在背后更发挥举足轻重的影响力。”

有数据表明，在美国，军事工业的利益集团包括一百多个军工企业、几十个科研机构、政府中的相关部门、军队、智囊团和新闻媒体。作为政府中的军事机构与私营军工企业的联合体，军事工业的利益集团是以共同利益为驱动的特殊的利益集团，是美国最富有进攻性和扩张性的组织。在长达四十几年的“冷战”期间，美国的军工复合体从政府手中拿走了10万多亿美元的国防开支，成为此期间美国国内最大的获利集团，这种利益体制在世界上绝无仅有。因此，可以说，美国的霸权主义正是由其特殊的政治文化理念和垄断财团所构成的国家利益所决定的。

谈到美国的全球战略，一般人的关注点主要集中在国际政治、外交和军事方面，而往往忽略美国的经济战略。在当今世界政治经济的格局下，表面上看，美国除了每年要担负巨额的军费开支以外，其财政赤字和贸易赤字也在不断增加。然而，实际上，美国却并不会真正为此而担忧。因为，作为一种金融战略，这其实正是美国整体国家战略中的一部分。在传统功利主义价值哲学的驱使下，美国的战略目标非常明确，那就是：除了使用战争和军事威胁的手段外，通过在金融领域内建立起美元霸权，同样可以实现其对于全球的能源、资源、粮食，以及各国核心资产的占有或者控制，并且将其世界的霸权继续维持下去。

对于应如何看待美国经济政策的本质，2008年初，德国经济学家威廉·恩道尔（William Engdahl）撰写了《石油战争》一书。在书中，他分析了在西方“强权为利益”的政治理念之下，由石油、金融和权利所演绎出的世界近代史与现代史，并且将其称为“石油地缘政治”。首先，威廉·恩道尔描述了近代的英国在追逐世界霸权上的原则。他写道：“英国外交政策追求的是一个玩世不恭的信条，即英国决不与其他国家建立感情或道德的关系，不把它们当作相互尊重主权的伙伴，而只强调自己的利益。”“进入21

世纪初期的现实与1919年的现实没有两样，仍然是地缘政治的现实。只要控制了黄金和石油，地球上的每一个国家都会臣服于大英帝国的权杖之下。”他还引用了另一位德国银行家的话：“英国的政策总是以对抗欧洲大陆最强大的政治经济强国而定。”由此，人们能够联想到的是，既然过去的英国是这样做的，当代的美国当然也会这样做。

威廉·恩道尔认为，美国所谓的自由、民主与和平完全建立在美国对其他国家的霸权之上，而支撑其霸权的两根支柱是超强的军事力量和作为世界储备货币的美元。因此，他的结论是：华尔街宁愿牺牲美国的经济繁荣，也不会容许他人染指其金融霸权。对于世界经济情况当然也一样，以20世纪70年代在亨利·基辛格主持下的美国经济政策为例，威廉·恩道尔写道：“美国政策的重点是控制世界经济，而不是为了发展世界经济。”“英美精心设计的美元体系，席卷了世界各地的财富。围绕着控制与反控制，欧洲共同体、不结盟运动以及其他国家与英美金融集团之间展开了一场持久、血腥而不见硝烟的战争。”“为维持世界霸主地位，美国四面出击，压制和瓦解各种可能出现的新生力量。日本、‘亚洲四虎’、俄罗斯、巴尔干各国，一切新崛起的潜在力量都是它的敌人。”

对于美国的霸权行经，威廉·恩道尔指出：“华盛顿的外交政策完全背离了美国开国先哲们的政治理想。”“当今，聚焦于国际事务的大多数国际观察家都忽视了一个重要的事实——‘冷战’并没有因为1989年11月柏林墙的倒塌而结束，也没有随着1991年苏联的解体而结束。事实上，直到今天，‘冷战’从来也没有结束。”

2005年11月14日，美国《洛杉矶日报》刊登了一篇美国前总统吉米·卡特题为《这不是真正的美国》的文章。卡特说道：“最近几年，我对政府实施的一系列激进政策日益感到担心，现在这些政策使历届政府奉行的许多基本原则都受到威胁。它包括美国对于和平、经济与社会公正、公民自由以及人权的基本承诺。”“我们不仅没有减弱美国对核武器及其进一步扩散的依赖，我们还坚持我们拥有并扩散核武器的权利，因为我们废除或部分地废除了过去50年里达成的几乎所有核武器控制协议。现在我们已经变成了全球核武器扩散的罪魁祸首。”“作为世界唯一的超级大国，美国应当被视为和平、自由和人权的坚定捍卫者。我们的国家应该成为核心，其他国家应该围绕这个核心以便与国际安全受到的威胁作斗争，并改善我们的共同环境。我们应该率先向需要的人们提供人道主义的援助。”显然，与受“新帝国论”和“新保守主义”势力所左右的政策理念不同，卡特是一位更明智的政治家。

美国的霸权主义给中国的启示是：在这个以西方强权为利益的理念主导的世界上，面对美国的全球战略，中国人的思维必须跳出传统的约束。

在当今的国际社会中，中国一向秉承“以和为贵、和平崛起”。无论是从历史、文化、民族、种族、宗教，还是从价值观、思维方式、意识形态和体制上看，中美两国都存在着巨大的差异。中国人应当认识到的是：儒家相信“人之初，性本善”，西方人相信“原罪”。正像中国人“以和为贵”的观念延续了两千多年一样，西方人“强权为利益”的观念同样也已经延续了几百年，这种历史文化的差异不可能在几代人的时期内有所转变。对于美国释放出的善意，最好还是需要牢记基辛格的那句名言：美国的友善比它的敌意更加危险。

2013年1月，威廉·恩道尔推出了《目标中国：华盛顿的“屠龙”战略》一书。他从地缘政治的视角，揭示了中美关系背后的真相。在书中，威廉·恩道尔分析了美国扼制中国的八大战略，包括货币战争、石油战争、粮食战争、药品与疫苗战争、经济战争、军事战争、环境战争和媒体战争，揭露了美国利益集团在国际政治和经济上扼制中国乃至世界的真相。

威廉·恩道尔指出：“我们通常把‘敌人’看成是某个国家或国家集团。然而，中国的敌人并非美国人民，更不是英国或其他国家的大多数人。中国真正的敌人绝非等闲之辈，他们人数不多但关系极为密切，还有培植多年的御用智库和财经团队随时听令。过去几十年，这些人已经实际控制了美国政府的核心部门，像财政部、国防部、农业部以及国务院等诸多机构。这些人对美国并无好感，对普通美国民众更是视之为草芥，弃之如粪土……他们的实力来自于手中的150家跨国公司，这些公司控制着世界经济的命脉。如果这些大牌企业联手，包括美国政府在内的各国政府都会不堪一击。”

《大对决：即将爆发的中美货币战争》一书的作者雷思海指出：“美国的货币战争布局，不仅仅是货币政策上的，而是全面的，从地缘政治，到经济、贸易、货币政策，甚至是舆论引导等诸多方面；而所有这些布局，最重要的对象就是中国。”“我们回顾一下历史，就不难发现，当前正处于美国第三个金融大战略周期收官的前夜。前两个金融战略周期，一个从1970年到1985年。第二个战略周期，是1986年到2002年。在美国前两个金融战略周期里，西欧国家最后整体失去了五年，苏联不复存在，日本进入失去的十五年，东南亚国家普遍失去七年左右，俄罗斯、韩国也失去了七年左右，阿根廷、墨西哥失去了六年左右。但是，第三个金融战略周期，美国遇到了前所未有的对手，一个是作为整体出现的欧元区，一个是中国的崛起。”

中国社科院发布的2013年《国际形势黄皮书》——《全球政治与安全报告（2013）》也指出：“在可以预见的二三十年内，金融、科技、文化和军事霸权依然是资本帝国主义时代的新特征。”“美国盲目地把矛头指向了俄罗斯和中国两个大国。”“使俄罗斯和中国无力反抗是美国的阶段性目的，而摧毁两个国家则是美国最为理想的目标。”

2016年，中国社科院发布的《国际形势黄皮书》指出：美国的许多智库、咨询机构、媒体前所未有地一同呼吁重新估计美国的对华政策，并对中国采取更强硬的姿态。其中，中国问题专家沈大伟（David Shambaugh）指出，中美竞争已经成为主轴，双方之间的竞争不仅是战略上的，事实上是全面的，包括商业、意识形态、政治、外交、技术甚至学术。

对于美国究竟是什么样的国家，大多数中国人其实并不了解。美国这片土地，绝不是一个由民主、自由和普世价值观所主导的世俗社会，一个由垄断金融资本和利益集团所构成的上层主流社会已经掌控一切。这个群体骨子里不情愿接受任何非西方的意识形态。不过，例外的是，从短期利益出发，美国有时也会和其认为是独裁的国家结盟；而一旦有时机，从价值观出发，美国又完全会选择颠覆掉盟友的政权。因此，与所谓古板的老欧洲比较，美国人则更像是一个带有清教徒意识的实用主义者。国际地缘政治的历史和现状可以证实这一点。

因此，中国人必须明白：外国人不同于中国人。绝对不能用中国人考虑问题的方式，去分析他人的所作所为。如果世界上每个国家和民族的心态都正常，那么人类就不会有连续发生两次世界大战的历史，也不会出现不计后果的核军备竞赛，使人类始终处于遭受核毁灭阴影的笼罩之下。当今这个由西方意识主导的世界只承认强者和利益，不相信道义。以中美关系为例，两国之间存在的问题并不只是由观念与认识上的不同引起的，而主要是由国家与民族的本性与利益的不同所决定的。

六、地缘政治变局的启示：世界正在迈向“后西方时代”

世界变局带来的全球性地缘政治碎片化趋势，既为西方文明衰竭的结果，也是资本主义内部基本矛盾的暴露。

2014年，郑永年在其发表的题为《地缘政治变迁和政治秩序重塑》的文章中称，近代以来建立在民族国家至上的政治秩序，是西方地缘政治秩序扩张的产物。随着今天地缘政治环境的变化，这个政治秩序也面临着前所未有的危机。与此同时，随着地缘政治的变迁，政治秩序的重塑也变得可能。一些西方国家一直存在的民族矛盾——如加拿大魁北克法语人口，以及苏格兰在成为英国一部分已经几个世纪后的“独立公投”表明，加拿大和英国并没有真正成为人们所说的民族国家。民主很难成为多民族国家的整合力量，民主意识永远替代不了民族意识。

西方，尤其是美国的相对衰落，必然对非西方的民主产生极其负面的影响。非民主国家社会中，存在着对西方和美国越来越高涨的不满情绪。从前，西方信仰的是主权高于一切，但现在信仰的是人权高于主权。在中东，西方和美国可以说是在推翻自己参与建立起来的政权，而在现存主权国家和政府被推翻之后，所出现的往往不是西方所希望的民主政权。

近两年来，世界发生了很多事件，乌克兰危机、叙利亚战争、欧洲的难民潮问题、英国“脱欧”、沙特与伊朗断交、朝鲜半岛由“核试”引发的紧张对峙，以及围绕东海、南海出现的中、美、日之间在亚洲的博弈，都展现出国际地缘政治充满着复杂的变化。

其中的几个典型事件包括：作为美国的盟友和北约的成员国，土耳其在迅速平定兵变之后，总统雷杰普·埃尔多安（RecepTayyip Erdoan）指控美国支持逃亡的居伦，是政变的幕后黑手。因此，一方面，土耳其与美国的关系明显恶化；另一方面，土耳其与俄罗斯的关系却在迅速升温。同样，在亚洲，南海仲裁案闹剧之后，菲律宾新任总统罗德里戈·杜特尔特（Rodrigo Duterte）选择首访中国。访华期间，两国共签署了 13 项双边合作文件，中菲两国友好关系得以全面恢复。杜特尔特甚至还指责西方“仗势欺人”，称如果中俄能建立起新的世界秩序，他将第一个加入。

对世界政治、经济格局影响更大的是英国“脱欧”和美国大选。有评论认为，近代以来引领人类社会的西方文明，在 19 世纪末达到全盛，目前已开始走向衰落。世界变局带来的全球性地缘政治碎片化趋势，既为西方文明衰竭的结果，也是资本主义内部基本矛盾的暴露。英国“脱欧”，宣告了欧洲一体化的历史终结和亚欧一体化的历史开启。

再看美国的大选。2016 年 8 月 24 日，英媒的一篇《激进主义埋葬英美民主》的报道称：作为西方的两大重要政党，美国的共和党和英国的工党都处于濒临崩溃的状态。这反过来威胁到了大西洋两岸民主的健康……杰里米·科尔宾（Jeremy Corbyn）主张国家控制经济；特朗普（Donald John Trump）鼓吹美国优先的孤立主义……他们的崛起表明英、美的民主真的出问题了。另有国际媒体的评论是，美国已变得不再受人尊重，其在第二次世界大战后创建的国际秩序正在瓦解。此外，《纽约时报》网站文章的题目是：《美国样板在丑陋大选中黯然失色》。该时报还揭示了大选暴露出美国面临社会分裂的现状，称与其说美国是“一个两党制国家”，不如说它正在变成“两个一党制国家”。

这表明，主张用孤立主义改变美国的特朗普，在民粹主义蓝领阶层的支持下，战胜了仍然坚持扩张主义的希拉里（Hillary Clinton）。不过，对于美国而言，面对衰退，或许最明智的应对措施还是选择走基辛格或布热津斯基所倡导的现实主义之路。

2017年2月13日，在德国，被称为“欧美关系风向标”和“防务达沃斯”的慕尼黑安全会议召开。出席会议的要员包括联合国秘书长、北约秘书长、美国副总统、德国总理、乌克兰总统，以及与会国家的防长、外长等政要。各方关注的主要议题是跨大西洋关系、北约的作用以及对俄罗斯的关系。会议发表的《慕尼黑安全会议基金会年度报告》认为，当今西方国家的国民已日益不信任现有的西方制度。西方社会正在面临的三大挑战包括：反精英的民粹主义思潮的兴起和反全球化的动向，西方世界秩序已出现裂痕，以及“后西方”甚至是“后秩序”时代的形成。用该报告和与会西方学者的话来说，“西方主导的世界秩序正在走向终结”，“西方自由主义最大的威胁并非来自外部，而是来自西方社会内部”。

反观中国的外交新战略，中国国家领导人密集外交出访，积极推动大范围的国际经济合作。在组织和建立新的国际金融体系和运作系统等方面，中国的经济外交手段与规模也都前所未有。2016年6月25日，俄罗斯总统普京访华，中俄两国元首共同签署了《中华人民共和国和俄罗斯联邦联合声明》《关于加强全球战略稳定的联合声明》和《关于促进国际法声明》三个文件，以及有关经贸、科技、金融、能源、媒体、网络等领域的三十多项合作文件。

中俄元首发表的三份声明涉及对于联合国权威的维护和改革、全球多边体制稳定和发展、反恐与武器不扩散、国际海洋法、气候协议、多边文明对话和国际信息安全与合作等。声明指出，中俄关系的基础是非意识形态化，平等、互信、相互承认领土完整，尊重彼此核心利益，以及对社会制度和发展道路选择的权利，互不干涉内政，在涉及主权、安全、发展等核心问题上相互支持，互利合作，摒弃对抗。中俄关系不具有结盟性质，不针对第三国。

此外，中俄双方还就将中国提出的“一带一路”与俄罗斯提出的“欧亚经济联盟”实现对接，对共同构建一个“大欧亚伙伴关系”达成了共识。该合作伙伴关系将包括欧亚经济联盟成员国、上海合作组织成员国、印度、巴基斯坦、伊朗与东盟国家，简称为“四合一”。该合作伙伴关系可涵盖欧亚大陆所有国家，甚至涵盖由美国主导的，并且明显带排他性的，已经加入了跨太平洋伙伴关系协定和跨大西洋贸易与投资伙伴协定的国家。这两个协定的不同之处在于，“大欧亚伙伴关系”将在 WTO 准则的基础上，对新成员的加入持开放态度。

对于构建这个“大欧亚伙伴关系”，专家关注的议题是：1. 自由贸易、开放进取的全球化进程是继续推进，还是听任被欧美所主导的垄断性、排他性、分割性的区域和市场分割所代替。2. 对外关系中的非意识形态化原则是否还需要恪守，抑或唯以所谓“民主原则”来决定亲疏好恶，无端实行遏制制裁，甚至不惜导致地区和国家混乱。3. 文明间、国家间关系是否还值得尊重，是否已到了可以将威斯特伐利亚体系确立以来民族国家至上的原则弃之不顾的地步。4. 第二次世界大战以来的一系列成果，包括联合国权威、政治边界的确定，是否已到了出于一己私利，或出于拉帮结盟的需要，可以全然抛弃的程度。

关于中美关系，中国国际关系学会副会长金灿荣教授指出：中美关系是“整个中国外交的重中之重”，“是中国外交最大的难题”；中美关系还是 21 世纪国际关系的决定性因素，如果中美双方合作，21 世纪国际关系很有希望，如果我们对抗，21 世纪就是对抗；中美关系的现状是既竞争又合作，既重要又复杂；中美关系存在着巨大挑战，但也有三大重要机遇，还有共同的历史遗产；中美大国博弈未必走向势不两立，完全有可能走向“共同演化”，从而避免战争的灾难并跳出“修昔底德陷阱”（指一个新崛起的大国必然会挑战现存大国，而现存大国也必然会回应这种威胁）。中美最大可能的前景叫“功能性伙伴”，或者叫“两国协调论”，即中美双方不是联盟但也不是明确的对手，而是“有点模糊关系的合作伙伴”，双方“不直接兵戎相见，有矛盾控制，同时在某些问题上进行一定合作”。

第四章　文明之路

西方社会在给人类带来发达的科学技术和丰富的物质文明的同时，也造成了人类文明的危机，使人的价值观迷茫、精神失落以及生态和环境恶化。

——［印］泰戈尔（选自 1924 年 4 月 18 日泰戈尔应邀来华时的讲演词）

一、失色的“颜色革命”

显然，“颜色革命”之后的政权变化毫无疑义地没有带来更大的民主化，哪怕是狭隘意义上的“选举政治”。

21世纪初期，东欧和中亚的一些国家以非暴力方式实现了政权变更，西方将这种现象称为“颜色革命”。2003年11月2日，在格鲁吉亚议会的大选结束以后，支持总统谢瓦尔德纳泽（Eduard Shevardnadze）的政党在议会选举中获胜，以米哈伊尔·萨卡什维利（Mikhail Saakashvili）为首的反对派指责选举中有舞弊行为，不承认大选的结果，并发动了大规模的群众抗议活动。11月23日，在国内各种强大的压力下，谢瓦尔德纳泽最终不得不下台。随后，萨卡什维利在重新举行的大选中获胜，当选为新总统。发生在格鲁吉亚的这场革命被称为“玫瑰革命”。

2004年11月21日，在乌克兰举行的第二轮总统选举中，亲俄罗斯的总理亚努科维奇获胜，反对派领导人尤先科指责选举存在舞弊行为，拒绝接受选举结果，并发起了大规模的抗议活动。在国内外的双重压力下，乌克兰不得不进行第二次总统选举，结果是尤先科当选，该事件被称为“橙色革命”。接下来发生的是中亚的吉尔吉斯斯坦的“黄色革命”。“颜色革命”所继承的，实际上是最早始于1989年11月在捷克斯洛伐克发生的所谓“天鹅绒革命”。

有学者指出，探寻东欧和中亚这些国家“颜色革命”的起因，各国的情况虽有不同，但相同的是：在国内方面，第一，形式上的民主制度、实质上的威权政治已经不被人民接受；第二，经济发展缓慢，人民生活没有得到显著改善；第三，权利阶层腐败严重，社会贫富分化加剧；第四，地区矛盾、民族矛盾严重；第五，新生政治派别快速发展，反对派力量不断壮大；第六，当权派长期执政，选举不公正，存在操纵行为；第七，国际恐怖主义、民族分离主义、极端宗教主义势力的不断滋生和蔓延。在国际方面，“颜色革命”成为俄美之间战略博弈的对象。由于俄罗斯国力的衰落，以及美国和其他西方国家的大力推动和支持，使得“颜色革命”得以成功。美国及西方国家介入“颜色革命”的方式包括舆论宣传、情报支持、秘密渗透、具体指导，甚至直接向反政府势力提供资金和武器的支持。

有资料显示，为了实现自己的战略目的，美国和西方国家采取的具体策略包括：

1. 经济援助。1992 年至 2002 年，美国共向吉尔吉斯斯坦提供了 5 亿美元的财政援助，向格鲁吉亚提供了 10 亿美元的援助，向乌兹别克斯坦先后提供了 6400 万美元和 1.73 亿美元的援助，向哈萨克斯坦提供了 5200 万美元援助，向塔吉克斯坦提供 5000 万美元贷款和食品援助等。在十年左右的时间内，美国对乌克兰的援助同样高达数 10 亿美元，使乌克兰成为美国对外援助中仅次于以色列和埃及的第三大受援国。

2. 政治渗透。美国通过帮助独联体国家[①]成立各种政治组织，从事多种反政府的派别活动。如通过建大学、设立奖学金，在青年人中培养西方的价值观；通过在独联体国家建立民主研究所、国际共和研究所、自由之家、索罗斯基金会、欧亚基金会、国际新闻媒体和出版等机构，宣传西方的政治主张。

① 独联体，全称是独立国家联合体，是苏联解体后各独立国家的联合组织，但并不是苏联的所有加盟共和国都是独联体成员。

3. 军事援助。建立安全领域内的合作机制，实现对独联体的“军事渗透”。如：资助相关人员到美国学习，建立国际军事教育和培训基金。2004年，为支持独联体国家购买美国武器装备和增加现役军人工资等，美国政府提供的军事援助达3640万美元。

4. 经济制裁。对于不接受西方民主的国家，采取制裁和施压的手段。如：2004年10月，在白俄罗斯为卢卡申科（Alexander Grigorievich Lukashenko）第三次当选总统举行全民公决时，美国总统布什立即签署了一项法案，对白俄罗斯实施全面制裁。此后，出于相同的原因，美国也停止了对乌兹别克斯坦的财政援助。

“颜色革命”已经过去了十多年。格鲁吉亚是最先取得“颜色革命”成功的国家，在俄美间保持平衡的谢瓦尔德纳泽政权被推翻以后，新政权倒向了西方。现任总统萨卡什维利宣称，要不惜一切代价加入北约。不过，“颜色革命”之后，作为一个多民族国家，格鲁吉亚国内的南奥塞梯、阿布哈兹、安加尔等地也要求独立，国家面临分裂的危险。在此情况下，一方面，美国显然不会轻易地介入格鲁吉亚的内部事务，为其解决国内的民族矛盾；另一方面，北约也绝不会为了格鲁吉亚而与俄罗斯闹僵。为了讨好西方，“颜色革命”之后的格鲁吉亚一再主动地激怒俄罗斯，希望以此博得西方的同情。然而，格鲁吉亚的“脱俄入欧”政策显然损害了俄罗斯的利益，在俄罗斯的制裁之下，格鲁吉亚的经济损失严重。数据显示，2011年其失业比例竟高达30%~40%。

在发生“颜色革命”的国家中，吉尔吉斯斯坦的国内政治局势是最不稳定的一个。吉尔吉斯斯坦一直是俄罗斯最坚定的盟友，处在俄罗斯主导的“核心圈”之内。在西方看来，其“革命”成功必将会对俄罗斯的其他盟友，如哈萨克斯坦和白俄罗斯有示范的意义。但是对于俄罗斯而言，如果再失去这两个国家，那么它就将很难再继续扮演地区大国的角色，更不用说重新成为世界大国了。因此，对于吉尔吉斯斯坦的事态发展，俄罗斯绝对不会袖手旁观。此外，“颜色革命”也使该国国内南北地区的民族矛盾加剧。“颜色革命”以后，吉尔吉斯斯坦政府官员腐败严重，民众生活依然贫困，经济下滑、失业率居高不下、物价上涨、出口下降、外债债台高砌。政府三次修改宪法，四次更换政府成员，高层人事变动更是频繁，这些都成为了该国不稳定的因素。

再看“颜色革命”之后的乌克兰。拥有欧洲第二大的国土面积，以及良好的工业和农业基础的乌克兰，其政治上一直希望加入北约，经济上希望加入欧盟。然而，“颜色革命”导致乌克兰经济萎缩了约15%，货币贬值了一半，国家债务沉重，甚至面临破产，人均收入还不及俄罗斯的1/3。反观乌克兰的权力阶层，腐败横行，议会成员中近90%成为了百万富翁。据美国时代新闻网的一篇题为《欧洲为何失去乌克兰》的文章分析，由于其特殊的地缘位置，乌克兰在经济上严重地依赖俄罗斯，所以它不可能成为欧盟的援助对象。另外，在乌克兰的国民中，有相当数量的人群亲俄。其总人口中，俄罗斯族占了22%，而乌克兰族为70%。在政治精英中，大多数则亲西方。历史上，加拿大处理魁北克独立，以及俄罗斯处理车臣问题的经验表明，乌克兰分裂和内乱的根源之一在于民族问题。任何国家在事关国家统一和领土完整的根本性问题上不可以期望通过所谓“地区选举”和“公民投票”等看似民主的做法来处理，否则这种缺乏国家认同感的“民主运动”将会导致国家分裂。

2014年2月21日，乌克兰总统亚努科维奇和主要反对派领导人在基辅签署了和解协议，希望能够解决持续近三个月的乌克兰危机。但是，仅仅半天，亚努科维奇就在“和解”后被议会解除总统职务。随即，亚努科维奇出走俄罗斯。乌克兰内乱的后果最终演变为国家的分裂。2014年3月17日，克里米亚自治共和国议会宣布克里米亚独立成为主权国家，命名为克里米亚共和国，并申请加入俄罗斯。3月18日，俄罗斯与克里米亚签署了有关克里米亚共和国和塞瓦斯托波尔市加入俄联邦的条约。俄罗斯宣布，从签署条约的日期开始，克里米亚被视为俄罗斯的一部分。

接踵而来的麻烦是，乌克兰境内的顿涅茨克州和卢甘斯克州试图效法克里米亚，成立所谓的“顿涅茨克人民共和国”和“卢甘斯克人民共和国”，并准备通过公投取得独立组建新国家，然后加入俄罗斯联邦。乌克兰局势发展至今已经远远超越单一国家内部事务的范畴，美俄在原苏联特别是黑海地区的利益角逐已经成为了当今国际事务的热点。由此可见，最初企图通过“颜色革命”实现“脱俄入欧”的乌克兰，最终却只能成为大国间博弈的筹码。

回顾“颜色革命”发生之时，一度曾让当地民众和西方社会为政权更迭欢欣鼓舞的场面，现在已经烟消云散。格鲁吉亚“玫瑰革命”的领袖萨卡什维利在新的变局中屡遭民众抗议；乌克兰“橙色革命”的领袖尤先科也在新一轮的选举中下台；而吉尔吉斯斯坦“郁金香革命”中的胜利者巴基耶夫（Kurmanbek Bakiyev）现已下落不明。此外，由于看到美国等西方国家的援助最终只能变成一种政治筹码，而经济上也难以完全摆脱对于俄罗斯的依赖，于是，一些独联体国家不得不改变对俄罗斯的态度，从而增加了对美国等西方国家的疑虑。事实上，“颜色革命”这一美好的词汇已失去了昔日的光辉，国际上各大媒体也都不得不承认“颜色革命”失败了。

在推动独联体“颜色革命”初期，美国拉上欧盟、欧安组织，声势浩大，俄罗斯显然处于劣势。随着中东欧各国纷纷加入北约和欧盟，俄罗斯面临艰难的选择，或是被动地融入欧洲，或是坚持欧亚主义，与之分庭抗礼。出于自身利益的考虑，面对西方对于乌克兰、白俄罗斯等国的打压和拉拢，俄罗斯很难再向后退。不过，在这种对抗和较量中，欧洲国家并不愿意为了美国而过度得罪俄罗斯，因此，博弈的最后结果只能是牺牲处在夹缝中的独联体国家。

美国等西方国家之所以没有把“颜色革命”进行下去的另一个原因是，2005 年下半年，美国地缘政治的目标发生了变化。自伊朗总统选举以后，在核问题上，伊朗与美国的对立立场加大。为了对付伊朗，并最大限度地孤立伊朗，美国需要得到阿塞拜疆、土库曼斯坦和塔吉克斯坦的支持。因为，阿塞拜疆与伊朗有历史纠葛，土库曼斯坦与伊朗有漫长的陆地边界，塔吉克斯坦与伊朗有很深的文化渊源。

关于“颜色革命”成败的原因，英国剑桥大学伊曼纽尔学院的研究员大卫·雷恩（David Lane）在一篇题为《作为一种政治现象的“颜色革命”》的文章中写道：“1989年以后，随着东欧社会主义国家的转轨，东欧形成了几个不同的集团：新的欧盟成员国、渴望入盟的国家（乌克兰、摩尔多瓦、格鲁吉亚和亚美尼亚）和仅仅实行了部分改革的国家（塞尔维亚、俄罗斯、白俄罗斯、吉尔吉斯斯坦、乌兹别克斯坦、阿塞拜疆和哈萨克斯坦）。上述国家中，几个国家发生了‘颜色革命’，如塞尔维亚、格鲁吉亚、乌克兰和吉尔吉斯斯坦。这些被通称为‘颜色革命’的运动有一个共同点，即都试图引进‘来自底层的民主’以实现他们所倡导的社会政治转型。尽管在内容上有所不同，但它们拥有共同的战略，即在宪法框架内进行大规模的抗议来拓展公众的政权参与形式：它们被合法化为‘更大的民主’运动。它们的目标都是推翻现任的政治领导人。抗议者通常关注所谓的欺骗性的选举程序，公众集会以年轻人为主，尤其是学生。”“显然，颜色革命之后的政权变化毫无疑义地没有带来更大的民主化，哪怕是狭隘意义上的‘选举政治’。”

根据“颜色革命”行动的提示，三个主要因素有助于解释民主促进的成功或失败：1. 精英和全体民众倾向于激进变革；2. 思想动员和政策宣传；3. 改变现状的实用的政治方案。如果我们考察这三个与后社会主义国家相关的因素，我们就能够理解为什么会发生“颜色革命”，它们为什么成功或失败。

国内也有文章指出：此前，我们已经听说太多的“革命”：乌克兰的“橙色革命”、格鲁吉亚的“玫瑰革命”、塞尔维亚的“推土机革命”、缅甸的“袈裟革命”、黎巴嫩的“雪松革命”……当初它们发生时，曾经令当地民众——也令国际社会，尤其是西方社会——欢欣鼓舞，因为它们被看作这些国家向民主化飞跃的进步。几年过去，当乌克兰的“橙色革命”英雄尤先科2010年2月以低于5%的支持率灰溜溜地被选下台去，当格鲁吉亚的“玫瑰革命”领袖萨卡什维利在一次次的民众抗议中难以喘息，当吉尔吉斯斯坦的“郁金香革命”胜利者巴基耶夫流亡而下落不明，“颜色革命”这个词已失去昔日的光辉。事实上，各大媒体上都充满了这样的判断：“颜色革命”失败了。无论郁金香色还是玫瑰色，如今都变成了灰色。

“颜色革命”的基本特点是：在一场大选中，现任执政者选举舞弊，反对派动员民众通过抗议示威，最后推翻选举结果，把执政者赶下台去。可以看出，这种革命的着眼点是扫除选举舞弊。正因为如此，所以有西方学者将其称为“选举革命”，并认为，“选举革命”之所以不能从根本上改变政治体制，是因为选举只是民主制度中的一个部分，即使能够扫除选举舞弊，也只是为民主制度的改善提供了必要的，但绝不是充分的条件，更何况甚至很多选举革命本身也仍然不能扫除选举舞弊……民主制度是一个复杂的政治机体，除了公正选举，还需要强大的公民社会、公正的司法机构、发达的政党体系、尊重规则的法治文化、有效的制衡、一定程度的经济基础等。只有当上述一系列的要素同时运转，民主的齿轮才可能真正运转，民主才能成为一个连续的过程，而不是几年一次的“赶集”。因此，“选举革命”对选举这个要素的痴迷虽然必要，但却是不够的。

二、种族·民族·宗教·国家

民族心理与社会观念是构成国家政治文化与政治体制的基础，也是人类一切文化创造的渊源。

无需做理论上的详细探讨，人们便很容易认识到最可能影响国家之间关系的因素有三个，即国家的利益、国家的综合实力和国家的整体意识。对于后者而言，实际上主要是指某国国民所具有的民族性格和心理特征，而民族性格和民族心理问题显然又与种族问题密切相关，属于民族心理学的范畴。一般认为，民族心理是特定民族在长期的自然环境与社会环境的共同制约下形成的，并能通过一定的社会生产和生活方式，以及各种文化活动方式得以表现出来。这其中，由衣、食、住、行等人类社会生活所构成的文化被称为显性文化，而民族意识、价值观念、思维方式、历史情感、宗教信仰等被称为隐性文化。

价值观一般被认为是一种具有文化属性的、最重要的民族意识，而民族的概念又是在种族、地理、历史、经济、社会和文化等多个范畴内定义的。目前，人们对于民族的定义并无统一的认识，其中比较全面的观点认为，民族是一个具有共同的祖先、地域、语言、生活方式和文化传统的共同体。论及如何分析诸多复杂社会问题的方法，也许有必要再次引述一下英国经济学家马丁·雅克的观点。在《当中国统治世界》一书中，他说："在没有理解中国人以前，我们很难判断他们对外面世界的态度。我再强调一遍，历史、文化、民族和种族是我们拨开谜团的核心。”

德国心理学家威廉·冯特对人类学和历史学的资料进行了系统的心理学解释。在晚年，他花了近 20 年的时间写了《民族心理学》的 10 卷巨著。在他的著作中，民族被解释为种族的共同体。他从人类的共同生活特征、集体意识、言语、神话的心理起源、宗教的起源、风俗习惯的起源等六个方面入手，分析民族的性格和心理特征。另外，也有学者强调了种族遗传与环境因素对于形成民族心理的影响。

进一步说，民族心理与社会观念是构成国家政治文化与政治体制的基础，也是人类一切文化创造的渊源。反过来，政党、专家、学者、媒体或其他外部因素，也可以影响民族心理与社会观念的走向。一个国家的战略选择，一方面，与这个国家的经济、政治、历史、地缘和环境相关；另一方面，又是政党、专家、学者、媒体、大众与其他外部影响因素之间相互平衡的结果。

那么，以种族和民族为起源，西方文明又是如何经过所谓绝对主义的君主国，走向现代意义上的民族国家的呢？美国作家 R. 帕尔默（R Palmer）在《欧洲崛起：现代世界的入口》一书中指出：现代开始于 1500 年左右的欧洲。在此以前的 1000 年叫作中世纪，它约开始于 500 年。再往前的 1000 年为希腊—罗马古典文化时期。再往前，就是埃及和美索不达米亚的漫长历史，以及更东方的印度河流域和中国的漫长历史……在漫长的岁月中，罗马帝国四面八方几乎都为“野蛮人”所包围：在威尔士和苏格兰，有凯尔特人；在欧洲心脏地带，有日耳曼人；在东方，有波斯人和帕提亚人；在东南部，有阿拉伯人。这些“野蛮人”从来未曾进入古代希腊和罗马文化范围之内。

论及基督教文明在欧洲的传播，及其对西方民族国家形成所起的作用，帕尔默指出：在各基督教国家，基督教信仰现在已渗透到每一个角落，西欧各个历史上的民族在拉丁教会不断扩展的宗教和文化体系内汇合在一起了……与此同时，西方和东方继续分道扬镳。君士坦丁堡的希腊主教拒不承认罗马主教拥有最高权力，他们认为罗马主教不过是西方野蛮人之辈。而罗马教皇则否认拜占廷帝国的政治要求。这就导致了东西方教会的大分裂。这一分裂经过 300 年的发展，于 1054 年固定下来。教会大分裂把基督教世界分为拉丁天主教会和希腊正教教会……

到 1000 年或其后不久，我们称之为“欧洲”的统一体建立起来了。现代欧洲诸民族和国家，从希腊—罗马文化崩溃后的动乱中产生了。于是，出现了一个法兰西王国，东面连接边界很不明确的德意志的大块地区。西班牙北部有几个基督教小王国，意大利半岛则有不少城邦。在北方，当时存在着英格兰王国和苏格兰王国，丹麦、挪威和瑞典也已形成。在东方，兴起了波兰、波希米亚和匈牙利三大王国，前两者中斯拉夫人占优势，匈牙利则以马扎尔人为主。但三国的文化都是拉丁文化，宗教都是天主教，而且无不倾向西方。至于东斯拉夫人（即俄罗斯人）以及巴尔干半岛的斯拉夫人和其他民族，也各自组成自己的王国，但他们的语言和宗教与西欧不同。由于他们是通过拜占廷传教士才皈依基督教的，所以他们的文化是希腊文化，宗教是正教，并倾向君士坦丁堡。

如果不做理论上的探讨，简单来说，与现代意义上的民族国家直接相关的，其实就是种族和宗教。由此，综合看来，种族、民族和宗教，既是构成一个国家的历史渊源，又是支撑一种文化最主要的要素。不可否认的是，当今世界是一个由西方强势白种人主导的世界。虽然公开的种族歧视已经没有了市场，但是西方强势白种人的自我优越感仍然存在。人们知道，在美、英、法、德等西方主要资本主义强国中，这种所谓强势白种人就是指盎格鲁—撒克逊（Anglo-Saxon）和雅利安（Aryan）人。

资料显示：盎格鲁—撒克逊是古代日耳曼人的部落分支，现在大部分以英语为母语的白种人就属于盎格鲁—撒克逊人。以英国为例，英国由英格兰、苏格兰、威尔士和北爱尔兰构成。早期居住在苏格兰、威尔士和爱尔兰的是凯尔特人和古不列颠人。英格兰民族由以后迁入的日耳曼人中的盎格鲁人与部分撒克逊人构成。另外，法国人由凯尔特高卢人、日耳曼法兰克人、勃艮第人和古罗马人构成。意大利人由古罗马人、伦巴第人和东哥特人等组成。

历史上，欧洲共有160多个民族。按大类划分，欧洲原有的民族主要有三大人种：日耳曼人、凯尔特人和斯拉夫人。其中，日耳曼人是指东哥特人、西哥特人、法兰克人、汪达尔人、盎格鲁人、撒克逊人和诺曼人。东哥特人也是北部意大利人的祖先，西哥特人是现在西班牙人、葡萄牙人的祖先。现在的法兰西民族是部分法兰克人与凯尔特人的融合；现代的德意志、奥地利、瑞士、荷兰等民族是部分法兰克人与部分撒克逊人的融合。诺曼人是丹麦、瑞典、挪威和冰岛等民族的祖先；另一部分诺曼人融入了英格兰、法兰西、爱尔兰和东斯拉夫。在近代，狭义的日耳曼人是指德国人和奥地利人，而广义的日耳曼人还包括丹麦人、冰岛人、挪威人、瑞典人、瑞士人、荷兰人、比利时人等非法语的人种。

雅利安人最早是居住在高加索以及中亚的古代部落，属于印欧语系。雅利安人分成两个分支，一个定居在伊朗高原，另一个在印度北部。公元前2000年左右，为了寻找新的水源和牧场，雅利安人开始迁移，形成了人类历史上规模巨大的世界性游牧部落的移民潮。向东到了欧亚腹地，向西进入欧洲大部分地区的雅利安人就是现代的德语系人种；向南迁移到了西亚和南亚，迁移到南亚的雅利安人在印度建立了著名的种姓制度。第二次世界大战时期，德国的纳粹势力就曾将北欧和日耳曼诸民族称为最纯粹的“雅利安人种”。

斯拉夫人是不属于传统西方国家的白种人，主要分为西、南、东三部分。西斯拉夫人由波兰、捷克和斯洛伐克等中欧国家的人种构成。历史上，由于受到德意志民族的影响很深，波兰和捷克在文化上与西欧相近。与之不同的是，对斯洛伐克的影响主要是来自于匈牙利。南斯拉夫人是居住于巴尔干半岛的欧洲人，由克罗地亚、斯洛文尼亚、保加利亚、塞尔维亚、黑山、马其顿、波黑等民族构成。克罗地亚、斯洛文尼亚长期受奥地利的影响，倾向西欧文化，而波黑与土耳其的关联密切。东斯拉夫人主要包括俄罗斯人、乌克兰人和白俄罗斯人三个民族。欧洲的其他民族还有犹太人和来自于突厥的匈牙利人。

再看民族、宗教与国家的关系。目前，在全世界的200多个国家和地区的60亿人口中，共有2000多个民族。在民族、宗教和国家的组合中，既有超越民族和国家的世界性宗教，也有单一宗教国家和多个宗教国家。其中，伊斯兰教12亿人、印度教8亿多人、佛教3亿多人，而基督教包括天主教和东正教共有20多亿人，是世界上最大的宗教，这一现实无疑与西方国家的发达和强盛相关。

从476年西罗马帝国灭亡，到1640年英国资产阶级革命的爆发前期，欧洲处在长达1000多年的中世纪封建社会阶段。因此，西方历史学家习惯于用500年到1500年来简单地划分整个世界历史，并将基督教的起源和早期的发展归于500年以前的历史。

基督教从其起源开始，就没有得到过统一。罗马帝国以后，基督教分裂为四个教会：君士坦丁堡（土耳其）、亚历山大（埃及）、安提阿（叙利亚/黎巴嫩）和耶路撒冷。而后，又形成两个基本教派：罗马天主教和东正教。罗马天主教主要分布在西欧、拉美国家和美国。16世纪，在许多欧洲国家反封建、反天主教的运动中，新教作为基督教的资本主义变种开始出现。使基督教演变为现代形态的第一位改革家是马丁·路德。马丁·路德写了《95条论纲》，他把《圣经》翻译成德文，要求简化宗教仪式，消灭僧侣制。马丁·路德反对为死人做祈祷，反对崇拜圣母、圣徒、圣骨、圣像及其他圣物；他提倡让教会服从世俗政权，主张每个信徒都可以自由地读《圣经》和解释其权利。

马克思是无神论者，他对马丁·路德有非常深刻的评价："路德战胜了信神的奴役制，只是因为他用信仰的奴役制代替了它。他破除了对权威的信仰，却恢复了信仰的权威。他把僧侣变成了俗人，但又把俗人变成了僧侣。他把人从外在宗教解放出来，但又把宗教变成了人的内在世界。他把肉体从锁链中解放出来，但又给人的心灵套上了锁链。”[①]

学术界有一种观点认为，对于西方文明的演进，基督教比古希腊和古罗马文明具有更为强大的影响力。基督教的人文思想主要体现在提倡爱人如己、公义、公正、公平，以及重视每一个人的人身自由和善待穷人等方面。另有学者认为，基督教同古希腊的四大哲学学派之一的斯多葛主义（又称斯多葛学派）有相似之处，最初是非政治性的，因为，在其创建的三个多世纪中，基督教对政府没有影响。然而，随着教会组织的出现，基督教开始涉足与政治有关的社会问题，并从3世纪开始，就已经基本统治了西方人的精神世界。

4世纪，古罗马产生了第一位基督教的皇帝君士坦丁，基督教也从屡受迫害的宗教变成了正统的国教。君士坦丁在将基督教定为国教之后，就开始对其他宗教加以迫害，并进行大规模的讨伐，这种宗教偏执的疯狂一直延续到19世纪才得以缓解。1965年，梵蒂冈颁布了《宗教自由宣言》，这标志着罗马教廷最终转向了真正的宗教宽容。

当今的基督教是世界最大的宗教，现有信徒人数20多亿，占各种宗教总体信徒人数的33.7%。其中，英国和美国是以新教为主的国家，西欧和西南欧为天主教国家，东欧和巴尔干半岛地区为东正教国家。基督教提倡原罪观、拯救观、超越观、终极观和普世观。不可否认，作为一种信仰和价值观的文化体系，基督教对世界文明产生过积极的促进作用。然而，直至当代，西方人在种族、民族、国家、文化和信仰上的优越感依然存在。由此，西方人认为，他们依然有理由将其所谓普世的价值观推向世界。出于多种原因，这其中，以美国的国家行为最为突出。

法国著名政治学家托克维尔（Alexis de Tocqueville）在其所著《美国民主》一书中说：“在美国，宗教虽然不直接参加社会的管理，但却是政治设施中最为重要的设施。”美国政治学家海茨克（Hertzke）说：“不了解宗教向

① 《马克思恩格斯全集》（第一卷），人民出版社1956年版，第461页。

度就不可能理解美国。”在《美国的本质》一书中，作者于歌详细分析了美国基督新教对于美国社会全面深入的影响，并指出：美国是一个以清教徒创立、新教徒为主的社会。清教徒来自于英国基督新教中加尔文教派，该教派具有强烈的天命意识，主张改革社会和改造世界，建立起一个实行基督教原则的基督王国。

对于英、法等欧洲国家的民族变迁，很多学者也进行了深入研究。在一篇题为《欧洲民族国家演进的历史趋势》的文章中，作者陈晓律总结道：“作为终结 17 世纪英国革命的光荣革命，不仅表明英国已经彻底从一个王朝国家转化为民族国家，而且表明这个国家的主要功能就是保护个人的基本权利。在这一历史阶段，欧洲产生了两种主要的民族主义类型：法式民族主义与德式民族主义，而这两种民族主义的交锋构成了这一时期欧洲民族主义发展的主线……”

“一个明显的现象是，在英法两国建立起以民族主义和民主主义相结合的民族国家后，欧洲其余国家基本上未能走上与他们相同的道路，这些‘迟发展者’几乎都是在挣扎着利用各种形式的武装力量争取自己国家的统一，这一历史事实是发人深省的。英国、法国和俄国这些欧洲大国都不愿意看到中欧出现一个强大和统一的德国，在几个世纪中，这些大国外交的基本政策就是阻止中欧出现一个统一和强大的国家，其结果是分裂导致了德意志的软弱和经济发展迟缓。”

“然而，法式民族主义在高举理想主义大旗之时，依然没有放弃民族利己主义的目标；而德式民族主义在注重重建民族文化的同时，却不愿意将民主主义的因素融入其中，因此，也可以说，这两类民族主义具有某种共同的缺陷，即它们都富有侵略性和扩张性，都具有帝国主义自私自利和争夺世界霸权的特性，正是这样的特性最终将欧洲引入了灾难。”

由此可见，单纯地从意识形态的角度，将国家的类型简单地划分为奴隶制国家、封建制国家、资本主义国家、社会主义国家的做法是有缺陷的。因为，国家类型的不同除了可以按社会经济形态划分以外，还可以按地理位置、政治体制、国家体制、主权性质、经济发达程度，以及民族和宗教信仰的不同来划分。即便是当今世界几个发达的西方资本主义国家，如果按经济管理模式区别，也还能再分为自由主义市场经济国家，如美、英；行政导向的市场经济国家，如法、日；以及社会市场经济的福利国家，如德国和北欧各国。同样，所谓发展中国家也有六种不同的类型：议会共和制、总统制、君主制、军人政权、政教合一制、党政合一制。

应当看到的是，无论过去、现在，还是将来，除了国家的政治和经济利益以外，几乎所有的国际问题都与民族和宗教问题密切相关。英国著名的近代史学家艾瑞克·霍布斯鲍姆（Eric Hobsbawm）曾说过："民族不但是特定时空下的产物，而且是一项相当晚近的人类发明。"对此，国内有学者指出："如果说，民族具有种族和生活方式的属性，那么宗教就是具有文化和信仰的属性。""在中世纪，所有的西方基督教徒都属于天主教会，所有受过教育的人都使用拉丁语。欧洲人没有效忠国家的概念，他们首先认为自己是基督教徒，其次是某一地区如威尼斯的居民，最后才可能是英格兰人、法兰西人、德意志人。"

在中国人看来，科学家当然是无神论者，可是牛顿（Isaac Newton）就信上帝。在人类已经进入了21世纪信息化时代的今天，不用说相对落后的国家，就连科技水平最发达的美国上层社会，也还是由基督教新教的信仰所主导。并且，同样是信奉耶稣基督的所谓西方民主世界，还要再分为天主教、新教和东正教。

对于中国而言，这一现象说明问题是复杂的，在国家和意识形态的背后还有民族和宗教，不能老用中国人的惯性思维来看待西方。换句话说就是，马克思的政治经济学理论固然重要，但是绝不能简单地将其看成是包罗一切的金科玉律。

三、人类是否有共同的价值观

价值观是一种无形的国家利益。

众所周知，被称为普世价值的“民主、自由、法制、人权”，是一种代表了现代西方社会的主流价值观。那么，西方的这种价值观究竟是否具有普世性呢？孤立地来看，作为人类大同世界的理想，颂扬和追求“民主、自由、法制、人权”当然无可非议。不过，如果全面地来看，这一问题并非如此简单。

首先在当代，西方大肆宣扬普世价值观的最终目的，实际上是以此作为干涉别国内政的借口，其目的在于实现自身利益的最大化。第二次世界大战以后，西方国家特别是美国，从来就没有停止过为其自身的政治和经济利益而干涉别国内政。1945 年，美国扶植韩国亲美的李承晚政权；1964 年开始，直接介入智利的总统大选；1979 年，通过所谓《与台湾关系法》，直接干涉中国内政；1983 年，出兵入侵格林纳达；1989 年，出兵巴拿马；1999 年，空袭南联盟；2003 年，发动伊拉克战争；2004 年，出台“大中东计划”，在以色列、土耳其、伊朗、阿富汗、巴基斯坦以及 22 个阿拉伯国家“推动和帮助自由选举，扶持新的独立媒体”。

从实用主义出发，美国在高举民主和人权的大旗下，实行的从来就是双重标准。凡是亲美的国家，只要对美国有利，其政权无论如何独裁，美国都会将其视为友好国家，甚至是盟友。例如，亲美的沙特阿拉伯王国就是一个君主制国家。该国无宪法，并禁止政党活动，国王行使最高行政权和司法权，有权任命、解散或改组内阁，有权立、废王储，有权批准和否决内阁决议，有权批准和否决与外国签订的条约、协议。除沙特外，美国的很多盟友也都是非常独裁的专制国家。在南海争端出现以来，美国甚至还高调地宣称要将中国的邻国越南作为其新盟友。由此可见，美国的所谓普世价值观完全是一种工具，而不是其所宣称的道义。

2008 年 12 月，新加坡《联合早报》刊登了一篇题为《中国的改革开放与普世价值观》的文章。文章写道："那么，为什么中国人对普世价值有那么大的争论呢？一方面是因为前面所提出来的这样那样的争论往往过于政治化和意识形态化，但更重要的原因往往是在很长的历史时期里，西方社会把推行'普世价值'作为一种其扩展政治、经济和文化等方面影响力的工具。就是说，西方推行所谓的'普世价值'并非为了这些价值本身的实现，而是为了达到普世价值之外的价值。'普世价值'只是西方扩张的一种道德装饰罢了。"

2011 年 4 月，在《中国社会科学报》刊登的《西方普世价值观："无形的国家利益"》的文章中，作者潘忠岐指出：实际上，以美国为首的西方不过是自觉意识到：利益与价值观是任何国家在确定自己的安全战略时都必然要考虑的两大主导因素。正如美国前国务卿赖斯（Condoleezza Condi Rice）所言，对现实主义与自由主义的探讨可以为一代又一代学者带来无上的荣耀，使他们在大学或研究所获得终身教授的职位，但是在具体的外交政策决策过程中，却既没有纯粹的现实主义也没有纯粹的自由主义，权力与价值观完全密不可分。美国前助理国防部长、著名政治学家约瑟夫·奈（Joseph Nye）更是直截了当地指出："价值观是一种无形的国家利益。"……戈尔巴乔夫（Mikhail Sergeyevich Gorbachev）追求全人类的普世价值，理念上并无大错，但是他犯了一个致命的错误：破坏了国家利益与价值观之间的平衡。他知道美国人的"利己主义思想大概比我们还要严重一些"，却在美国人之先解除了自己的武装，让虚幻的价值观解构了国家利益。这一悲剧性结局，今天的俄罗斯只能默然承受之。

正如前几章所指出的，西方的文明史就是一部不断拓展“生存空间”的扩张史，在西方进入现代与当代的垄断资本主义时期以后，美国又将西方的价值观扩展为实用主义、功利主义和普世主义的多元体系。

西方科学的理性主义是由自然科学上的学者、教授和专家等社会精英所推动的；而西方的“强权文明”则是由政治理论家、政客和独裁者所推动的。西方形式上的民主体制是对内的；而西方的“强权文明”则是对外的。西方政治思想沿袭了“自由、平等、博爱”和“强权文明”并存的传统。矛盾的文化和分裂式的文明使西方得以富强，但是它带给这个世界的却是越来越大的贫富差距、越来越恶劣的环境和无休止的冲突。

著名作家罗宾德拉纳特·泰戈尔（Rabindranath Tagore）曾在其晚年所著的《文明的危机》中抨击整个西方文明是“科学与人文的分裂”。泰戈尔指出：西方社会在给人类带来发达的科学技术和丰富的物质文明的同时，也造成了人类文明的危机，使人的价值观迷茫、精神失落以及生态和环境恶化。泰戈尔所说的文明的危机，是指当今世界起主导作用的西方文明的衰败。按照泰戈尔的看法，文明的危机来自于西方，引发文明的冲突也将由西方主导。无论是1914年至1918年间的第一次世界大战，还是1939年至1945年间的第二次世界大战，从人类文明史的角度看，两次世界大战的产生并非偶然。表面上看，战争起因于西方列强为争夺殖民地和势力范围，而其根本的驱动力是西方“强权为利益”的政治理念，这是西方价值观的一种极端形式的表现，它所反映出的就是西方文明自身“科学与人文的分裂”。

当然，正如哲学上所说，世界上没有绝对的真理，只有相对的真理，并且实践才是检验真理的唯一标准。西方普世价值观的产生有其独特的地理与历史根源，这些并不为世界上其他地区和民族所共有。关于地理对于文明的影响，持有地缘文化观点的学者对此有所论述。当论及近代欧洲文明的起源时，保罗·肯尼迪（Paul Kennedy）在其著作《大国的兴衰》中写道：“欧洲之所以出现这种政治上的多元性，主要是由于它的地理……欧洲的自然环境是破碎的，山岭和大森林分离了散布在山谷的人口中心；从北到南，从西到东，气候变化较大。这带来若干重要的结果。”“经济上的自由主义，政治上和军事上的多元化以及知识自由的结合，不断起作用，缔造了‘欧洲的奇迹’，尽管和后来的时代相比，每个因素都相当粗浅。”

从历史和文化的双重角度来看，在经过了基督教的宗教改革之后，西方文明才带来了科技发展和工业革命，使西方国家实现了资本主义的现代文明。对于西方文明的发展，表面上看，科学技术革命和工业革命具有直接的推动作用，然而当从更大的历史尺度来总结西方所取得的巨大物质成就时，文化与社会变革的作用更为重要。德国社会学家马克斯·韦伯认为，资本主义的产生可以归结为文化的因素，是从宗教中找到资本主义精神的契合点，因此文化是西方社会发展的深层次原因。

马克斯·韦伯在《新教伦理与资本主义精神》一书中写道：“西方民族在经历过改革以后所形成的新教对近代资本主义的发展起了重大的促进作用；而对于东方古老民族（中国、印度等），没有经过宗教改革的宗教伦理精神对这些民族的资本主义发展起了严重的阻碍作用。”由此可见，西方普世价值观的产生源于一定的历史文化环境，脱离开这一切，向所有非西方国家强行推行普世价值观的做法，必然不可能取得真正的实效。

2011年，中东地区发生了震动世界的政治动荡。这场连锁反应的剧变首先始于突尼斯的街头民众运动，接下来便很快蔓延到埃及和利比亚，而其影响更是波及了也门、约旦、摩洛哥、巴林、阿尔及利亚、沙特阿拉伯等国。探究引发此次中东地区政治动荡的起因，有观点认为，这与西方推行的“中东民主化”策略不无关联。然而，更多的学者却不赞同这种看法，并且认为中东地区的这场民众运动既不同于在西方支持下东欧国家所进行的“颜色革命”，也不是反美的极端势力所为，各国的内部因素才是引发政治动荡的真正原因。

发生政治动荡的各国的共同国情是：政治上，长期存在个人或家族对国家的垄断统治，社会腐败严重，人民的民主权利被剥夺；经济上，社会财富分配不均、两极分化严重、失业率上升。国内有学者将这些国家示威民众的政治主张归结为三点："第一，要求长期掌权的统治者下台，实现政权更迭；第二，废除紧急状态和限制民众权利的其他法律和政策，实现言论和结社自由；第三，政府应当由自由公正的选举产生，政府必须代表人民。"同时还指出，这些就是事态的起因。

中东变局对于世界的启示是：带有宗教倾向和民族主义色彩的反西方霸权主义、殖民主义情绪与接受来自西方的民主、自由、平等观念是两回事。其实，人类本来就具有共同的价值标准，这就是不带有霸权和殖民倾向的、真正的民主、自由、和平。

2015 年 10 月 27 日，习近平在纽约联合国总部第七十届联大一般性辩论中，发表了《携手构建合作共赢新伙伴　同心打造人类命运共同体》的重要讲话。国际问题专家认为，他的讲话阐述了以合作共赢为核心的新型国际关系理念，并就维护世界和平提出了多项切实举措，这为完善当前的国际秩序注入了中国动力。习近平提出了"以合作共赢为核心的新型国际关系"和"人类命运共同体"的新理念，并指出："和平、发展、公平、正义、民主、自由"是"全人类的共同价值"。

四、历史对照出的东西方文明

世界近代史的开启，对于中国和西方来说都是一个重要的转折点，此时的中国在防御中走向了衰退；而此时的西方却在扩张中变得更为强盛。

世界上最早的四大古代文明——两河流域、古埃及、印度和中国的古代文明，都起源于几千年前。经过历史的变迁，被称为美索不达米亚的两河流域文明和古埃及文明早已消失。到了公元前 18 世纪、前 17 世纪，在持续了 300 多年的辉煌以后，印度的古代文明也突然衰落，又退回到了蛮荒的时代。学者们认为，造成印度古代文明衰落的原因可能是由于特大洪灾迫使印度河改道，从而使人们不得不将原来繁华的城市遗弃。之后，随之而来的是疾病的广泛流行，甚至还可能有外族的入侵。

至于中国的古代文明，在英国学者李约瑟（Joseph Terence Montgomery Needham）看来，在 3 世纪到 13 世纪（东汉至宋朝）时期，中国的科学知识保持了一个西方所望尘莫及的水平，这一时期的中国社会远远领先于世界达 1000 年之久。美国历史学家斯塔夫里阿诺斯的观点与李约瑟不同，他认为，中国古代历史上长达 1000 年的辉煌时期，应始于 6 世纪隋朝重新统一中国，直到 16 世纪明朝中期西方人入侵中国的前期为止。

斯塔夫里阿诺斯在其所著的《全球通史——1500 年以后的世界》中写道："与印度文明的不统一和间断相比，中国文明的特点是统一和连续……

当然，曾有许多游牧部族入主中原，甚至还建立了王朝；但是，不是中原地区的人被迫接受外来者的语言、习俗或畜牧经济，相反，是外来者自己总是被迅速、完全地汉化……其原因在于中国较与世隔绝，仅仅受到西北游牧民的影响。中国无需面对侵入印度的一批批具有较复杂的文化，因而能在不同程度上与保持其种族和文化特点的民族打交道。”在两人的观点中，经济的因素当然都被考虑到了，不同之处在于李约瑟更注重科技，而斯塔夫里阿诺斯则更注重政治。

关于其他昙花一现的文明，英国著名历史学家汤因比认为，人类历史上共有过26种文明。按亨廷顿的说法，人类的古代文明至少有过12种。但是，所有这些文明现在均已不复存在，主导现在这个世界的只有资本主义的西方文明。

起源于古代希腊和罗马的西方文明，从476年西罗马帝国的灭亡，到1640年英国资产阶级革命的爆发，在经历了长达1000年的中世纪的黑暗以后，终于从近代开始逐步走向了强盛。从政治与经济的角度看，西方的强大至今似乎只有不到400年的历史。然而，从科学与技术的角度看，按李约瑟所说，如果认为13世纪是中国古代科技衰落的开始，那么这一时期同样也应当被认为是西方科技兴旺的开端。由于神学占据了统治地位，中世纪时期的西方科学常常被忽略，但实际的情况是：印度的数学大约在10世纪传入法国；希腊、阿拉伯和希伯来的数学于11世纪、12世纪传入欧洲；西方的力学在13世纪就已经初步建立；此外，西方的光学和医学在13世纪后期也取得了很大的发展。

中西方文明在文化上的差异，驱动中西方文明经历了不同的发展轨迹，这种差异的最集中、最突出的体现，并不是学者或社会大众的“个人行为”，而是“国家行为”。美国著名的国际政治专家亚历山大·温特（Alexander Wendt）说过：“意愿加信念等于行动。”他认为国家行为的属性受文化观念的支配，包括国家的价值观、政治信念、战略意图、行为规范理念等，他的观点属于一种基于社会心理学的国际政治理论。亚历山大·温特指出国家行为体与个体行为体的不同在于：国家的单一程度低于个人，国家间的互动多于个人。因为，每个人都有自己的意图和行为能力，所以，对国家意图和行为的估计，比对个人意图和行为的判断更为容易。

另一个国际政治理论的现实主义代表人物肯尼思·华尔兹（Kenneth Waltz）强调国际社会的规则，以及国家行为上的互动作用。所谓国际社会的规则是指，国际社会通过相互交往所形成的由共同的理想、信念所引导的共同的行为模式和行为规范，例如世界各国对于民族独立、国家平等、世界和平、经济发展、环境协调的追求等。他认为国际社会的体系结构能够通过国际间的竞争和社会化对国家行为产生影响，不过这仅是一种理想状态。肯尼思·华尔兹指出国际社会的规则由大国主导，往往带有发达国家和霸权国家的鲜明特征。依照西方的国际政治理论，决定国家行为的动因有三个：制度、权力和观念。

从中国文明的发展轨迹来看，首先，以中华民族的民族性格和心理特征为例，由于受孔孟之道的长期影响，中国人的民族心理有重气节、重义气、重品德、重礼仪、自我节制、勤奋、含蓄和婉转等优点，但也存在中庸、圆滑、世故、听天由命、逆来顺受和蔑视蛮夷等缺陷。中国民族心理总的特征是内向、保守、节制和封闭。在中国儒学所提倡的伦理、纲常、礼教、忠孝、仁义的思想体系中，伦理、纲常、忠孝的思想，一般具有处理家庭关系、人际关系和君臣关系的意义；而礼教和仁义的思想，则是同时可以约束中国人对内与对外行动的准则。中国人历来主张社会要有“宗法人伦”，强调的是人的社会义务。

另外，在政治观念和制度方面，古代中国一贯将儒家“仁义”和“礼仪”的道德观念置于第一位，中国要强盛的心理历来是为了防御，而不是扩张。历朝历代的中国古代社会一直延续封建王朝的中央集权、世袭与专制，始终没有建立起西方分权式的民主制度，中国在体制上的落后持续了几千年。对内，中国古代的封建王朝追求国家统一、民族和谐、长治久安，主张“以民为本”和“以德治国”。“以民为本”即如孟子所说的“民为贵、社稷次之，君为轻”。因为中国古代封建的君主都相信，民如水，君如舟，“水可载舟，亦可覆舟”。“以德治国”，即德、礼、政、刑并用，遵循情—理—法的国家管理模式，将国家政治道德化。如黑格尔所说：“在中国人那里，道德义务的本身就是法律、规律、命令的规定……”对外，中国古代的封建王朝主张与人为善、和睦相处，以和为贵、求同存异，人不犯我、我不犯人。

古代的中国是一个封闭的、自给自足的农业社会，既不懂得贸易，也不要扩张，其全部的外交史，几乎就是防御游牧民族的入侵史。在明朝年间，始于公元1405年到1433年，由郑和带领的庞大海洋船队七次下西洋。在前后历经28年的航海历程中，来自明朝，由多达两三万人组成的船队到达东南亚和南亚，穿过印度洋，登陆了东部非洲。然而，郑和这番壮举的目的仅仅就是为了宣扬中国皇帝的“皇恩浩荡”，这对于西方人来说，简直不可思议。

世界近代史的开启，对于中国和西方来说都是一个重要的转折点，此时的中国在防御中走向了衰退，而此时的西方却在扩张中变得更为强盛。通过战争，葡萄牙、西班牙、荷兰、法国、英国、德国先后完成了大国的崛起。接下来的世界大国是亚洲的日本、横跨欧亚大陆的俄罗斯和北美洲的美国。

文明的标准往往带有经济、社会、环境、政治、人文和时代的内涵。在当代中国，精神文明的建设也成为一种衡量文明与进步的标准，强调的仍然还是“义务”。与此不同，西方对此的注脚是：自由、平等、人权、民主、三权分立和代议制的国家体制，强调的仍然还是“权利”。因此，文明的冲突将是长期存在的；急功近利的变革，只能适得其反。

西方的一些人在指责别国的人权时，从来不会提及资本主义通过掠夺和侵略，完成早期资本积累的历史事实。此外，在对文明设置的对内和对外标准中，西方也只以政治文化为依据，而忽略道德、心理和精神的因素。亨廷顿说：“民主国家之间不会爆发战争。”他的逻辑很简单，因为在他看来，民主制度是可以充分体现民意的。持有同样论点的还有《大国政治的悲剧》的作者约翰·米尔斯海默（John J. Mearsheimer），这种论点被称为“民主和平论”。

可是实际情况并不完全如此，因为在人类历史上，由民意推动的战争并不少见。一个人的心理可能被扭曲、道德可能丧失、精神可能疯狂；一个民族、一个国家也一样。否则，德国和日本怎么能发动第二次世界大战呢？那时德国和日本的民意又当如何？世界真正的危险不是因为有希特勒和东条英机，而是有被愚弄的民众、被扭曲的民族心理、丧失了标准和理智的民族道德，以及维系产生这一切的体系和传统。

1618年至1648年，欧洲发生过新教和天主教30年的战争。冲突发生在波希米亚，即现在的捷克境内，一方为德国、丹麦、瑞典和法国的新教徒，另一方为德国和西班牙的天主教徒。1789年7月14日，在欧洲发生了法国大革命，贫穷的法国人民在一些国王士兵的帮助下，攻占了巴士底监狱。1793年，法国国王在断头台上被处决。法国大革命后，被狂热的民族主义所包围的拿破仑发动了对欧洲各国的侵略战争；到1812年，几乎整个西欧都为法国所占领。

如果说，不能将18世纪资产阶级启蒙运动和英国工业革命以前的西方国家算成是真正意义上的现代民主国家的话，那么18世纪以后，西方所谓民主国家之间也并非没有发生过战争。1898年的美西战争，以及1982年发生的英阿战争，也无不有民意的支持。北爱尔兰的问题其实体现的也是新教和天主教之间的矛盾冲突，这场旷日持久的冲突已经持续了200年。可以看出，无论是近代还是现代，西方的所谓民主国家之间都爆发过战争。因此，民意与民主体制不是绝对的，只是形式上的和相对的。正如温斯顿·丘吉尔（Winston Churchill）所说：“民主制度是一个非常糟的制度，但我还没有发现更好的。”

由于文化的差异，文明存在不同的标准。对于近代的中国，1922年，罗素（Bertrand Arthur William Russell）在《中国问题》一书中阐述了他的看法。他说：“中国人温文尔雅，他们所要求的只不过是正义和自由。他们的文化比起我们的更能使人类快乐。”“中国现在虽然政治无能，经济落后，但它的文化与我们不相上下，其中有些是世界所急需的。”“中国有一种思想极为根深蒂固，即正确的道德品质比细致的科学知识更重要。现在的西方人正好走向另一个极端，认为技术上的功效最可贵而道德毫无用处。”“……中国人能自由地追求符合人道的目标，而不是追求白种民族都迷恋的战争、掠夺和毁灭。”

面对当代中国的和平崛起，西方的某些政治家开始宣扬所谓的中国威胁论，对此，美国著名中国问题专家乔舒亚·库珀·雷默（Joshua Cooper Ramo）的评论很准确：“中国的目标不是冲突，而是避免冲突。有效地处理局势，让结果必然对中国有利，这才是战略上的真正成功。这种思想源自中国古代战略思想家孙子。”英国人拉尔夫·费夫尔（Ralph Febvre）在《西方文化的终结》中也写道：“由于道德从我们的生活中被剥离出来使我们脱离道德这一过程……我们的文化已失去目的性。”实际上，那些持有中国威胁论的“新保守主义者”，由于他们的无知与偏见，这个世界才会真的充满危险。

五、知己知彼并不容易

一个人口几乎占人类三分之一的幅员广大的帝国，不顾时势，仍然安于现状，由于被强力排斥于世界联系的体系之外而孤立无依，因此竭力以天朝尽善尽美的幻想来欺骗自己，这样一个帝国终于要在这样一场殊死的决斗中死去。

老子在《道德经》中说：“知人者智，自知者明。胜人者有力，自胜者强。”其实，老子所说的内容，大家都明白，但是，如他所说的所有话一样，懂得了是一回事，是否能做到却是另一回事。当谈到中国的历史时，许多中国人至今还习惯地沉湎于过去的辉煌之中。中国有五千多年的文明史、汉唐时期的强大与繁荣、四大发明等，这些无不让所有的中国人感到自豪。1998年，法国著名经济学家麦迪逊在其发表的《后期运行中的中国经济》中证明，直到1820年的清朝时期，中国的GDP都居世界首位；而直到1913年的中华民国时期，中国的GDP也仅次于美国，居第二位。

虽然历史功绩确实值得中国人自豪，但是衡量国家强盛的标准只能是全面均衡的发展与综合的国力，而不是某项单一的指标。中国根本没有任何理由为13世纪以后元朝、明朝和清朝前期的强大而骄傲，因为，首先，在国家体制方面，当中国仍然长期地滞留在封建专制社会的“量变”过程之中的时候，16世纪之后的整个欧洲却发生了“质”的变化，专制集权体制一个个瓦解，资产阶级的民主体制开始全面实行。路易十四时期还是高度专制社会的法国，到了路易十四之后已经走向了共和国。此后，英国的君主立宪制也得以实现，接下来的是荷兰和一些其他西方国家政治体制的变革。

而在中国，直到 1912 年才由孙中山建立了最早的共和国。这要比公元前约 508 年，由古希腊雅典贫民普遍参政的所谓“全民政治”的时代，以及古罗马人建立的奴隶制的共和国所处的时代晚了 2400 多年。如果将 1688 年发生在英国的“光荣革命”，看成是西方真正意义上的现代民主体制的开端，那么与之相比，孙中山所建立的共和国也晚了 200 多年。虽然西方早期建立的法律思想与法律制度体现的也是王权，但是西方从那个时期开始，起码形式上的民主已经出现。另外，在科学与技术的领域，历史上的中国始终没有形成完整的体系，并且，中国在技术上的先进也只持续到了宋朝，而其后中国技术的落后竟足足持续了约 800 年。

在清王朝统治的 268 年（1644—1911）中，“康雍乾盛世”在中国确实持续了 134 年（1662—1796），至今在各类文艺作品中，各种颂扬也随处可见。然而，许多人并未深究，为什么在盛世过后四十多年到一百多年的时间内，接踵爆发的中英鸦片战争、中日甲午海战，无一不是以中国的失败而告终。随之而来的，是清政府被迫与西方各国列强签订了 1100 个丧权辱国的不平等条约，其中，《南京条约》《马关条约》和《辛丑条约》等八个较大的不平等条约规定赔款 19.53 亿两白银，相当于清政府 1901 年财政收入的 16 倍。仅与日本签署的《马关条约》就规定向日本赔款 2.3 亿两白银，等于当时日本全国四年半的财政收入。这些不平等条约使中国的国家主权丧失、社会财富遭洗劫，使大清帝国的国力与西方的距离拉得越来越大，而《辛丑条约》的签订更是标志着当时的中国已经完全沦为了半殖民地半封建社会。

布热津斯基在其 1997 年出版的《大棋局》一书中写道：“研究本国历史的中国学者知道，直到 1840 年，中国的帝国影响的范围仍然遍及整个东南亚，一直延伸至马六甲海峡，还包括缅甸、今天的孟加拉的部分地区和尼泊尔、今天的哈萨克斯坦的一部分、整个蒙古，还有流入太平洋前的阿穆尔河以北大片如今被称为俄罗斯远东的地区。这些地区要么是在中国某种形式的控制之下，要么对中国俯首称臣。1885 年至 1895 年间，法、英的殖民扩张把中国的影响逐出了东南亚，而俄罗斯在 1858 年和 1864 年把两项条约强加给中国，使中国在东北和西北丧失了领土。1895 年，中国在中日战争中又丧失了台湾。”

表面上看，清王朝统治的“康雍乾盛世”确实存在。有一种统计结果显示，在清朝康熙年间，中国的 GDP 总值已占到世界的 1/4。但是，如果按现代综合国力的观点衡量，依靠单纯地建立在农业经济上的昌盛，并不是真正意义上的强大。大清帝国除了手工业外，几乎没有真正的工业；再加上体制、军事、科学技术、商业、教育的落后等方面的原因，挨打与失败是必然的结果。清王朝在政治和文化上的专制和闭关锁国，最终导致的是国家战略决策上的失败和整体综合国力的落后，它最终反映出的是统治阶级和全民族在文化观念上的落后。

论及对于中国清朝时代的评价，美国汉学家、中国近代史专家费正清在他的《传统与变革》中写道:“中国作为东亚文明中心的漫长历史使其人民对于所有外国人具有一种天生的优越感，传统模式的惰性和固执以及物质和精神的自给自足，相对来说使中国对西方的挑战产生了抵抗力并使它无视这种挑战。”“造成中国死气沉沉的原因之一是统治阶级的世界观和自我意识……”按费正清的看法，清朝“没有技术革命”，中国的国内贸易只是“单一的贸易”，对外贸易也只是“一条小小的支流”，“生产基本上完全为了消费……纯节余和投资是完全不可能的。”

费正清还将 1840 年以后的中国与日本做了比较，他写道:“从 1868 年到 1911 年明治时期日本的成功，更突出了同一时期中国的失败。两国都被强加了损害主权、威胁其经济独立的不平等条约，对于日本来说，它在其内部各种复杂的条件下，仅靠一代人的努力，便赶上了近代西方世界，并在 1905 年的一场全面战争中击败过世界强国俄国，这几乎是一个令人难以置信的壮举。”费正清所说的“仅靠一代人的努力”，主要是指日本明治维新时期，任总理大臣的伊藤博文（Ito Hirobumi）在详细地考察了西方列强的国家体制之后，用近十年的时间完成了亚洲的第一部大法。此后，日本便实现了脱胎换骨的变化，从一个封建主义的小国，一跃成为了资本主义的强国。

与此不同的是，有人将中国文明衰落的原因归结为七大事件：焚书事件、独尊儒术、金元入侵、明朝的统治方针、明朝的八股文、明清的海禁、洋务运动和百日维新的失败——这同样是一种以孤立的、单维度的视角看待问题的观点，夸大了历史随机事件的作用，忽略了必然的文化因素。现实中没有不通过偶然性表现必然性的，也没有不反映任何必然性的偶然性。也许偶然性能改变历史，但是即便如此，文化观念上的落后和闭关自守的国策，仍然是导致中国衰落的最根本的原因。

在对于中国清王朝的评价方面，马克思也在《鸦片贸易史》中写道："一个人口几乎占人类三分之一的幅员广大的帝国，不顾时势，仍然安于现状，由于被强力排斥于世界联系的体系之外而孤立无依，因此竭力以天朝尽善尽美的幻想来欺骗自己，这样一个帝国终于要在这样一场殊死的决斗中死去。"①

那么，面对中国的崛起，中国人是否知道，当前仍在主导世界事务的美国和西方又会抱有一种什么样的心态呢？为什么中国的发展会受到如此众多的来自美国、日本和其他国家的阻挠呢？要弄清这些问题，当然就会涉及西方传统国际政治理念的核心。

在西方的政治思想史上，具有重大划时代意义的人文主义者尼可罗·马基雅维利是"性恶论"者，他是第一个主张把道德从政治中摈弃出去的西方政治学家。他在其成名作《君主论》中将道德看成是宗教迷信的一部分，从而加以否定。他主张，要把握权力就应当依靠狂热和诡计，无须考虑道德的问题。《君主论》在西方被称为"独裁者的手册"，常为一些哲学家和政治家所阅读。美国学者迈克尔·哈特说："马基雅维利其人是名副其实的现代政

① 《马克思恩格斯选集》（第二卷），人民出版社 1972 年版，第 26 页。

治思想的主要奠基人之一。”“如果说马基雅维利对政治实践影响程度还没有确定的话，那么他对政治理论的影响却是毋庸置疑的。”

在英国学者马丁·怀特那里，西方国际政治的传统理论被分为三种，其中首先提到的也是马基雅维利的现实主义，另外两个是荷兰法学家、近代国际法奠基人格劳秀斯（Grotius Hugo）的理性主义和康德（Immanuel Kant）的革命主义。马基雅维利的现实主义的观念是把国家间的冲突和战争看作国际关系的现实，世界各国为各自的利益制定战略目标，因而在国际政治上不存在道德。格劳秀斯的理性主义的论点是，国际社会虽然没有最高权威，但是通过外交、国际法、大国之间的均势，以及依赖于国际上的一些协调机构，可以使国际社会的道德与规则获得维护。康德的革命主义则强调人类社会将会不断地改变和更新现有的国家体系，人类生存的目标就是要为实现人类大家庭而奋斗。

20 世纪 70 年代以后，世界政治和经济中心都已经转到了美国，此时欧洲大国均势原则理论已不再流行，取而代之的是以美国总统威尔逊为代表的理想主义，以及以美国学者汉斯·摩根索（Hans Morgenthau）的巨著《国家间政治：权力斗争与和平》为代表的现实主义的国际政治思想。汉斯·摩根索的现实主义政治理论强调“人性恶”和“强权为利益”的正确性，这也是美国在第二次世界大战以后推行扩张政策和霸权主义的理论基础。

西方国家在国际政治和国际关系中最严重的缺陷在于，把不平等的经济关系和政治秩序看作正义和自然理性的观念，以及推行强权政治的思想。西方国家政治理念的基础是在国家政治行为中摈弃道德，以及主张“人性恶”和唯意志论，其突出表现是：在国际关系上，一切国家行为以自身的利益为驱动，一切国家目标用强权来实现，而不顾国际道义；同时，在国家制度和内部事务上，只承认自己的模式，而否认其他模式存在的合理性。在当代的美国，有一种看法完全忽略民主与法制的相对性，甚至认为，民主加市场是人类政治经济文明的顶点，是“历史的终结”。在美国人看来，只要是两党制，只要是由民意选举产生的政府就是民主，且不论民意具有较大的可变性和可诱导性，民意完全可以被操纵、被愚弄，以及民意也完全可能不一致和缺乏理性。

进一步说，一个民族的观念文化可以改变一个国家的历史，但它并不是直接体现在一时一事的历史事件中，而是作为一种隐性、长期和根本性的因素在起作用。因为，一个民族的观念文化的基础，在于民族大众所拥有的基本社会意识，其形成的过程受多种因素的制约，是漫长的历史长河沉积的结果，所以要改变它，当然也会十分困难。在论及领袖与人民大众在推动历史发展中的作用时，毛泽东在《论联合政府》中说过一句名言："人民，只有人民，才是创造世界历史的动力。"[①] 对于落后的民族意识和观念，列宁说过："千百万人的习惯势力是最可怕的势力。"[②] 表面上看，两位伟人的话并不一致，然而，这却是从正反两个方面强调了民族观念的重要性。

---

① 《毛泽东选集》（第三卷），人民出版社 1991 年版，第 1031 页。

② 《列宁选集》（第四卷），人民出版社 1995 年版，第 154 页。

六、历史巨著警示了什么?

儒家所恪守的“以和为贵”只是中国人的思维方式，其他民族并不一定都能领情。

在西方,《孙子兵法》被译成《战争的艺术》，其影响力极其深远。1772年，曾久居北京的法国神父约瑟夫·阿米奥特（Joseph Arminaute）将《孙子兵法》法文译本带入法国，在巴黎出版，这就是《孙子兵法》的第一部西方译本。其后，日、英、俄、美、捷等世界各国均出版了译本。据统计，已知的《孙子兵法》有27种语言，278种版本。近代欧洲历史上的拿破仑和德皇威廉二世都认真阅读过此书。

20世纪60年代，英国蒙哥马利元帅在访华时对毛泽东说:“世界上所有的军事院校，都应把《孙子兵法》作为必修课。”英国空军元帅约翰·斯莱瑟（John Sleesor）在《中国的军事箴言》中提到:“孙子的引人入胜的地方是他的思想多么惊人的‘时新’——把一些词句稍加变换，他的箴言就像是昨天刚写出来的。”

在当代，有人认为德国人卡尔·冯·克劳塞维茨（Carl Von Clausewitz）的《战争论》在西方军事学中的主导地位已逐渐被《孙子兵法》取代。英国皇家指挥学院、美国西点军校一直把《孙子兵法》列为必读书目。美国人对《孙子兵法》的重视更是后来居上。美军重视《孙子兵法》始于越南战争之后。海湾战争时，美军的前线官兵人手一册《孙子兵法》。海湾战争后，美国国防大学开办了“孙子兵法与信息战”论坛，每年选编优秀论文汇集出版，要求部队学习。伊拉克战争中，美国记者从战云密布的海湾战场发回的消息称：“尽管中国在这里没有派驻一兵一卒，有一个神秘的中国人却亲临前线，操纵着作战行动，他就是2500多年前的孙子。”

据有关资料报道：美国自20世纪70年代末以来，在国防部官员和美军军官中举办了上千次《孙子兵法》讲座。在经济和其他领域，美国作家潘威廉（William Brown）在其所著《企业兵法教程——战略分析、设计与实施》中描述：“从西点军校的教官、美国工业界巨头、日本商业界的战略家们到全美最出色的篮球教练都有一个共同之处，那就是，他们都看《孙子兵法》。”

《孙子兵法》在世界各国已经非常著名，而《资治通鉴》对于绝大多数外国人而言，却是鲜为人知的。《资治通鉴》由北宋时期著名历史学家司马光编纂，叙事时间是继《左传》之后的三国时代至五代十国，记录了16个朝代、1362年的中国历史。《资治通鉴》为中国历史上第一部编年体通史，被称为“中国历史之冠”。全书共294卷，300多万字。

《资治通鉴》的主要阅读对象是以皇帝为代表的统治阶级，内容以国家政治、军事和民族关系为主，叙述了历代事关国家盛衰、民族兴亡的道理，以及为君、为臣和为民如何治理国家的政治策略以及如何参与国家事务。此外，该书对古代中国的经济、文化和历史人物也有所评价，是中国古代封建政治文化的体现，同时也是世界上最早和最有影响的军事理论著作之一。毛泽东曾17次批注过该书，并对司马光及《资治通鉴》有过极高的评价。与当代西方的著作相比，《资治通鉴》有点儿像一部MBA案例全集，只不过它不是在讲经济管理或企业管理，而是在讲国家管理和政治。

在国内，对于《资治通鉴》也存在不同的看法，有人称其为所谓“酱缸文化”，认为中国的政治文化传统一直没有走出无休止的宫廷斗争、党同伐异、人治、权术的怪圈，因而成为了延误民族发展的原因之一。不过，此种看法应属片面，因为延误中国发展的原因肯定不会是一部著作，而是一种体制，即那种长期延续，并且难以被突破的封建专制体制。

中国人一贯认为“凡事有一利，必有一弊”；反过来也一样，“有弊，必有利”。在国际事务中有一种非常流行的说法，叫作“外交是内政的继续”。因此，如果认为对于《孙子兵法》应该持肯定的态度，那么对于《资治通鉴》当然也一样。两者同样属于中国传统文化的精华，区别仅在于一个是对内的，一个是对外的。中国智慧、中国文明是一个整体：儒、道、佛是观念和理想，是哲学;《资治通鉴》是内部政治，是历史;《孙子兵法》是外部政治，是军事。所有这些成就都是中国的传统封建主义的文化。很简单，没有对内的“权术”，哪里又会有对外的“谋略”呢!

与西方的政治文化比较，中国传统政治文化中的成就集中在政治史、军事和谋略方面，不足之处在于没有建立起特定的政治学、国际政治和国际关系方面的系统理论。此外，在社会实践方面，封建主义的国家体制也没能进行任何根本性的改进。作为中国传统政治文化的著作,《孙子兵法》和《资治通鉴》可以称为是中国现代国家战略的最为宝贵的历史资源。它们的特点是：所有对于相关国家重大的政治、经济、管理、体制、外交和军事战略与策略的评价与结论，均以对中国真实历史事件和人物的深入分析为背景，决非主观臆断。这样的著作，不但在西方的文明史上无法找到，就是在世界的文明史上也绝无仅有。

2012 年 5 月 10 日，中国国务委员兼国防部长梁光烈上将在美国访问位于纽约州的西点军校时，向西点军校校长戴维·亨通（David Huntoon）中将赠送了包括《孙子兵法》《资治通鉴》在内的二百多本有关中国历史、古代兵家和现代中国军队的图书。有评论认为，赠书的目的有两点：其一，让美国人知道，不要将中国的忍让视为软弱，对待钓鱼岛和南海的争端，中国的策略是“上兵伐谋，其次伐交，再次伐兵，其下攻城”；其二，中国十分清楚，发生在中国周边安全上的事端背后均与美国有关。中国人的观念正如《资治通鉴》所述:“才者，德之资也；德者，才之帅也。”德胜过才是君子，才胜过德是小人，有德有才是圣人，无才无德是庸人。

国内有学者通过分析司马光写作《资治通鉴》一书的时代背景，得出了如下颇带辩证意味的论点：一个民族学风的堕落，反映出的是思想观念脱离了实际，接踵而来的就是国家的衰落；而新思想的崛起，又往往是以社会的衰败为代价的。“研究表明，1000年前后，欧洲经济处于最低点，而中国宋朝经济已处于世界经济发展的巅峰，其哲学成就也达到了很高的水平，与此同时，人的认识离实际却是渐行渐远，唯心主义成了意识形态的主流，严重脱离实际、空论普世理学的学风大盛，随之而来的就是国家的衰落。”“《资治通鉴》以及‘四书’中展现的重经验、轻先验、经世致用、不务空论的认识方法，在19世纪末和20世纪初民族危机的历史关头，成了中国政治思维的主线。”

因此，语言习惯的问题、文风的问题绝对不是如何表达想法和写好文章的事，它反映出的是一个民族的思维方式。孙子说：“知己知彼，百战不殆。”就现实而言，其含义早已超越了军事范畴，而是需要将国际政治和经济也纳入其中。以对日本民族的认识为例。中日两国关系经历了1972年邦交正常化、随着美国实施重返亚洲战略后的恶化、钓鱼岛问题的争端等过程之后，我们要认识到，和平有时并不是一厢情愿就能实现的，只有知己知彼，才能在对外事务上获得主动权。

第五章　强国之道：儒家·马克思·西式民主

我们以前谁也不曾想到：在这个世界上还有比我们的伦理更完善，立身处世之道更为进步的民族存在。但事实上，我们却发现了中华民族，它竟使我们觉醒了。

——［德］莱布尼茨《中国新论》拉丁文版

一、儒家的双重历史作用：传统与包袱

传统既让中华民族具有了凝聚力，又让中国人背上了包袱。

中国历史上有“强汉盛唐”的说法，又有将“周秦汉唐”视为四个鼎盛时期的观点。另外，也有看法认为中国的强盛有过三次高潮，即西汉、唐代和明清。此外，国内还有观点主张将 13 世纪时的宋代看成是中国强盛的顶峰，理由是，那时中国是世界上最繁荣的文化和贸易中心，四大发明都已经在此时期实现，并且，那时中国的农业及手工业水平在世界上也达到了非常发达的程度，这种观点与英国学者李约瑟的观点一致。李约瑟在《中国科学技术史》中指出：3 世纪到 13 世纪（东汉至宋朝时期）中国的科学知识水平保持了一个让西方望尘莫及的水平，这一时期的中国社会远远领先于世界达 1000 年之久。在此之后，中国文明逐渐走向了衰退，取而代之的是主导了近代、现代与当代世界约 800 年的西方文明。

对于中国历史上的繁荣，还有一些国外学者也发表过论述。美国历史学家保罗·肯尼迪在其名著《大国的兴衰》中写道：“到近代以前的各种文明中，没有哪一种比中国的文明更先进，更优越。15 世纪时，中国的人口已经相当可观，达 1 亿至 1.3 亿，欧洲则只有 5000 万至 5500 万。”斯塔夫里阿诺斯在《全球通史》中提到：“2 世纪的人口调查结果是，中国汉朝拥有人口 5950 万——比罗马帝国在其疆界达到最大范围时的人口还要多。16 世纪初，葡萄牙人首次到达中国时，中国的人口为1亿多，超过整个欧洲的人口。到了19世纪中叶，西方用炮舰强行打开中国大门时，中国的人口已激增到4亿以上……”费正清在《传统与变革》中写道：“从任何观点来看，很显然唐宋时期以至马可波罗时代的中国就其幅员和成就而言，都比同时期中世纪的欧洲要文明得多……总之，欧洲人的扩张不仅反映了他们的贪婪、好奇、热情和爱国心，而且在某些方面反映了他们的落后。”

衡量国家强盛应以何为标准？政治、军事、国土面积、人口、经济、科技还是思想和文化？观点的不同说明看问题的角度不同。按现代综合国力论的观点，衡量国家实力的因素应有人口、国土面积、经济实力、军事实力、国家战略、全民意志、科技、外交，甚至包括文化和教育。如此看来，统一的标准并不存在，并且现代综合国力论的观点也不完全适用于古代社会。

然而，探讨历史上中国从何时开始衰落，以及是什么原因导致了中国的衰落的问题，肯定比探讨中国的强盛更为重要。13世纪以后，以新儒学为代表的中国传统文化已经走到了尽头，再也没有什么创新可言，综合国力日见衰败。随着15世纪末欧洲列强的崛起和向东方的扩张，中国的优势逐渐消失。1840年鸦片战争的失败，使中国被迫沦为了西方资本主义国家的半殖民地，并被迫割让了香港、台湾等领土。1911年辛亥革命以后，中国虽然结束了长达两千多年的封建帝制，建立了共和国体制，但本质上仍然还是一个十分贫穷和落后的国家。

对于古代中国社会的性质，费正清在他的《美国与中国》一书中引用了一位欧洲学者对所谓“东方式的专制主义”的评价，指出专制帝国的特征是“绝对的王权、以陆地为基础的经济、广泛地使用表意文字，以及主宰大规模经济活动的牢固的官僚政府，从而未曾确立私人企业的合法存在，但在所有这些帝国中，只有中华帝国继续生存到现代”。在谈到政治文化的思想属性时，费正清将中国传统的孔孟之道称为是一种“温和的人文主义”。

关于儒学的历史价值，伏尔泰认为：“欧洲王公及商人们发现东方，追求的只是财富，而哲学家在东方发现了一个新的精神和物质的世界。”“孔子只诉之于道德，不宣传神怪，其中没有可哂的寓言。”由此，伏尔泰还发现了一个温和开明的中国：“我们对于中国人的优点，即使不至五体投地，但最少可以承认他们帝国的组织为世界上前所未见最好的，而且是唯一建立于父权宗法之上的。”因为，在欧洲，宗教一直是伦理道德的基础，而儒学经典却使人们发现了一种没有宗教色彩而“以人为本”的全新伦理道德体系，这恰恰适应了反宗教的启蒙运动的需要，孔子随即成为启蒙者心中的“圣人”。

德国启蒙哲学家莱布尼茨（Gottfried Wilhelm Leibniz）在《中国新论》中也谈到：“我们以前谁也不曾想到：在这个世界上还有比我们的伦理更完善，立身处世之道更为进步的民族存在。但事实上，我们却发现了中华民族，它竟使我们觉醒了。”在他1697年出版的著作《中国新论》中，孔子被看作基督教信仰的先驱和基督教在中国传教的重要支柱。莱布尼茨受中国思想影响甚深，在《中国新论》的序言中，他希望能请中国人来帮助欧洲提高道德。莱布尼茨指出：中国和欧洲两大文化分处地球两端，二者在一定时期发生接触、互相补充，实为天意。欧洲思辨之学（数学、天文学、逻辑学和形而上学）超过了东方，而中国的实用哲学和政治道德则比欧洲优越。在这方面要向中国人学习。他还说：“在我看来，我们目前的情况，道德腐败，漫无止境，有必要请中国派遣人员来教导我们，正如我们派传教士到中国传授神学一样。”

儒家的思想虽然使封建社会的古代中国繁荣昌盛，但同时也束缚了中国人理性与创造性的发挥与发展。当谈到儒家思想的负面作用时，约翰·奈斯比特在《2000年大趋势》中说：“试看中国历史，最辉煌的时代就是没有意识形态框框的时代，例如春秋战国，百家争鸣，发明最多；及至明清，仅容儒家一家之言，中国人的创造力便消失了。”

涉及对于中国传统观念的总体评价，马克斯·韦伯等学者一般都持有如此看法：中国的传统观念文化是以儒学为主，由儒、道、佛所构成的多元文化。如果说，在当今世界上，还存在一种唯一可能与西方文化相抗衡的文化，那便是东方的中国文化。以儒家的“道德和义务”为核心，具有大陆型的农耕文化，是中国传统文化的本质。

有关对于老子和道家的理解，出人意料的是，在西方的学者中，研究最深入的当属一位名望不大的德国人卡尔·雅斯贝尔斯（Karl Jaspers）。雅斯贝尔斯认为，如按西方的分类，老子的《道德经》包含有四个方面的内容：形而上学、宇宙进化论、伦理学和政治学。换一种说法就是，《道德经》是在讲关于“道”的哲学、自然哲学、社会哲学和政治哲学，其讨论的主题从宇宙整体的起源开始，然后引入对社会和人生的探讨。

卡尔·雅斯贝尔斯对老子的评价是：“老子的局限性也正是中国精神的局限性，老子无论处于何种痛苦之中，都保持乐观开朗的心境。这种乐观情态不了解佛教生死轮回的烦恼，于是便没有逃脱痛苦的渴望，而且他也不认识基督教的十字架，不了解那种回避不了的原罪以及上帝圣父差遣耶稣基督以自己的死来赎人类原罪的恩典。”“老子如同人类所有最伟大的哲学家那样，没有把自己的思想禁锢在某个已知的东西上，而是思考着大全。他那博大深远的思考没有疏漏任何东西。”

伟大的物理学家爱因斯坦也曾发表过他的见解：“西方近代自然科学的发展，主要是由于科学家们得力于两大法宝，一是以欧几里得几何学为代表的形式逻辑思维方法；一是以培根为代表的近代科学实验方法。这两大法宝，中国古代贤哲显然都不具备，然而值得惊奇的是，西方科学家作出的成绩，有不少被中国古代科学家早就作出来了。”

黑格尔也谈到过中国文化上的弊病——没有思想自由，缺乏思维自主性。另外，马克思认为，古代中国具有亚细亚生产方式的特征，没有确立“私有财产神圣不可侵犯”，即没有确立私有制原则的法权思想是中国落后的原因。作为《中国的宗教：儒教与道教》一书的作者，马克斯·韦伯从宗教伦理的类型分析的角度出发，认为“中国所以没能成功地发展出理性资产阶级资本主义，其主要原因在于缺乏一种特殊宗教伦理作为不可或缺的鼓舞力量”。也就是说，在他看来，中国没有发展资本主义的主要原因就是受限于这种强势的“传统主义”。

中国封建社会自宋代以后，在国力上的逐渐衰落与制度和观念的落后相关；制度和观念的落后又与经济和社会的发展缓慢相关；经济和社会的发展缓慢又与科学和技术的发展缓慢相关；而科技、经济和社会的发展缓慢又与相对封闭的自然地理和民族地理的环境相关。很显然，这一系列相关性的逻辑链条不但造成了近代以后中国国力的落后，而且最终也封闭了中国人的思维方式。对于中国而言，如何改变这一历史的逻辑链条呢？当然首先是找出问题的症结所在。看上去，致使中国落后的原因有许多，但实际上，最简单和最根本的原因只有两个：地理上的封闭与文化上的保守。这就是“大道至简”。

科学与技术是第一生产力，科学与技术的发展和思维的创造性直接相关，思维的创造性是思维方式的属性，因此学习先进、文化反思和改进思维方式是中国必然的选择。中华民族的幸运在于，1978 年由邓小平亲自制定的改革开放政策彻底改变了当代中国的一切，并使中国的复兴成为可能。

在经过十分艰辛的劳动才完成的《中国科学技术史》一书中，李约瑟指出，中国自宋代以后，作为第一生产力的科技开始走向落后。李约瑟的疑惑是：“中国古代的科学技术一直遥遥领先于世界，为什么到了近代却落后了？”或者说“近代科学为什么没有在中国诞生？”而实际上，价值观和思维方式上的欠缺是最直接的主观原因。诚然，中国近代社会的落后有着多方面的原因，包括地缘经济、政治制度和民族心理等，其中有主观因素，也有客观因素。然而，在文化观念中，价值观和思维方式却是可以决定其他一切的最根本因素。

五四运动以来，中国对于学习西方的认识，经历了从机械电器、自然科学、经济管理、政治体制，到价值观念、思维方式和文化生活等方面的过程。在人类社会进入 21 世纪以后，当中国正在继续大幅度迈向改革开放之时，再反观这一历程，不难发现，在东西方文明的融合过程中，最被关注的首先是政治体制和价值观念上的差异，最容易被忽略的是思维方式上的差异。在价值观念上，固然科学、民主、法制、自由、人权需要被认可，但是平衡“道德与利益”“义务与权利”无疑更为重要；而在思维方式上，谁能够首先超越自己，谁才能最终超越对方，并能成为未来的强者。

古代的中国人重视通过从事社会实践所取得的经验，关注人伦道德、家庭与社会和谐，强调维护皇权与尊贵有序。总的说来，中国的传统文化是以“人”为中心的农耕文化，即属于封建主义和小农经济的文化，不具有现代意识。具体说来，在价值哲学方面，古代的中国人提倡“以儒治世，以道养身，以佛修心”，主张“礼之用，和为贵”，强调“仁义”与“纲常”。可以看出，虽然这种多元价值哲学明显带有人文内涵，并属于一种综合的创造，但是其最大问题是不谈“利益”与“权利”，缺乏西方人所具有的那种竞争意识、科学精神和理性主义。

在宗教信仰方面，中国化的佛教与西方的基督教和其他宗教不同，中国人的宗教是生的宗教。在政治文化和政治体制方面，由于中国没有经历资本主义的历史发展阶段，因而其封建的政治文化和政治体制无法为科技、工业和经济的发展提供基本的环境。另外，在思维方式上，中国人具有很强的概括和归纳能力，而缺乏分析和演绎推理的习惯。可以说，中国人在思维方式上的这种不足是中国传统观念中存在的最致命的缺陷。

通过中国传统观念文化的演进史，我们可以看到思想活跃总是发生在国家分裂或社会动荡的时期；文化的反思与要求社会改革只是在落后、挨打的衰退时期，并且反思与改革总是被动的。费正清曾写道：“中国人总是感到在文化上和种族上与他们所在这块土地上的古人完全一致，从文字上显然证实了他们的看法。”“对于社会科学家来说，不管是从人类学、社会学、经济学、政治学或是历史学研究领域，中国在某些时期和某些领域中所保留下来的人类历史记录远比西方丰富得多。”按费正清的看法，中国传统观念文化所具有的惰性或许与中华民族所具有的凝聚力有着同样的基础。“传统既让中华民族具有了凝聚力，又让中国人背上了包袱。”因为，对“传统”的另外一种贬义的解释就是“惰性”，是“惰性”使中国的近代走向了衰退。

不过，历史的发展从来是辩证的，优势与劣势、强大与弱小从来都具有同一性。在自然地理、经济地理和民族地理环境的共同制约下，中国历来是过多地注重内部的社会关系；满足于经济上的自给自足，竞争意识淡漠；科技与文化上自以为是、闭门造车、闭关自守，从而也使整体的民族性格和心理具有了保守和完全内向型的特征。2200 多年前产生的、具有统治地位的中国儒家文化所强调的是“仁义”“纲常”“礼仪”“中庸”“兼爱”与“合和”等观念，虽然这种文化观念在历史上曾极大地适应并促进了农业生产力发展，并且按英国学者李约瑟的说法，使得 3 世纪到 13 世纪（东汉至宋朝时期）的中国社会远远领先于世界达 1000 年之久，然而正是由于这种民族文化的昌盛和经济的繁荣，也使得中国古代的观念文化缺少了西方观念文化所具有的那些核心优势，以及应对来自外部的各种挑战与竞争的能力。

无神论的儒家文化，使中国无须宗教改革就维系了封建社会的繁荣，但它却贻误了近代中国以后的发展。与西方文明比较，如果说，中国思维的内向和保守是一种完美的封建主义和成功者的落后文化，那么外向和进取，则是资本主义在封建与宗教的压迫下谋求发展与变革的进步文化。

二、马克思主义不是教义，而是方法

从长远的意义上看，马克思主义的实质就是“实事求是”“批判”和“变革”。“实事求是”就是将马克思主义看成是方法，而不是教条。

因为人是思维的动物，所以对于一个民族的强盛而言，最基本的首先就是决定于这个民族的思维和意识。自领导新民主主义革命，尤其是建立新中国以来，中国共产党一直将马克思列宁主义作为指导思想和理论武器。1978年中国开始实行改革开放以后，政治上最突出的变化是，五四运动中被批判的儒家思想又重新获得肯定和颂扬。现实社会中，这实际就是中国的两个传统，一个是本土的，一个是外来的。

有关来自本土的文化传统，前文已经有所论述。如果集中于从意识形态的角度来看问题，中国传统政治文化的特点是以小农经济为基础、以血缘关系和宗法关系为纽带、以封建官僚专制的王权为核心的价值体系，重人事、重经验、重实践、重治国之道，而不注重制度。

在政治体制方面，按照马克思的观点，体制是一种社会组织，属于上层建筑，需要符合经济基础。在从3世纪到13世纪的长达1000多年的古代文明中，繁荣昌盛的中国依赖的就是没有民主的封建专政体制。公元前221年秦朝统一中国以后，中国封建社会所建立起的中央集权制，一直延续到了19世纪后期的清王朝。直到1911年，才由孙中山及其所领导的政党创建了中华民国，相比之下，中国最早的共和国体制比西方晚了二百多年。事实是对理论、战略、策略、体制、思想、观念和文化的最终检验。中国封建社会两千多年来一直是专制的君主制度，分析中国社会由盛转衰的原因，从政治体制上讲，中央集权制在封建社会的前期是一种促进发展的因素，但到了宋朝以后的明朝、清朝，中央集权的专制体制就成为了国家经济和社会发展的障碍。

中国古代传统政治文化的内涵虽然极其丰富，但基本的思想是：对内宣扬为政者要以身作则、考察民心、通晓民意，注重国家、君臣、官民等社会关系，强调民生、民本、伦理道德，主张礼法一体；对外主张“以和为贵”，追求“求同存异”和“包容天下”，提倡用和平手段解决争端，尽可能地避免战争。新加坡前总理李光耀曾说过：“中国从来就不是一个狂热地想在世界传播其生活方式的国家，它也从来不赞成扩张。”

再来看马克思主义。追溯其演进的过程，社会主义思想是公元前古希腊“柏拉图共产主义”、16世纪英国和意大利的“乌托邦思想”和18世纪法国平均社会主义的延续。在当时的时代背景下，其中的“乌托邦思想”是一种反对君主独裁、主张财产共有和宗教信仰自由，并明显带有无政府主义色彩的幻想。虽然这种思想的产生距今已经有了近500年的历史，然而，仅从当今西方各国政府的利益属性，以及世界各种宗教信仰冲突的严重性看，其超现实主义的特点已经无可置疑。毫无疑问，作为一种社会思潮，社会主义完全是根植于西方的，但是作为一种社会实践，它并没有在西方获得成功。

列宁在《马克思主义的三个来源和三个组成部分》中指出，马克思主义的三个来源是德国的古典哲学、英国的古典政治经济学和法国的社会主义。三个组成部分是：哲学唯物主义、剩余价值学说和科学社会主义。简单地说，在马克思主义的三个组成部分中，马克思的哲学，包括唯物论和辩证法是基础。其中，唯物论的核心是“实事求是”；而辩证法更接近于中国老子的思想。

马克思一生有两个重大的发现，历史唯物主义和剩余价值理论。马克思的历史唯物主义认为，物质生活的生产方式决定社会生活、政治生活和精神生活的一般过程；社会存在决定社会意识，社会意识又反作用于社会存在；生产力和生产关系之间的矛盾、经济基础与上层建筑之间的矛盾，是推动一切社会发展的基本矛盾；在阶级社会中，社会基本矛盾表现为阶级斗争，阶级斗争是阶级社会发展的直接动力。马克思的历史唯物主义揭示的是人类社会发展的客观规律，马克思的剩余价值理论揭示的是资本主义的生产方式及其社会形态的运动规律。政治经济学是马克思最具有学术价值的理论，其最重要部分就是发现了剩余价值和剥削。1859年，马克思发表了《政治经济学批判》，1867年他又发表了《资本论》第一卷。马克思从人类社会生活最基本的经济生活入手，研究整个人类社会的结构、矛盾、机制、规律、发生和发展。通过对人类社会形态和发展的研究，他提出了人类社会经济生活中的剩余价值和资本积累的一般规律等理论，并成为了科学社会主义的创始人。对于马克思的两大发现，恩格斯的评价是，使社会主义从空想变成科学。

世纪之交，1999年10月，在由英国广播公司（BBC）主办的千年“最伟大的思想家”的评选中，马克思荣登榜首。评选指出：“尽管20世纪出现的一个又一个专制政权歪曲了马克思的本来思想，马克思作为一个哲学家、社会科学家、历史学家和革命者所取得的成果，在今天仍然得到学术界的尊重。”2002年12月21日，英国《经济学家》周刊发表题为《共产主义后的马克思》，认为1000年来最伟大的思想家是马克思，爱因斯坦、牛顿和达尔文分列第二、三、四名。

此后，英国《焦点》月刊5月号一篇题为《把世界一分为二的人》的文章指出：“不论你怎样看待马克思，有一个事实却不容置疑：他是历史上最重要的人物之一。在他的影响力最大的时候，全世界三分之一的人口都生活在宣称遵循马克思主义的政权之下。”2005年7月，英国广播公司又开展了一项名为“谁是现今英国人心目中的最伟大的哲学家”的调查，结果马克思的票数远远超过休谟（David Hume）、康德（Immanuel Kant）、柏拉图（Plato）等人，荣登榜首。栏目主持人布拉格说：“马克思当选为最伟大哲学家有诸多因素，但是能够解释一切的理论（指马克思的唯物主义历史观）是他夺冠的最重要原因。”这也正如美国经济学家熊彼特所说：“一般的经济学家感兴趣的只是资本主义制度的运行机制，而马克思和他本人感兴趣的则是资本主义制度的长期发展趋势。”

阿诺德·汤因比在《人类与大地母亲——一部叙事史体世界历史》中说：“产业工人的苦难情况和中产阶层对这种社会不公正的默认，引起卡尔·马克思的愤慨，促使他创造了第四种犹太教。马克思主义，像佛教一样，在理论上是无神论的；但像达尔文主义一样，马克思提出了一种替代犹太教、基督教和伊斯兰教的上帝耶和华的东西。”

对于人类文明和社会的发展，从不同的角度关注会有不同的结论。从哲学的角度看，运动、变化与发展是一切事物的基本属性，事物内部的矛盾与斗争是发展的动力；从经济学的角度看，包括科学技术在内的生产力与生产关系的矛盾与斗争是发展的动力；从政治学的角度看，社会矛盾、社会的变革和革命是发展的动力；从社会生物学的角度看，基因是社会进化的原动力。

对于西方大国的崛起，学者们持有不同的观察视角。一种是以世界经济和贸易为线索，而忽略了西方通过地理大发现实现的对外扩张；另一种是以国际关系的演变为线索，强调了西方大国在崛起过程中的利益冲突、权力平衡，以及不同的崛起方式。应当注意的是，马克思所强调的生产力与生产关系的矛盾属于更为基础的经济学范畴；种族、民族、宗教、阶级矛盾属于更为复杂的社会学范畴；而政党与国家体制的存在与形成，显然是以上各种矛盾相互平衡与制约的结果。

伴随着人类社会的发展，作为整个社会科学的基础，经济学也在不断丰富。第二次世界大战以后，英国的经济学家约翰·梅纳德·凯恩斯（John Maynard Keynes）以其在《就业、利息和货币通论》中所阐述的观点，为西方国家垄断资本主义的发展奠定了理论框架的基础。凯恩斯经济学主要的研究对象是货币理论和就业问题。他主张通过国家干预和政府的宏观调控，来管理国家经济。在经济学领域，凯恩斯是一个划时代的人物，他的理论是当代最重要的经济学理论。在凯恩斯之后，西方还产生了许多其他流派，如后凯恩斯主义、供给学派、里根学派和货币主义等。凯恩斯的经济学理论不但在西方获得了成功，而且，即便是处于经济改革阶段中的中国所采用的许多宏观经济的调控政策，也都遵循了凯恩斯主义的原则。

涉及政治经济学，除马克思之外，值得一提的还有美国学者罗伯特·吉尔平（Robert Gilpin）。罗伯特·吉尔平在其所著的《国际关系政治经济学》和《全球政治经济学》中，详细地阐述和分析了1987年以来，国际政治经济学相关理论的最新发展动态、全球化的动力、国家政策、经济发展与国际贸易的关系，以及投资与金融的关系等问题。罗伯特·吉尔平从经济、政治和国际关系的综合角度研究经济学问题，这被誉为是一个创造，“一个里程碑式的研究”。他的国际关系政治经济学，被称为宏观政治经济学，其内容包括经济活动、财富分配、民族国家自治、国际组织的政治、霸权稳定理论，以及对全球经济的治理等。吉尔平自己认为，他的理论是政治民族主义和经济自由主义的结合，是“以国家为中心的现实主义”的经济学理论。

作为一个时代的产物，马克思的科学社会主义是对资本主义早期的野蛮剥削和压迫的一种反抗，是信仰和理想。在人类进入现代社会以后，有关马克思的阶级斗争和革命输出的口号已经不再被提及。因而，从长远的意义上看，马克思主义的实质就是“实事求是”“批判”和“变革”。“实事求是”就是将马克思主义看成是方法，而不是教条。用马克思自己的话来说，他的座右铭就是“怀疑一切”。反之，如果将马克思主义当作经世不变的教条，就等于把方法作为目的，那么这无疑就是典型的唯心主义。

在意识形态等方面的问题上，西方绝大多数的政治家对马克思主义的偏见是根深蒂固的。事实上，对于马克思主义，在列宁、斯大林、毛泽东和邓小平那里有不同的理解，这是很自然的，因为社会在变化，时代在前进，世界上没有一成不变的事物。除此之外，存在于种族、宗教、民族、国家甚至是国家集团之间的各类矛盾、冲突和斗争从来就没有停止过。在很多情况下，这些矛盾是极其复杂多变和无法调和的。因此，国家的体制、民族的信仰、发展的道路也不可能是单一的和一成不变的。

同样，诞生于 1848 年 2 月的《共产党宣言》的合理性也在于它是一个时代的产物。应当承认，马克思是伟大的革命导师，在他的理论的引导下，1917 年 10 月，俄国革命取得成功，建立了世界上第一个社会主义国家。第二世界大战以后，全世界的社会主义国家发展到了 14 个，这是一次全球性的反西方的社会变革。不过，从 1991 年 12 月 27 日苏联解体，到 1992 年东欧各国的社会主义制度相继终结，社会主义在欧洲共同体出现了区域性的大倒退。应当看到，当今的人类社会已经发生了天翻地覆的变化。随着世界经济的全球化以及信息化社会的到来，国际间的政治和文化的交流正在不断增强，因此，人类社会的各类文明既会有碰撞，也会有融合。

提及马克思的共产主义学说，不得不说到另外一个被称为“西方的马克思”的人物——德国的社会学家马克斯·韦伯和美国的亨廷顿。马克斯·韦伯被认为是可以与马克思相提并论的社会学家，马克思侧重经济基础，而韦伯则强调意识形态，特别是宗教的作用。马克斯·韦伯试图从对世界诸宗教的经济伦理观的研究出发，揭示几种最重要的宗教与经济生活之间的关系，以及与其各自所处环境中的社会阶层之间的关系。他在其《新教伦理与资本主义精神》中写道：“获利的欲望，对营利、金钱的追求，这本身与资本主义并不相干。这样的欲望存在于并且一直存在于所有的人身上，侍者、车夫、艺术家、妓女、贪官、士兵、贵族、赌徒、乞丐均不例外……对财富的贪欲，根本就不等同于资本主义，更不是资本主义的精神。”

亨廷顿则认为：“在这个新的世界里，最普遍的、重要的和危险的冲突不是社会阶级之间、富人和穷人之间，或其他以经济来划分的集团之间的冲突，而是属于不同文化实体的人民之间的冲突。”亨廷顿还说：“冲突的根源是社会和文化方面的根本差异。西方国家的普世主义日益把它引向同其他文明的冲突；用另外一句话来说就是，危险并不是来自于其他国家，而是来自于美国自己，如果美国一直不能认识到普世主义的缺陷的话。”

将马克思的共产主义学说与韦伯和亨廷顿的理论做个比较，可以得出结论：对于人类社会的发展而言，不能仅将阶级矛盾视为唯一基本的社会矛盾，而将其他存在于不同民族、宗教、国家，以至于国家集团之间的各种矛盾全都忽略掉。因为，很显然，无论是发生在西方所谓的民主国家之间，为经济利益或宗教信仰而发生的战争，还是发生在具有共同政治信仰的社会主义国家之间的冲突，不同宗教派别之间的无休止的争斗，事实上都与阶级斗争无关。所以，阶级矛盾与阶级斗争只是人类全部社会矛盾与斗争的一部分，如果以此作为一种政治理念的基本出发点，或者是将马克思主义看成类似于《圣经》的教义，这就背离了恩格斯的告诫："马克思的整个世界观不是教义，而是方法。"

三、西方民主既是一种现实，也是一面镜子

在西方的价值体系中，“自由、平等、民主、法制”是对内的，且并不完全真实；“强权与利益”是对外的，维护的仅是其自身的国家利益。最终“利益”才是西方价值体系的核心。

如前文所述，学术上有一种观点认为，对于西方文明的演进，基督教比古希腊和古罗马文明具有更大的影响力。从3世纪开始，基督教就已经基本统治了西方人的精神世界。在全世界200多个国家和地区的60亿人口、2000多个民族中，基督教，包括天主教和东正教，共有20多亿信徒，是世界上最大的宗教，这一现实无疑与西方国家的发达和强盛相关。因此，西方文明对于世界的影响是绝对不能被忽视的。

对西方的政治体制和法律制度有所关注并了解的人都知道，在西方的法律学派上，罗马法学家属于自然法学说，是为效力于罗马帝国时期的奴隶主而产生的。到了17世纪，自然法学说成为了西方新兴资产阶级反对封建压迫和发展资本主义的代表，它倡导的是“理性”和“正义”，强调的是维护个人自由、私有财产和人权。法国资产阶级大革命时的《人权宣言》和美国独立战争时的《独立宣言》都根植于这种自然法学说。

西方的另一个法律体系来源是中世纪的英国法律。关于西方的这两个法律体系在欧洲的演进，马克思和恩格斯曾在《德意志意识形态》中提到：

“法便在一切国家里（法国是在 16 世纪）开始真正地发展起来了，除了英国以外，这种发展到处都是以罗马法典为基础的。”进一步说，就对于西方社会的历史作用而言，英国法远不如罗马法深远，并且近代西方新兴资产阶级所倡导的“法律面前人人平等”的口号也是从古罗马法中产生的。

学术上，国内学者将西方政治哲学理论的发展历史分五个阶段：1. 古希腊、古罗马奴隶社会中的理想主义与现实主义时期；2. 中世纪的神学政治时期；3. 文艺复兴至 18 世纪资产阶级启蒙运动时期；4.19 世纪末至 20 世纪初的行为主义时期；5.20 世纪 70 年代后的现实主义国际政治学时期。

第一个阶段是古希腊、古罗马的政治学，这是整个西方政治学的基础，其思想的深远影响一直持续到了当今的东西方社会，乃至世界各国。围绕国家的起源、阶级的构成、所有制形式、国家的体制、国家的治理等问题，古希腊的先哲柏拉图和亚里士多德（Aristotle）等人把奴隶主贵族制国家当作理想的政治制度，把基于分工之上的等级秩序当作最高的政治价值，把不平等的政治秩序看作正义和自然理性的体现。其中，柏拉图与亚里士多德的不同之处在于，柏拉图代表了理想主义，而亚里士多德代表了现实主义。柏拉图认为国家的产生是人类社会分工的结果，实行财富的公有制、按社会分工将人群划分为合理的等级，由贤明的君主来管理国家，就是理想的国家。亚里士多德反对柏拉图的公有制，主张私有制、法制与民主，强调社会的中产阶级是调解和平衡阶级矛盾的重要因素。他认为人类社会和国家是伴随经济发展和人类文明自然形成的，人类的阶级属性和社会地位具有可变性。这一时期经典的著作有柏拉图的《理想国》、亚里士多德的《政治学》、西塞罗（Cicero）的《论共和国》和古罗马时期奥古斯汀（Augustinus）的《上帝之城》。

第二个阶段的代表人物是中世纪意大利人阿奎那（Aquinas），他所作的《神学大全》，把封建的等级秩序和君主政治加以神化，并当作神圣的政治制度和政治价值；把国家的统一与和平看作最高的“善”，把维护和保障国家统一与社会福利的政治行为当作“正义”，把服从既定的等级秩序和法律制度的行为看作“德行”。

第三个阶段是西方近代政治思想形成的重要历史时期，其中包括了文艺复兴和资产阶级的启蒙运动。典型人物有意大利人马基雅维利，荷兰人斯宾诺莎（Baruch de Spinoza），英国人霍布斯（Thomas Hobbes）和洛克（John Locke），法国人孟德斯鸠（Montesquieu）、卢梭（Jean–Jacques Rousseau）、狄德罗（Denis Diderot）和伏尔泰等人。马基雅维利从“性恶论”和理性主义出发，提出政治无道德论和君主专制合理论，其代表著作是《君主论》。斯宾诺莎作为近代西方民主政治的倡导者，提出了自由、平等的人民主权论。霍布斯将马基雅维利的人性恶和君主专制论的思想发展成为了近代的权力政治理论。与之不同的是，在主张君主专制的同时，霍布斯也提出了公民自由应有的一些权力。

洛克是西方近代自由主义思想的奠基人，他反对君主专制，其分权理论超越了古希腊时期的亚里士多德和古罗马时期的西塞罗。洛克将自由、民主的思想发展到了一个新的高峰，他认为人民理当拥有反抗暴政的权力。洛克的思想不但对此后美国的宪法产生了影响，而且还影响到了法国的人权宣言。他的重要著作有《政府论》和《人类理解论》等。

孟德斯鸠是首先提出立法权、行政权和司法权分离的人。他主张资产阶级的代议会制，赞赏英国的工业和贸易。孟德斯鸠的分权制衡论是对古希腊和古罗马时期的亚里士多德和西塞罗，以及 17 世纪洛克分权理论的进一步发展。其分权制衡论既包含了对国家权力的制衡和司法独立的原则，也将人权、自由、法制原则纳入其中。其《论法的精神》一书直接影响到了以后法国大革命时期的《人权宣言》和美国革命时期的《独立宣言》。

卢梭的人民主权论不同于以往西方的各种自由主义的民主主权论，他提出人民的意志和利益高于一切。卢梭激进的和带有革命性的人民主权论是对斯宾诺莎人民主权论的发展。卢梭的著作有《社会契约论》《论科学和艺术》和《论人类不平等的起源和基础》等。代表西方近代核心价值观的三位一体的口号——“自由、平等、博爱”的产生最初由卢梭在《社会契约论》中提出，之后在《人权宣言》中得以重申，并且最终在法兰西共和国宣布成立之时形成，其象征性体现在法兰西共和国由“蓝、白、红”所构成的三色国旗之中。

狄德罗的涉猎范围及其关注的领域极为广泛，他代表的百科全书学派几乎成为了启蒙运动的代名词。受牛顿的科学思想和洛克的哲学思想的影响，伏尔泰通过其撰写的《哲学通信》等著作，抨击教会的迷信和偏见，提倡理性。伏尔泰不仅反对公有制，也反对卢梭的平均主义。此外，他的另外两篇著作《论风俗》和《路易十四时代》被认为是文化史写作的先驱和新人文主义的代表著作。德国诗人歌德（Johann Wolfgang von Goethe）（Goethe）对伏尔泰和卢梭二人的评价是：伏尔泰结束了一个旧时代，而卢梭开创了一个新时代。法国启蒙运动的影响力不但波及了德国，而且还扩展到了北美的革命和拉丁美洲的独立运动。

此外，这一时期的政治学著作还有托克维尔（Alexis de Tocqueville）的《论美国民主》、黑格尔的《法哲学原理》、边沁（Jeremy Bentham）的《道德与立法原理》、尼采（Friedrich Wilhelm Nietzsche）的《查拉图斯特拉如是说》等。这些西方近代的政治学家把资产阶级的权利当作全人类普遍的自然权利，把代议民主当作全人类最好的政治制度。在西方，所有这些政治学流派不仅对当时的现实政治产生了巨大的影响，而且有些影响至今还仍然存在。

第四个阶段是第二次世界大战以后的西方行为主义政治学。19 世纪末 20 世纪初，西方政治学已经成为了一门独立学科。不过，直到第二次世界大战前，传统政治学的研究方法和研究对象仍占有主导地位，这一时期有影响的著作有韦伯的《新教伦理与资本主义精神》、布莱斯（James Bryce）的《现代民主政治》和帕累托（Vilfredo Pareto）的《精神与社会》等。

在 20 世纪 60 年代，西方政治学领域发起的这场“行为主义革命”，试图用现代科学方法和实证方法研究现实政治问题，使政治学研究科学化、定量化；而以政治哲学为核心内容的传统政治学被看成了一种空洞的理论，几乎一钱不值。行为主义政治学代表性的著作有亨廷顿的《变化社会中的政治秩序》、英国人迈克尔·奥克肖特（Michael Oakeshott）的《政治中的理性主义》和美国学者戴维·伊斯顿（David Easton）的《政治生活的系统分析》等。在行为主义风行时期，西方传统的政治哲学名著也仍然具有影响力，其中包括熊彼特的《资本主义、社会主义与民主》、卡尔·波普尔（Karl Popper）的《开放社会及其敌人》、达尔（Robert Dahl）的《民主理论的前言》等。对于西方近代的政治哲学，学者们的认识并不一致。另一种看法是，将德国的康德、费希特（Johann Fichte）、黑格尔（Hegel）等人的思辨政治列为了重点。

第五个阶段是20世纪70年代以后现实主义的国际政治学。在国际政治方面，由于此时的世界政治和经济中心都已经转到了美国，因此在美国流行的已不再是欧洲大国均势原则的理论，而出现了以美国总统威尔逊为代表的理想主义，以及以美国人汉斯·摩根索（Hans Morgenthau）的巨著《国家间政治：权力斗争与和平》为代表的现实主义的国际政治学。摩根索的现实主义政治理论强调“人性恶”和“强权为利益”的正确性，这成为了美国在第二次世界大战以后推行扩张政策和霸权主义的理论基础。在此时期，西方传统的政治学也得以复兴，从而形成了传统政治学与现代政治学并存的局面。这期间，西方有影响的政治学流派还有新自由主义、新保守主义、新马克思主义、精英主义、多元主义和社群主义等。

在英国学者马丁·怀特那里，西方国际政治的传统理论被分为三种，其中首先提到的便是马基雅维利的现实主义，另外两个是荷兰法学家、近代国际法奠基人格劳秀斯（Hugo Grotius）的理性主义和康德的革命主义。马基雅维利现实主义的观念是把国家间的冲突和战争看作国际关系的现实，世界各国为各自的利益制定战略目标，因而在国际政治上不存在道德。格劳秀斯的理性主义的论点是，国际社会虽然没有最高权威，但是通过外交、国际法、大国之间的均势，以及依赖于国际上的一些协调机构，可以使国际社会的道德与规则获得维护。康德的革命主义则强调人类社会将会不断地改变和更新现有的国家体系，人类生存的目标就是要为实现人类大家庭而奋斗。

对于西方文明发展的动力，学者们存在不同的看法，除了科学的理性主义与工业革命的直接推动作用以外，当从更大的历史尺度来总结欧洲的这一变化时，马丁·怀特认为，是宗教改革、法国大革命和俄国革命促进了西方文明从近代到现代的转变。由于转变的方式不同，“自由、平等、博爱”的法治思想在欧洲各国沿袭了自由主义、社会主义和民族主义等不同的发展方向。另外一种历史观是将社会主义与西方文明割裂开的，认为是由美国的独立、法国大革命和英国的工业革命，完成了西方由近代进入现代的历史阶段。

此外，有关社会发展的动力问题。在马克思看来，经济生产力是最基本的动力，解放生产力的方式有两种，即改革和革命；马克斯·韦伯强调了精神的作用，即思想的作用；熊彼特的观点则是从产业发展的角度，强调了新兴产业的出现对于人类社会发展所起的革命性的推动作用。他们的观点看似不同，而实际上却具有一致性。熊彼特所说的信息产业，是一种在马克思时代尚未出现的新的生产力形式；而韦伯宣扬的资本主义精神，也是马克思所指出的上层建筑对于经济基础的反作用。

西方政治哲学的思想派别是一回事，而其理论体系的实质又是另一回事。西方的近代史表明，西方的政治思想沿袭了两条不同的发展方向：一条是从“自由、平等、博爱”的精神到人权思想的形成，其最终导致的是西方民主制度的建立；另一条是从“等级正义论”“强权文明”到“强权政治”理念的形成，其导致的结果是西方的扩张和霸权。西方文明在经历了由近代社会到现代社会的发展与转变的过程中，其社会人文和政治人文的思想，包括人权思想、自由主义思想、民主政治和强权政治所体现的价值观体系也逐步趋于完整。在西方的价值观体系中，最终形式上的“民主”是对内的，而实质上的“强权”是对外的。

与中国不同的是，西方的政治文化和政治体制是建立在由奴隶社会、封建社会和向资本主义社会演进的过程中的，是开放的和跨国度的。西方近代民主政治制度的建立和发展已有三百多年的历史。多党制、普选制和议会制是西方民主政治的三大支柱。1688 年发生在英国的“光荣革命”，被看成是西方现代民主体制建立的开端。西方的观念和体制的发展有其自身的历史和文化背景，西方的发展模式是其自身选择的结果。西方的体制，尤其在美国，所真正代表的只是商业利益集团的利益。不同政党、不同的领导人执政，不同的商业集团获利。

从西方的社会学出发，亨廷顿提出过一个“第三次浪潮”的概念，即所谓世界民主化的大趋势。按亨廷顿的划分，第一次民主化，发生在 1828 年至 1926 年期间，起源于美国革命和法国革命，然后波及瑞士、英国，第一次世界大战前的意大利、阿根廷，以及第一次世界大战后的爱尔兰和冰岛等国家。在历时近百年的时间内，共有三十多个国家建立了西方式的民主制度。

第二次民主化，发生在 1943 年至 1962 年期间，涉及第二次世界大战前后的联邦德国、意大利、奥地利、土耳其、希腊、乌拉圭、巴西、哥斯达黎加、阿根廷、哥伦比亚、秘鲁、委内瑞拉、日本、韩国、马来西亚、印度尼西亚、印度、斯里兰卡、菲律宾、以色列和尼日利亚等国家。

第三次民主化，发生在 1974 年至 1990 年期间，开始于 1974 年 4 月 25 日葡萄牙军队的政变，然后是西班牙、匈牙利、保加利亚、罗马尼亚、波兰、捷克斯格伐克、民主德国、苏联、智利、厄瓜多尔、危地马拉、尼加拉瓜、玻利维亚、洪都拉斯、萨尔瓦多、格林纳达、墨西哥、巴拿马、印度、巴基斯坦、蒙古、尼泊尔、苏丹和南非等国家。根据亨廷顿的总结，至 1990 年止，世界上大约有 45% 的独立国家拥有民主体制。其中，在上述的三次民主化进程中，许多国家的民主化也都出现过反复。

亨廷顿还将各国民主化的方式分为四类：变革、移转、置换和干预。目前尚未实现民主化的国家也被分为四类：一党体制、个人独裁、军人政权和种族寡头。这些国家包括某些传统的社会主义国家、撒哈拉以南的非洲国家和部分东亚国家。亨廷顿将导致这种西方式的民主化潮流出现的原因，归结为西方商业文化和政治文化所起的重要促进作用，包括经济的发展、工业化、都市化、资产阶级和中产阶级的出现，以及西方社会在国际政治和军事方面所取得的胜利，而将阻碍实现民主化的势力，划分为政治的、经济的和文化的三种类型。

论及西式民主的本质，美国《华盛顿邮报》直言不讳地称道："美国国会是富人的国会，富人的统治，为富人谋福利。"另外，在中国国务院新闻办公室发表的《2004年美国的人权纪录》中也指出：在"生命、自由和人身安全""政治权利和自由""经济、社会和文化权利""种族歧视""妇女、儿童权利"以及"侵犯别国人权"等六个方面，美国都存在人权问题。西方国家标榜自己的民主，指责其他国家缺少民主，实际上是把"民主"作为干涉别国内政甚至发动侵略战争的借口，其目的在于实现自己的经济和政治目的。

从政治经济学理论的角度来看待民主和体制的问题，在纯粹的自由竞争和完全市场经济的社会结构下，理想化的民主和体制实际上不可能真正存在。也就是说，西方社会现有的一切主要维护的还只是少数有钱阶层的利益。另外，还有一种介于资本主义和社会主义之间的社会形态，或者说是两者融合的社会形态，即所谓社会福利国家，例如瑞典、丹麦、挪威等。但是，问题是，世界上究竟有多少个国家具有与这些国家相似的国情和相同的自然条件呢？

四、中国不是人类文明的孤岛

伴随国际经济一体化的大趋势，中国与世界各国在政治、经济、文化、教育等各个领域的交流和融合将会越来越多，中国不可能成为人类文明的孤岛。

在人类历史发展的长河中，任何一种文明的存在都不可能是孤立的，人类文明的多样性是人类社会的基本特征，也是人类社会发展的基本动力，失去发展动力的文明必然衰落，甚至终将走向消亡。在2001年通过的《保护世界文化多样性宣言》中，联合国教科文组织向全世界呼吁:“文化多样性是交流、革新和创作的源泉，对人类来讲就像生物多样性对维持生物平衡那样必不可少。从这个意义上讲，文化多样性是人类的共同遗产，应当从当代人和子孙后代的利益考虑予以承认和肯定。”紧接着，2003年，联合国教科文组织又通过了《保护非物质文化遗产公约》，号召各国政府采取切实有效的措施，保护人类历代相传的民族文化和民间文化。

作为一种世界性宗教，佛教的产生和发展不仅反映了人类精神世界的心理需求、情感需求，而且也反映了人类的一种对道德和善的需求。公元前6世纪至公元前5世纪，释迦牟尼（Sakya Muni）创立了佛教。释迦牟尼之后，印度佛教分裂为恪守原教义、注重自我解脱的小乘教和宣扬普度众生的大乘教。思想家梁漱溟先生说过:“人类文化都是以宗教开端；且每依宗教为中心。人群秩序及政治，导源于宗教，人的思想知识以至各种学术，亦无不导源于宗教。”

中国传统文化起源于儒家、道家思想的形成，以及完成佛教传入的过程。在中国，儒、道、佛三教鼎立格局形成的时期，也是中国封建社会进入繁荣昌盛的鼎盛阶段。有学者认为，佛教由印度传入中国的时期，应在公元前206年至220年之间的两汉之际，并在南北朝时期逐渐流行。到了隋唐时期，佛教在中国的发展达到了顶峰。按照费正清的说法，佛教在中国和在亚洲的最好时代，是在4世纪至9世纪，即包括南北朝、隋、唐和北宋时期。在此期间，中国佛教完成了印度佛教所提倡的慈、悲、戒和自利利他、自觉觉人的理想与儒家的博施济众、仁民爱物、己立立人、己达达人、己所不欲勿施于人的伦理主张的结合，并与儒、道被合称为三教。自此之后，在中国历史上封建社会的鼎盛时期，佛教曾被许多朝代的君王所推崇。

宗教是人类社会的一种文化现象，它产生于生产力水平和科学技术低下的早期人类社会。在对宗教的本质进行评述时，恩格斯在《反杜林论》中指出：“一切宗教都不过是支配着人们日常生活的外部力量在人们头脑中的幻想的反映，在这种反映中，人间的力量采取了超人间的力量的形式。”[①] 宗教对于人类社会发展，既起到了积极的作用，又具有消极的作用。宗教的积极作用在于，它支撑了人类的精神生活，促进了国家和民族的形成，以及同一宗教或同一教派体系内部的和谐；宗教的消极作用在于，它的唯心主义色彩，对于超自然力的崇拜，以及对于其他宗教或宗教派别的排斥。

中国不是一个宗教化的国家。中国文明是一个以儒家为主，建立在“儒、道、佛”多元文化结构之上的一种文明。与西方文明的一元化和排他性相比，中国文明则表现为多元化和包容性。中国文明的多样性与相对复杂的内部地理自然环境和社会民族环境相关；中国文明的包容性体现在与外来文化的接纳与融合之中。无论对内，还是对外，中国传统文化的本质是强调

① 《马克思恩格斯选集》（第三卷），人民出版社1972年版，第364页。

“道德与义务”，中国的传统文化中并没有“强权”的思想。并且，与其他文明最大的不同在于，中国文明既不以宗教为主，又能包容异己。中国传统文化的不足在于轻视利益与个人权利。

以宗教为例，发源于中国本土的道教，至今已有1700多年的历史，中国现有道教宫观1500余座。来自印度的佛教在中国已有2000多年的历史，其中国化的过程在《中国哲学史新编》中，被认为经历了从“格义”“教门”到“宗门”的三个阶段，前后历时约1000年。中国现有佛教寺院1.3万余座。在中国，虽然佛教的规模不为最大，但是其对于中国社会思想文化的影响，却超出于其他宗教。天主教于7世纪起开始传入中国，现有教堂、会所4600余座，天主教徒约400万。基督教（新教）于19世纪初传入中国，虽然晚于天主教传入中国，但1840年鸦片战争后广为传播，现有教堂1.2万余座，其他活动场所2.5万处，基督徒约1000万人。

人们都会赞同科学没有国界。既然人类可以共同享受科技进步的成果，文化的多样性又是创新的源泉，那么为什么不能接受“多神论”“无神论”或者不同的意识形态呢？这是人类认识的局限和人类文明的悖论。西方有见地的智者可能知道中国文化是以儒家为主，以道家为辅，但是一般不会知道，为了求教，孔子曾经拜访过老子大约100次。中国的多元文化是由深度融合的“儒、道、佛”共同支撑的。与其说中国文明的包容性，来自于儒家“合和”的思想，不如说它来自于道家“无为，而无不为”超脱的境界。世界上只存在相对的东西，不存在绝对的东西，包括绝对的信仰、绝对的宗教、绝对的意识形态、绝对的价值观、绝对的真理，或是绝对的安全。

当论及文化的一元性和多元性时，有必要重提保罗·肯尼迪在《大国的兴衰》中的有关论述：“欧洲之所以出现这种政治上的多元性，主要是由于它的地理。”很明显，这里保罗·肯尼迪所说的多元性是指政治上的，而并不是整体意义上的文化。从文化的大结构上看，中西双方各自具有的多元性与一元性是完全相反的：对于中国而言，多元性是一种观念，一元性是一种体制；对于西方而言，多元性是一种体制，一元性是一种观念。

除了佛教的传入以外，据考证，中西之间最早的间接文化交流始于2世纪，即处于中国的汉代和西方的古罗马时期；而中西文化的直接交流发生在欧洲的文艺复兴和资产阶级启蒙运动时期。16世纪至18世纪，通过历史上最早到中国的一批耶稣会士的传播，西方开始出版中国的《大学》《中庸》与《易经》等著作。20世纪初，西方有关老子《道德经》的英文译本达到了四十多种，其流行的程度超过了任何东方著作，并仅次于《圣经》。那些到过中国的耶稣会士，来自于意大利、法国、葡萄牙、西班牙和德国等，他们将在中国的所见所闻编辑成《耶稣会士中国书简集》在法国出版，由此对西方文明产生过重大的影响。

1840年以后，处在半封建、半殖民地社会之中，走入低谷的近代中国开始学习西方，反对封建主义的传统文化，直至1949年新中国成立。鸦片战争之后，随着西方列强在经济、军事、政治、文化上的逐步入侵，中国的观念文化经历了三次思想解放的变革，其特点表现为：第一次，学习西方停留在物质的层面，以洋务派和改革派为代表，主张“中学为体，西学为用”，时间从鸦片战争至甲午战争。第二次，学习西方推及观念文化的层面，其实质是提倡资产阶级民主革命思想和倡导新文化运动，希望通过效仿西方，变革中国传统的政治体制，时间从戊戌变法至五四运动前期。第三次，学习西方由观念变革转为社会变革。在进行了以孙中山三民主义为旗帜的旧民主主义革命以后，中国又以马列主义为指导思想，效仿俄国的十月革命，进行了由中国共产党领导的新民主主义革命。

1905年，孙中山在创建同盟会时就曾提出了用“民族、民权、民生”三民主义建立资产阶级共和国的方案。“民权主义”是孙中山三民主义的思想核心。他的民权思想包括了六个方面的内容，即“民有、民治、民享”“自由、平等、博爱”。他说道：“世界的潮流，由神权流到君权，由君权流到民权，现在到民权，便没有方法可以反抗”。国家“非一人之国家，乃我人民之国家”。“民权主义就是政治革命的根本”，“中国数千年来都是君主专制政体，这种政体，不是平等自由的国民所堪受的”。“因为有了民权，平等自由方能够存在，如果没有民权，平等自由不过是一种空名词”。在其民权思想的六个方面中，孙中山将“民治”进一步细分为选举权、罢免权、创制权、复决权等四项具体权利。

1906年，鉴于西方“三权分立”存在的弊病，孙中山又以“五权宪法”，即“立法、司法、行政、考试、监察五权”，来完善其资产阶级的民主思想。在革命实践方面，孙中山领导和发动了资产阶级的民主革命——辛亥革命，推翻了统治中国268年的清王朝，结束了中国两千多年的封建帝制，建立了中国历史上第一个资产阶级共和国——中华民国，并制定了类似于西方资产阶级宪法的《临时约法》。

由孙中山所领导的资产阶级民主主义革命最终并没有取得胜利，然而尽管如此，这个过程或者这种尝试也是绝对不能被忽略的。因为，一方面，随着世界经济的一体化趋势，西方的政治体制、民主思想、文化和生活方式正在不断地向中国渗透；另一方面，在政治体制改革严重滞后、腐败现象屡禁不止、贫富差距越拉越大、各类社会矛盾不断激化的情况下，寄希望于走西方民主化道路的思潮也在加剧。所以，对于当前执政的共产党而言，大众的社会诉求和政治倾向是必须关注到的。

再看主导现代人类社会的西方文明。西方的四大主流通讯社——美联社、合众国际社、路透社和法新社每天的新闻发稿量占世界的4/5。在全球传媒市场的经营中，西方50家媒体跨国公司占据了世界市场的95%，其中美国控制了全球75%的电视节目的生产和制作，许多第三世界国家的电视节目有60%至80%的栏目内容来自于美国。难怪有人将好莱坞电影、有线电视、流行音乐和快餐看成是美国“软实力”的“四驾马车”。西方的各种文化传媒所宣扬的当然是西方的文明、西方的价值观和思维方式，这虽然只属于大众文化的层面，但是大众文化毕竟是整个民族文化的基础，其影响力当然不可低估。

2013年12月，中国社科院发布了《境遇、态度与社会转型：“80后”青年的社会学研究》报告。报告的覆盖范围涉及教育、就业、文化、消费等诸多方面，研究对象涉及在校大学生、毕业生等多个群体。该报告从社会学的角度，对中国“80后”的青年，在社会转型背景下的社会观念进行了全面的描述。报告显示：中国“80后”的总人数为2.2亿人，其中“80后”和“90后”的农民工1亿人、大学生4000万人、独生子女5000万人，按接受教育的程度可划分为新生代农民工、大学生和受过更高教育的三大类群体。目前，这批被称为“网络上的原住民”的“80后”，在旧的价值体系逐渐消解、新的价值系统尚未确立的转型过程中，既对国家的前途怀有信心，又对社会及自身的现状抱有诸多不满；这些人一方面希望以个人的努力改变命运，另一方面又无法摆脱社会力量的左右。在社会观念上，中国“80后”的青年人已经呈现出带有草根化、平民化、娱乐化，且不乏叛逆精神和批判倾向的特征。

与马克思主义是一种现实一样，西方文明同样也是一种现实，并且，马克思主义并不是来自于东方，它本来就是西方文明的一部分。如果对此采取视而不见的态度，那只能说明，这是一种自欺欺人的唯心主义。因为，很显然，人类的任何信念和理想无论有多么崇高，要实现它，有两个条件是必不可少的：其一，它必须以现实为基础；其二，它绝不可能通过一种闭门造车的方式。

目前，中国的国际影响力集中体现在经济发展模式、国际政治的理念和传统文化等方面，这也许能被称为当代的中国文明。在经济方面，中国引起世界关注的是国民经济的持续高增长、巨额的外贸进出口和已经成为有能力生产全球1/4工业品的“世界工厂”。这种现状必然会对世界上的发展中国家具有积极的示范效果。但是，对于某些西方国家来说，这肯定也具有挑战性。在国际政治理念方面，作为联合国安理会的五个常任理事国之一，中国与俄罗斯的立场接近，影响力集中于第三世界的发展中国家。

在传统文化方面，中国的国际影响力表现在除《孙子兵法》、中国功夫和中国饮食等方面以外，还包括汉语的传播。并且，通过教外国人学习汉语的方式，还可以使外国人更多地了解中国的儒家文化。截至2015年年底，全球已有 126 个国家和地区建立了 475 所孔子学院。此外，每年中国还在许多国家举办中国年的活动。目前，世界上有 100 个国家的 2300 所大学教授中文，而通过各种方式学习汉语的人已经超过 3000 万，参加汉语水平考试的外国人每年按 40% 至 50% 的速度在增加。

另外，随着中国居民消费水平的提高和对外开放的深入，中国每年赴境外旅游的人数也逐年增加，2014 年首次突破了 1 亿人次，2015 年增长了 3% 至 4%，2016 年达 1.2 亿人次。在教育方面，自 2008 年以来，中国出国留学人数年增长速度保持在 20% 左右。2014 年中国出国留学人员总数已突破 45 万，2015 年超过 50 万，2016 年总人数继续攀高，但增幅下降。目前，中国出国留学人数已占全球总数的 14%，位居世界第一。简而言之，伴随国际经济一体化的大趋势，中国与世界各国在政治、经济、文化、教育等各个领域的交流和融合将会越来越多，中国不可能成为人类文明的孤岛。

五、两种凝聚力，两种信仰：文化与政治、大众与政党

政治信仰体现的是党派或少数社会精英群体的凝聚力，文化传统连同宗教信仰体现的则是整个国家或民族的凝聚力。

对于国家或民族而言，最具有凝聚力的是信仰、观念、文化和传统。这其中，宗教信仰、政治信仰与社会观念、文化传统既有联系，又有区别。因为，就信仰而言，无论是政治信仰或是宗教信仰，其相同之处在于，两者都是一种社会观念的提高和升华；不同之处在于，政治信仰是某个政党或者某个社会精英群体的奋斗目标，属于意识形态范畴，而宗教信仰则是大众的一种社会观念，属于文化传统的范畴。简单来说，政治信仰体现的是党派或少数社会精英群体的凝聚力，文化传统连同宗教信仰体现的则是整个国家或民族的凝聚力。

如果对文化做比较深入的分析，文化有狭义和广义之分。狭义文化主要是指文学与艺术；广义文化则由物质文化、社会文化和观念文化三个层次构成。观念文化是民族精神的体现，代表了一个民族的本质和意识、民族的向心力和凝聚力、民族的性格和心理。观念文化是一个民族的历史命运和发展前途的决定性因素。观念文化可以使一个国家或一个民族昌盛，也可以使它灭亡。一个国家或一个民族要想变得强大，没有先进的观念文化作为支撑绝不可能。20 世纪 70 年代初，在与日本学者池田大作的一次有名的对话中，

英国著名历史学家汤因比曾说过："就中国人来说，几千年来，比世界任何民族都成功地把几亿民众，从政治文化上团结起来。他们显示出这种在政治、文化上统一的本领，具有无与伦比的成功经验。"

在世界的历史上，当由一种观念文化所支撑的文明达到极致时，衰落便成为必然：古文明的陨落、大国的兴衰无数次地证实了这一点。昔日强大的奥匈帝国、波斯帝国、亚历山大帝国、罗马帝国、大不列颠帝国、拿破仑帝国和希特勒的第三帝国都已从地图上消亡。汤因比指出，人类历史上曾经有过 26 种文明。但是，所有这些文明现在均已不复存在。在仍然存在的文明中，主导现在这个世界的只是资本主义的西方文明。

几千年来，虽然部分宗教的教义已经有所变化，但是其基本的特征，即以共同的信仰、道德规范和礼仪构成教团组织等的特点始终没有改变，这些世界性的宗教至今仍具有相当大的凝聚力，仍在对于人类现实社会的政治、体制、道德伦理、文化习俗、社会生活和国际关系产生影响。在中国，儒家思想创立于公元前 500 多年以前，它对于中国人社会生活的影响已经超过了 2500 年，而且至今仍存在于中国人的潜意识之中。

西方的科技进步、物质文明和政治体制并没有影响基督教的广泛传播，反而使其成为了世界的第一大宗教。尽管作为一种信仰，它已经越来越与资本主义的民主相融合，而作为一种精神寄托，它已经越来越世俗化。学术上有一种观点认为，对于西方文明的演进，基督教比古希腊和古罗马文明具有更为巨大的影响力。换句话说就是，不要小看了西方人的宗教意识，在他们的价值观念中，这要比他们的高科技、政治文明和世俗化的社会生活还重要。

当然，政治信仰所具有的号召力和凝聚力也不能忽视。19 世纪中期产生的马克思主义理论，曾改变了整个世界的格局，第二次世界大战后到"冷战"时期信奉马克思主义的社会主义国家达 14 个，人口约占当时世界总人口的 1/3。由此可见，信仰与精神的作用巨大，观念文化的影响力极其深远。不过，有关文明的危机、宗教传统信仰的危机、马克思主义信仰的危机和现代资本主义信仰的危机的观点同样也不容忽略。一种文明的变革，不仅要牵动政府、知识界与社会精英，并且最终还要根植于社会大众——因为历史最终是由人民大众所创造的。

如果要寻求西方大国在崛起中的共性，并且力图获得更为全面的结论，答案又在哪里呢？只能是文化，是价值观和思维方式上的矛盾、变革和革命改变了一切。因为，价值观和思维方式是决定宗教信仰、意识形态、体制、社会观念、社会心理及一切文化观念的基础，而这一切又决定着人类全部的社会行为。在西方，这种文化观念的基础反映为注重“利益与权利”的价值观、科学的精神和理性的思维方式。依赖于这样的文化观念，西方人改变了从近代到现代的世界格局，尽管他们忽略了“道德与义务”。通过追述西方的发展历程，应当看到：虽然推动人类文明和社会发展的动因与多种因素相关，然而只有文化才是根本。因为，说到底人是文化的动物，人类文明是社会行为的结果。

马克思的唯物史观、政治经济学和科学社会主义已成为另一种政治传统，其现实意义是，强调实事求是精髓。列宁在《马克思主义的三个来源和三个组成部分》中指出，马克思主义的三个来源是德国的哲学、英国的政治经济学和法国的社会主义。由此看出，马克思主义同样是西方启蒙运动和工业革命的产物，马克思主义与资本主义是两种不同的意识形态，完全具有相同的时代背景。但是，马克思主义自其产生之后就遭到了西方主流社会的激烈反对，原因很简单，马克思主义是穷人的理论，是对资本主义的批判，而西方主流社会是由富人主导的社会。

关于民族信仰的历史，中国经历了从古代的“儒、道、佛”和王权，近代五四时期的“民主与科学”，孙中山领导的国民革命时期的三民主义，共产党领导的新民主主义革命，一直到当今的社会主义建设的阶段。然而，同政治文化和体制一样，无论是价值观、道德观还是信仰，都曾经长时间地停留在封建社会的历史阶段，直至公元 1275 年意大利人马可·波罗（Marco Polo）抵达中国元朝大都之前，中国人还都不了解西方世界究竟是怎么一回事。中国在经历了以阶级斗争为纲、“文化大革命”以后，邓小平拨乱反正，明确地指出：“实事求是是马克思主义的精髓。”

为何马克思的座右铭是“怀疑一切”？而罗素则说：“许多事情不那么容易用经验加以检验……你的信念并没有充分证据。”因为，正如恩格斯在《马克思恩格斯选集》第四卷“所谓‘社会主义社会’不是一种一成不变的东西，而应当和其他社会制度一样，把它看成是经常变化和改革的社会。”①

也就是说，是一个国家和民族的历史、文化、政治、经济、社会最终集中形成了规范、制约及影响其发展的意识形态。一个国家和民族理想和信念的形成过程，最终必然是民族、民粹和精英的综合。世上既没有永远不变的事物，也没有孤立存在的绝对真理。超越时空、一成不变的理想主义的实质是唯心主义。

① 《马克思恩格斯选集》（第四卷），人民出版社 1995 年版，第 737 页。

第六章　理想与现实

考虑到儒家思想的文化背景，以及治理这样一个庞大国家的迫切需求，中国在发展民主的过程中将需要大量独到的创新。

——［英］马丁·雅克《当中国统治世界》

一、大道理与小道理

头脑中只有大道理，没有小道理的是脱离现实的理想主义者，是乌托邦；只有小道理，没有大道理的是目光短浅的实用主义者，是世俗。

依照中国人的语言表达习惯，道理可以有大小之分。按一般的理解：大道理，或者称其为理论，表示的是涉及理想、信念和价值观的一整套完整的推理；而小道理只是些常识性的就事论事的推理。那么，为何要引入大道理与小道理的概念呢？因为，一方面，政治体制改革必然与政治信仰、意识形态以及整个国家和民族长期利益的大道理相关；另一方面，政治体制改革也必然会打破国内现有的利益平衡的格局，牵扯到与百姓的社会生活密切相关的各种小道理。本章要说的也正是这些小道理。

先看中国自身的朝代更迭。从有文字记载以来，我国历史上经历了夏、商、周、秦、汉、晋、隋、唐、宋、元、明、清等12个主要朝代。另外，处于分裂时期，还出现过五十几个小王朝。除奴隶社会时期的夏、商、周朝以外，中国的封建社会延续了几千年，其中长周期的朝代不到300年，短周期的只有几十年。并且，自古以来，中国就有所谓“打天下”与“坐天下”的说法。

如果结合当代的中国社会，中国共产党之所以能最终取得政权，除了理论上有马列主义和毛泽东思想之外，同样也是用千百万革命烈士的流血牺牲换来的，只有这样，人民的国家政权才得以建立。如今，面对改革开放和现代化建设，要充分利用国家政权的力量，实现中华民族的伟大复兴，着眼于人民群众的切身利益。要想保证政局与社会的稳定，就必须认清社会必然要变革——这就是小道理。用大道理来说就是，官僚主义、形式主义、教条主义的实质是唯心主义，实事求是才是唯物主义，要建立正确的政治观和意识形态，这才是政治体制改革的坚实保障。

从中国近代以来，孙中山用三民主义领导了辛亥革命；毛泽东靠马列主义创建了新中国；邓小平以改革开放的胆识使国家走向了富强。他们的共同之处在于他们有旗帜，也有实践。

再看西方。历史学家普遍认为，从18世纪末英国的工业革命开始至21世纪初，西方主导世界的时间已经有二百多年，先是欧洲，然后是美国。这正如保罗·肯尼迪所指出的："是经济上的自由主义、政治上和军事上的多元化，以及知识上的相互结合促成欧洲经济的跨越式的进展。"然而，需要指明的是，当今的西方文明发展到美国独大的时代，一切已经走到了尽头。并且，此时的欧洲已经开始有所转变，而只有美国仍然在延续原有的轨迹。

对此，美国《新闻周刊》国际版的主编法里德·扎卡利亚的评论颇具同感："进入21世纪的时候，美国经济并非衰弱不堪，美国社会也并非不可救药，但美国政治却病入膏肓了。美国的政治制度大约建立于225年前，如今它已经陈旧落后、高度僵化，被金钱、特殊利益、情绪化的媒体和进行意识形态攻击的集团主宰着。"

通过以上论述所能得出的结论是：历史规律所体现出的，虽然都是些与政治信仰、意识形态相关的大道理，但是其中也包含了常识性的小道理。在中国，这种小道理就叫"富贵不过三代"。因此，无论是中国的政治体制改革，还是国家的外交战略，都既会受到那些大道理的影响，也会不可避免地受到某些小道理的制约。头脑中只有大道理，没有小道理的是脱离现实的理想主义者，是乌托邦；只有小道理，没有大道理的是目光短浅的实用主义者，是世俗。

另外，如前文所说，政治信仰是某个政党或社会精英群体的奋斗目标，属于意识形态范畴；而宗教信仰则是大众的一种社会观念，属于文化传统的范畴。政治信仰体现的是党派或少数社会精英群体的凝聚力，文化传统连同宗教信仰体现的则是整个国家或民族的凝聚力。所以，必须认清的是，面对民族的历史文化传统、马克思主义和西方的普世价值观，中国的政治体制改革将是一项极其复杂的社会工程，如果只是采用简单的理想化的方式来对待，其效果当然不可能好，并且也不可能为全体国民所认同。

二、政治问题：政府·大众·媒体

要改革，言论自由、实时批评、公开辩论、公平竞争既不是选项，也绝不能成为口号。

在中国，一般年纪较长的人对“父母官”一词的含义都很熟悉。“父母官”一词的原意是指封建社会中清廉的地方小官吏。中华民族经历了长达2000多年的封建社会，这种特殊的历史烙印必然会滞留到当今。道理很简单，封建社会留给中国人的，不单是儒家的道德观，其中也必然含有根深蒂固的“官本位”意识。更为重要的是，在当今社会，这种“父母官”的“官本位”意识不但在老百姓中，在一些官员中也仍然存在。

1949年新中国成立之后，在国家的体制方面，中国长期坚持的是社会主义的人民民主专政。从人类文明发展的意义上说，国家由人民当家作主，实现真正的人民民主，当然会成为全体中华民族的共同理想和愿望。不过问题在于，对于一个有着几千年封建主义文化传统的影响，并且原有经济基础又十分薄弱的发展中国家而言，实现真正的人民民主，不可能像表面上所说的那么容易。

所以，问题的主要方面还是对于执政党而言的：在国家的体制设置方面，如果在权力的产生、运用和行使之中，没有真正意义上公开、公平、公正的竞争机制存在；在权力部门之间没有形成有效的监督体系，没有能让人民大众和社会媒体对于权力部门的监督作用得到有效的发挥，那么，要求进一步改革现有的民主体制，使之得以更加完善的愿望就应当得到肯定。1980年，在谈到行政体制改革时，邓小平曾指出："我们的各级领导机关，都管了很多不该管、管不好、管不了的事，这些事只要有一定的规章，放在下面，放在企业、事业、社会单位，让他们真正按民主集中制自行处理，本来可以很好办，但是统统拿到党政领导机关、拿到中央部门来，就很难办。"[①]

2012年，在江苏人民出版社出版的《寻找真实的成长——中国2012》一书中，有一篇题为《网络舆论倒逼中国改革》的文章。文章提到：中国现在已经有4.85亿网民，其中40.2%的人会经常在网上发声。网民的声音，形成了对公权力的有效节制。由此可见，在政府、大众、媒体三者形成的社会结构中，作为一种中间力量，显然新闻媒体的作用不容忽视。要改革，言论自由、实时批评、公开辩论、公平竞争既不是选项，也绝不能成为口号。

2014年9月21日，习近平指出："要坚持工作重心下移，深入实际、深入基层、深入群众，做到知民情、解民忧、纾民怨、暖民心，多干让人民满意的好事实事，充分调动人民群众的积极性、主动性、创造性。"[②] 党的十六届四中全会通过的《中共中央关于加强党的执政能力建设的决定》中也明确指出："要建立社会舆情汇集分析机制，拓宽社情民意反映渠道。"

有分析指出，现代社会，随着公共舆论空间的发展，民调数据已经对政党发展带来了许多深层次的影响。作为制定政策的参照和依据之一，民意调查是民意与政党之间公开的对话。在国外，民意调查至今已经有近80年的历史。与西方发达国家比较，我国的民意调查在全面性、公开性、中立性和科学性等方面，还存在很大差距，亟待赶上。

目前国际上大多数国家都采用"小政府""大社会"的体制，但是中国

---

① 《邓小平文选》（第二卷），人民出版社1994年版，第328页。

② 习近平：《在庆祝中国人民政治协商会议成立65周年大会上的讲话》，新华网2014年9月21日。

社会历来就有所谓“清官”“父母官”的说法，这一传统似乎至今仍在延续。2012年11月15日，中共中央总书记习近平在当选后的首次亮相中就说道“打铁还需自身硬”。11月17日，在中央政治局第一次集体学习时，他又提醒党的最高层领导班子，“‘物必先腐，而后虫生’……腐败问题越演越烈，最终必然会亡党亡国！”其所指就是上行下效。

另外，民主并不能局限于对于权力实施的监督，也必须包括权力产生过程中的竞争。人民代表大会是通过政策法律、提出议案的最高立法机构，但有的代表却不愿在会上提意见和建议，这一现象也是需要杜绝的。

当然，分析中国在民主体制上存在的问题，并不表示就是要走完全西方式的民主化道路。西方现代民主体制的建立是在民权运动的基础上逐步发展起来的。在资产阶级启蒙运动时期，随着对于个人价值、自由、人权、民权以及参政的认识增强，平民阶级开始向君主和贵族争取个人权利，包括政治权利。1688年发生在英国的“光荣革命”，被看成是西方现代民主体制建立的开端。那时，英国的资产阶级将君主立宪制下的王权转移到了议会手中，从而确立了议会权力高于王权，司法权独立于王权的权力格局。

在西方的现代国家制度基本建立以后，平民阶级对于民权的要求又扩大到了改善生活和实现社会平等的方面。西方近代民主政治制度的建立和发展，距今已经有三百多年的历史。多党制、普选制和议会制是西方民主政治的三大支柱。西方的观念和体制的发展有其自身的历史和文化背景，西方的发展模式是其自身选择的结果。不过西方的观念、体制和模式绝不具有普适性，这个世界不会如此简单。西方的体制，尤其在美国，政府所真正代表的只是商业集团的利益。由不同政党、不同的领导人执政，那么将会有不同的商业集团获利。

2014年3月3日，在全国政协工作报告中，政协主席俞正声表示，人民政协作为协商民主的重要渠道，需要更多更好地搭建平台、拓展民主形式、增加协商密度，让委员愿讲话、敢讲话、讲实话。平台很必要，宽松和谐的环境更重要，在政协的各种会议和活动中，要始终坚持“不打棍子、不扣帽子、不抓辫子”的“三不”方针，提倡热烈而不对立的讨论，开展真诚而不敷衍的交流，鼓励尖锐而不极端的批评，努力营造畅所欲言、各抒己见的民主氛围。

综上所述，中国的政治体制改革只能走自己的路。这也正如马丁·雅克用许多篇幅所说的：“工业革命之后130多年，也就是到了1918年，英国30周岁以上的女性才获得了选举权。其他西欧国家的情况也都大同小异，在经济高速发展的时期其实都是比较缺乏民主的……美国黑人直到1965年才获得选举权，而美国女性赢得选举权则是在1920年……‘亚洲四小龙’——韩国、中国台湾、中国香港以及新加坡，没有一个是在民主环境中实现经济腾飞的……考虑到儒家思想和共产主义的文化背景，以及治理这样一个庞大国家的迫切需求，中国在发展民主的过程中将需要大量独到的创新。”

三、经济问题：货币·股市·楼市

在权力集中，但又无有效制约的状态下，执政理念中的唯心主义并非只是一个纯学术概念，其必然会在政治、经济、社会和文化等各方面有所反映。

说到经济问题，有必要重提前文经济学家陈志武的观点，他指出：美国是全球“小政府，大社会”的榜样，2014 年联邦政府的财政收入是 2.4 万亿美元左右，相当于 7000 万美国人一年的收入。相比，中国现在一年的财政税收，相当于 5 亿城镇居民一年的可支配收入，开支规模达到了过去专制时代政府所难以想象的程度。这种趋势必须得到扭转。

那么，中国的大政府是如何行使其经济职能的呢？首先，在国家的宏观金融政策方面，近年来，政府一直在宣传实行“适度宽松的财政政策”和“稳健的货币政策”。2016 年第四季度，中国受到经济运行中的深层次结构性问题和全球经济形势复杂多变等因素的影响，整体增速出现了小幅下降，矛盾凸显、风险增大，“L”型底部运行的第一阶段压力巨大。积极财政政策逐步从增加支出转为增支、减税和提高政府信用并举，并坚持以供给侧结构性改革为主线，实施更加积极的财政政策。

在货币政策方面，2016 年，中国央行的货币政策多目标并存：稳定经济增长、稳定人民币汇率、支持供给侧改革等。央行推行的十大重要货币政策包括：

1. 央行于 2016 年 3 月 1 日调降金融机构人民币存款准备金率 0.5 个百分点，传递出货币政策稳健略宽松的信号。

2. 截至 2016 年 12 月 23 日，以央行公布的人民币中间价算，兑美元跌幅为 6.97%。人民币汇率创下 2008 年 6 月以来新低。

3. 个人住房信贷政策调整，设定最低首付款比例为 25%。

4. 金融支持新消费领域力度加大。

5. 存款准备金考核制度进一步改革，有利于促进市场流动性平稳、降低利率波动。

6. 中国首次在美国设立人民币清算行，成为人民币国际化的重要里程碑。

7. 非银网络支付实名制给用户营造一个安全、高效、便捷的支付环境，有助于金融系统的平稳安全运行。

8. 2016 年 10 月 1 日人民币正式计入 SDR，反映了人民币在国际货币、金融体系中获得了更多的话语权。

9. 央行缩短放长意在金融市场去杠杆，央行从 10 月份开始重启 14 天、28 天逆回购。

10. 央行宏观审慎体系 MPA 将表外理财纳入表内监管。

2016 年 3 月至 4 月初，在经历春节期间的资金紧张局面后，市场上的资金规模在此期间又出现新的一轮收紧。背后的原因除了因为商业银行信贷扩张速度过快导致的央行净投放收紧，更重要的是 3 月底央行首次进行季末 MPA 考核，促使银行为了限制广义信贷增速而收紧了资金拆出规模，导致市场资金明显紧张。那么，究竟谁应当对所谓“钱荒”负责呢？经济学家张五常认为，现代货币理论告诉人们，货币政策的目的是稳定货币价值，并不是刺激经济增长。它对于经济增长最大的意义，只是提供一个没有通胀、通缩，物价水平稳定的环境。经济增长本身的动力，从根本上是来自于实体经济。

2015 年，经济学家郎咸平在其《中国经济的旧制度与新常态》一书中指出：旧制度才是中国经济的真问题，政府不愿意退出市场，用调控和投资代替改革，用计划经济的思维去管理市场经济，“频繁调控的结果就是财富快速向国有企业集中，权力再次向政府集中，社会贫富分化严重，庞大的既得利益集团迅速形成固化，成为今天推行改革的最大阻力。这就是无视或者回避中国经济真问题的结果”。显然，此处所指的“无视或者回避”反映出的就是执政理念中的唯心主义。

再看中国的资本市场。哲学上有一种说法叫“结果论”，意思是通过结果的好与坏，来看过程是否正确。这很像数学中的所谓“黑箱”理论，即由结果来推导过程或方法。这里突出的例子是中国的股市。2001 年上证指数就已经达到了2200点，至今16年过去了，虽然我国GDP的增长长期保持在9%左右，成为世界第一，但是到了 2017 年中期，上证指数仍在 3000 点附近反复震荡。

对于股市长期低迷的状况，国内的许多专家和学者都认为，我国的股市存在制度性问题，包括《人民日报》和新华社等在内的官方媒体的评论也持这一观点。不过，涉及制度性问题，批评归批评，权力还是权力，一切仍在继续。总之，从“结果论”的角度看，问题的实质最终还是管理体制的问题。如果没有人或者机构能就此追究管理层的责任，权力得不到法律的约束，权力部门之间不能建立起有效的相互制约的机制，那么问题肯定依然得不到解决。

关于中国资本市场的特点，国内比较普遍的观点是认为“政策市”至今仍占主导。而所谓“政策市”是指市场自身的调节机制并没有得到充分的发挥，政府的直接管理机构，即证监会的政策成为了决定资本市场运行的主要因素。存在的问题是：市场大起大落、运行不稳定、自行调节机制差、投机气氛浓厚、违规交易不断，市场结构与投资结构不完善，以及与国际资本市场比较，证券化率水平尚有较大差距等。

中国的股市历来有“政策市”和“圈钱”的说法，对于我国资本市场的这种现状，有经济学家的评论是，政策“管涨不管跌”，与美国资本市场的

“管跌不管涨”完全相反。

那么，为何国外资本市场成熟的管理办法不能学习和借鉴？又如何才能解决我国股市存在的这些症结呢？有专家指出了“一行三会”（中央银行、证监会、银监会、保监会）相互协调的重要性，即国家的货币政策不应当只管融资，不管回报；只有上市，没有退市；只有双向扩容的实施，不看双向扩容的效果。进一步说就是，“一行三会”不能没有协调，各行其是。这其中更重要的是，证监会需要考虑到国家宏观经济政策对于资本市场的影响。

对于中国股市中存在的问题，有业内人士认为，A股市场的问题是信用缺失，一级市场无风险，二级市场无收益，退市制度形同虚设，投资融资不公平。中国资本市场之所以会进入无限监管的恶性循环，根源在于管理体制和管理水平两个方面的问题。一方面，上市公司背后的利益博弈相当强大，地方政府以种种手段保壳，使市场化的退市难以奏效；另一方面，证监会以行政化的上市审批取代法制，主观地认为IPO实行批发式的新股上市，鼓励机构投资者取代中小投资者就是市场化，但对于市场上一直存在的利益输送和疯狂套现的违法行为的监管却又显得力不从心。中国需要建立起法治化的市场和可靠的信用体系，否则，一切都难以改变。

2016年国家《发展和改革蓝皮书》指出：“中国资本市场‘重融资、轻投资’的局面仍然没有明显改观，一些领域的改革甚至出现反复，让市场参与者无所适从。”2017年1月，新华社接连发文指出IPO排长队问题归根到底是在A股制度上。“很多企业排队上市并非为了融资，而是为了圈钱。”“天量”再融资和野蛮减持才是A股两大“出血点”。完善新股发行和退市制度，重建新陈代谢机能之外，堵住疯狂再融资和野蛮减持两大“出血点”，已成当务之急。有业内人士列举了某上市公司的例子。依据现行制度三年可减持，六年可全部套现，该公司创始股东到期选择一股不剩，全部套现，从市场拿走近68亿，而将公司抛给了占市场超五成的散户投资人，这其中还未将大量持有基金的散户计算在内。

如进一步分析投资与融资的供需关系，还将涉及壳资源的价值和绩差公司的退市问题。央视财经频道曾指出，目前 A 股的壳资源有 5 万亿，占了市值的约 1/10。然而，与国外不同的是，央企和地方国企在上市公司中占有很大成分，若使壳资源的价值归零、绩差公司退市有可能导致企业破产和职工失业。因此，最终的问题是，国家要想让股市为拉动经济发挥更大的作用，就要彻底放弃计划经济的思维，真正让市场而不是政府来决定企业破产和职工失业。再者，所谓“双向扩容”同样要看结果。如果根本没有增量资金入市，这其实就是一句空话，其实质还是圈钱。

另外，再看房地产市场。多年来，政府抑制高房价的手段多集中于增加供给和限制投资性需求和投机，接二连三地出台各种调控政策，并多次声称“坚决调控房价不动摇”。然而，市场的反应是，短时间内部分地区的房屋价格有所降低，长时间内重点城市的房屋价格仍在上涨。为什么呢？因为不了解市场，因为存在唯心主义和官僚主义。按某专家的说法是，“政策在与市场博弈”。

这其中的动因有两个方面：第一，市场因素，随着我国经济的快速增长，家庭收入的不断增加和中产阶层的不断壮大所产生的消费升级的住房需求非常可观；在城市化进程的推动下，大量的人口向城市迁移，寻求就业的机会，但可供建设用地的资源有限；近年来利率水平低，人民币的币值被低估，于是投资与投机成为了推高房价的原因之一；由于全国有效的社会资源严重不足，因而争取享有更多的社会资源，也是推高大中城市，尤其是特大中心城市房价的重要原因。第二，政府因素。在中小城市，政府主要靠土地财政来拉动地方经济。因此，在一个相当长的时间内，这些因素所形成的巨大合力，将会不可避免地持续推高房价。

谈到泡沫，住房和城乡建设部和中国社科院城市发展与环境研究所有专家提出的一种论断，说是中国的房价泡沫破灭在一二十年内概率不大。泡沫的概念一般是指在生产资料的市场上，包括资本市场，资产价格的上涨在某种程度上超出了其本身所具有的价值。实际上，泡沫并非是一个绝对的、定性的概念，而完全是一个相对的、必须被量化的概念。房价的泡沫主要看投机炒房的部分和价值链中的杠杆加了多少，而不是简单地看房价涨了多少。此外要知道，除了地价，社会资源也是价格。可以说没有多维度的量化，就没有泡沫。而如果认定一个泡沫在一二十年内都不会破灭，那么它还能被称为泡沫吗？政策又有何必要去拼命地打压呢？问题一定是出在了政府和学术界根本不了解市场上面。这反映出的必然是政府的官僚主义和学术研究的落后。要害的问题是，我们的许多专家只懂货币和供给，而不懂市场和消费。

此处，与泡沫的概念相对应的是通货膨胀。通货膨胀一般是指在商品市场上，由于与 CPI 相关的生活必需品价格的上涨，导致了货币的缩水，或称货币贬值。从我国货币政策实施的实际情况看，在维持负利率的条件下，政府似乎更多地选择了使用提高准备金的数量工具。不过，对于如何把握数量工具的度的问题，国内有专家提出了不同意见。这些专家的观点认为，防止通货膨胀不但应当从控制物价、保障就业、平衡贸易以及削减政府赤字等方面做综合的考虑，而且也需要顾及国际经济和金融的大环境。因为：其一，实际上过高的存款准备金率也同样会损害到实体经济，而企业运营成本的上升除了不利于保障就业以外，最终也必然要转化为物价的上涨，结果是适得其反。其二，如果国际金融政策的主流是宽松的，而只有我国是紧缩的，从存量资产的角度来考虑，吃亏的一定是紧缩的一方。因为，美国经济正在走向滞涨，并且其维持宽松货币政策的目的，就是转嫁危机。所以，必须认清，治理通货膨胀所付出的代价总不能比通货膨胀本身带来的损失还要大。

对于政府所采取的一些经济政策，作为世界经济理论界泰斗级人物，美国经济学家斯蒂格利茨指出："希望中国可以避免犯美国犯过的代价沉重的错误。……与其说我担心通胀，不如说我更担心政府对通胀反应过度，做出很多愚蠢的决策。现实情况常常是政府出台应对通胀的政策，反而导致劳动力、食品、石油价格都不断上涨，通胀也因此加剧。"显然，斯蒂格利茨的话同样是在提醒我们，政策上的本末倒置，其结果只能是事与愿违。

2013 年 2 月 20 日，国务院常务会议出台了房地产市场的五项调控政策措施，即"新国五条"，包括完善稳定房价工作责任制、坚决抑制投机投资性购房、增加普通商品住房及用地供应、加快保障性安居工程规划建设、加强市场监管等五项内容，其中也含有二手房交易按差额20%征税的重要调控措施。要求各直辖市、计划单列市和除拉萨外的省会城市要按照保持房价基本稳定的原则，制定并公布年度新建商品住房价格控制目标，建立健全稳定房价工作的考核问责制度。

新“国五条”出台后，据《央广财经评论》的报道，中国指数研究院发布的数据显示，2013年5月，国内100个城市的住宅平均价格自2012年6月起连续第12个月环比上涨。其中，77个城市的房价环比上涨，22个城市的房价环比下跌，1个城市与上月持平。北京、上海等10个城市住宅均价，与上年同期相比上涨9.68%。

2013年，在海南举行的博鳌亚洲论坛年会上，有业内专家指出，“新国五条”并没有解决供求关系问题，如果解决不好供求关系问题的话，也解决不好价格问题……不能让土地供给增加的话，扭转不了供求关系的这个变化……

2014年1月，国家统计局发布的全国70个大中城市住宅销售价格月度报告显示，与上月相比，70个大中城市中，价格下降的城市有1个，上涨的城市有69个。1月份，同比价格变动中，最高涨幅为20.9%，最低为下降4.3%。

这样的结果完全说明，自1986年至2002年，国家先后出台《土地管理法》、“23号文”和“11号令”等有关房地产的政策，以及在此后的十多年中，又连续出台的所有抑制房价的调控政策，包括“24号文”“国六条”“国八条”“国发办131号文”“国十条”“新国八条”，直至2013年的“新国五条”等一系列的调控政策，都没有起到抑制房价的作用。

另有分析人士称，“新国五条”的实质是，试图通过在交易环节内征税的办法来遏制房价。然而，决定房价最根本的因素是供求关系。如果市场的需求大于供给，那么赋税的成本必然会转嫁给购房者，并且房价仍旧还会上涨。最终的结果是，政策不但没有平抑房价，反而进一步推高了房价。

通过以上的分析和市场走势可以看出，我国房地产市场的突出矛盾集中于“无形之手”与“有形之手”之间。从学术上说，分析“无形之手”的理论基础是市场学，评价“有形之手”的理论基础是经济学。不过，到目前为止，大部分的经济学家，包括主流的经济学家只掌握传统的经济学理论，而可能只有极少数的经济学家真正掌握市场调研和市场分析的方法。其结果是，多年来，政府抑制高房价的手段多集中于增加供给和限制投资性需求和投机，但是对于强劲的刚性需求，以及其他相关因素对于高房价的影响的认识并不充分，因此导致政策调控的效果并不明显。

如果对政策出台的背景做进一步的分析，实际上掌握权力的政府官员对于市场的判断可能有三个方面的来源：一是经济学家的观点；二是政府所属的研究机构建议；三是主观臆断。然而，无论是哪一种情况，权威性和工作上的便利并不等于科学性。房价的上涨既有历史因素、短期因素，也有长期因素。历史因素与政府欠债有关；短期因素与部分的投机行为有关；长期因素则并非单纯是由于流动性，而主要是由于人均 GDP 快速增长产生的消费升级，城市化带来的供求关系严重失衡，以及由通货膨胀所造成的货币贬值的结果。另外，对于特大城市的市场而言，地理位置和社会资源本身就是价格。

1978 年改革开放以来，中国开始走社会主义市场经济之路，放开了绝大多数商品的价格，将一个原先属于供方的市场，转变为了基本属于需方的市场。这整个的过程可以被看成是一个由复杂的政策控制，转向简单的市场调节的过程。不过，需要引起注意的是，这种转变不可能在短期内彻底完成。其主要表现是，政策理念中计划经济的惯性思维目前仍然根深蒂固。

2016 年 4 月，原国家统计局局长邱晓华在《今天中国经济为何面临困境？》的文章中说：总体上看两句话。第一，房地产增长时期还没有结束，但是黄金期可能已经结束了。第二，房价上涨趋势也还没有结束，但是大幅度上涨的这种暴涨的趋势，或者是暴利的时期已经结束了。基本的理由是，从房地产的形势来看，只要工业化、城市化、人口增长这三个趋势没有结束，中国的房地产就依然还处于一个增长时期。

在 2016 年 12 月召开的中央经济工作会议上，由于发展增速放缓，政府经济政策口径发生了变化，即：“财政政策要更加积极有效，货币政策要保持稳健中性。”会议期望在新年度中，政府能在去产能、去库存、去杠杆、降成本、补短板这五个供给侧结构性改革的关键领域取得“重大进展”，以解决由于中国经济的重大结构性失衡所导致的经济循环不畅的问题。由此可见，相关部门能力的提升和改革任重道远。

四、社会问题：不公平、社会动荡源于体制

他们通过非劳动因素，捞取了不公平、不合理的利益，与其他劳动者的收入拉开了不公平、不合理的差距，形成了某些既得利益集团。

2001年12月11日，中国社科院发布《当代中国社会阶层研究报告》。由于各阶层之间的社会、经济、生活方式及利益认同的差异日益明晰化，所以，与原来以政治身份、户口和行政地位为依据作为划分阶层的标准不同，新标准以行政地位、职业类型、社会财富为基础。根据社科院的报告，中国的社会被划分为十个社会阶层和五个社会地位等级。十个社会阶层是：国家与社会管理者阶层、经理人员阶层、私营企业主阶层、专业技术人员阶层、办事人员阶层、个体工商户阶层、商业服务人员阶层、产业工人阶层、农业劳动者阶层和城乡无业失业半失业者阶层；以上十个社会阶层分属五种社会地位等级：上层、中上、中中、中下、底层。

五个社会地位等级所占比例分别为：上层——指有高收入的国家与社会管理者、职业经理人、私营企业主和专业技术人员，整体约占全部社会人口的9.3%；中上——指有中等收入的办事人员和个体工商户，整体约占全部社会人口的9%；中中——指低收入的商业服务业员工和产业工人，整体约占全部社会人口的34.6%；中下——指收入最低的农业劳动者，整体约占全部社会人口的44%；底层——指需要政府救济的无业、失业、半失业的贫困

人口，整体约占全部社会人口的3.1%。

专家们认为，从形态上看，当代中国的社会结构既不是属于金字塔形，也不是属于理想的橄榄型。也就是说，中国还未形成以中产阶级为主的社会。因此，一方面，国家政策需要尽量缩减行政管理成本，降低中下和底层人口所占的比例，减少两极分化，以促进社会的公平与和谐，确保绝大多数人从改革和发展中获益，实现经济增长方式的转型；另一方面，国家政策还需要鼓励职业经理人员、专业技术人员、私营企业主等最具有经济活力人群经营与创业的积极性。

中国劳动社会保障出版社出版的《中国薪酬发展报告（2015）》指出了分配不公的四个突出性的问题，即呼吁抑制垄断行业薪酬的问题、企业工资分配结构的问题、高管职工收入过高的问题及部分行业工资增长过快的问题。该报告引用的数据显示，上市公司高管年薪平均值平均每年递增18.1%。其中，2007年平均递增速度达到57.19%。“此外，部分行业企业高管年薪已经上千万元。2007年平安公司总经理年薪为6616万元，是当年全国企业在岗职工平均工资的2751倍，相当于农民工平均工资的4553倍。”

另据《中国民生发展报告2015》的结论：中国目前的收入和财产不平等状况正在日趋严重。中国家庭财产基尼系数从1995年的0.45扩大到2012年的0.73。顶端1%的家庭占有全国约1/3的财产，底端25%的家庭拥有的财产总量仅在1%左右。该报告是北京大学“中国家庭追踪调查”课题组撰写的系列专题报告，其数据以全国25个省市160个区县的14960个家庭为样本，研究课题是我国的民生状况、差异、原因和社会机制。中国改革开放以来，经济发展上取得的成就显而易见，但同时连带出现的社会方面的诸多问题也同样突出，其中包括社会矛盾加剧、民风衰退、信仰缺失，以及犯罪率激增。

五、体制问题：享乐主义、奢靡之风演化成了腐败

事实证明，权利与道德不能画等号。制度上没有大众和舆论的监督，仅靠自律和自查遏制腐败只能是亡羊补牢。

根据公开资料统计，改革开放的前十年，省部级官员落马的有两人。第二个十年，人数增加到了 15 人。据最高人民检察院披露，自 2008 年 1 月起至 2013 年的五年间，检察机关“老虎”、“苍蝇”一起打，立案侦查县处级以上国家工作人员 13368 人，其中厅局级 1029 人、省部级以上 32 人。

在整个三十多年的“打虎”史上，共有超过 150 名省部级以上官员因贪腐行为遭到查处。2015 年 7 月在陕西调研时，王岐山提出：中华民族传统文化，历来都讲德法相依、德治礼序。他还提到“信任不能代替监督”。腐败自上而下的蔓延之势，造成的结果是社会秩序严重混乱，犯罪率急剧上升，全社会正在面临一场严重的生态危机、道德危机。

另据报道，自中共十八大以来，中国已有 17 位副厅级以上的国企高管落马，2013 年国有企业高管的落马者约 31 人，涉及的行业主要集中于石油、通信、金融、航运、矿产、军工、钢铁、煤业和建工等领域。资料显示，一年多来，各级纪检监察机关共接受信访举报 130 多万件，其中立案 15.5 万多件，结案近 15.4 万件，处分 16 万多人。反腐挽回国家经济损失

达到 78.3 亿元。

在《南方人物周刊》2011 年第 28 期刊登的记者采访报道中，经济学家陈志武表示，中国的改革经验恰恰证明，新自由主义主张的经济、政治模式非但没有得到否定，反而得到了中国经验的支持。中国的财政赤字占本国 GDP 的 2% 多；美国的财政赤字为 1.6 万多亿美元，相当于美国 GDP 的 14.5% 左右，比中国高出 12 个百分点。但是，美国赤字这么高，是因为政府征税少；而中国的财务状况这么好，是因为征税高，税收占 GDP 的比例比美国多出 10 个百分点。所以，美国是真正的藏富于民……征税是一件非常严肃的事。

国内有评论认为：作为当代世界最大的执政党，中国共产党掌握着国家政治、经济、文化、社会的巨大资源。虽然，权力的高度集中无疑能提高国家实施重大战略的效率，但是，有效的监督机制建设也亟须跟上。所以，从长期的执政效果看，必须在各层级权力的产生、评估、运用和移交的全过程中，从法律、制度上确保对于权力的制衡和监督，政治体制改革势在必行。因为，事实证明，权利与道德不能画等号。制度上没有大众和舆论的监督，仅靠自律和自查遏制腐败只能是亡羊补牢。

2016 年 11 月，中共中央办公厅印发了《关于在北京市山西省浙江省开展国家监察体制改革试点方案》。《方案》规定：由省（市）人民代表大会产生省（市）监察委员会，作为行使国家监察职能的专责机关。党的纪律检查委员会、监察委员会合署办公，建立健全监察委员会组织架构，建立监察委员会与司法机关的协调衔接机制。

有消息称，在三地试点的基础上，可能在 2018 年 3 月举行的十三届全国人大一次会议上设立国家监察委员会。此后，设立各级监察委员会，将使宪法规定的“一府两院（政府、检察院、法院）”，变成“一府一委（监察委员会）两院”。

据媒体报道，中国知名反腐专家李永忠认为，这次监察体制改革意义深远，是同体监督变成异体监督迈出的一大步。另有专家认为，监察体制改革是中国反腐体制改革中一次革命性的变革，此举有望破解此前长期存在的反腐力量分散的问题。监察监督的全覆盖，意味着监察委员会不仅能够监督政府，也要对法院、检察院行使监察权。

六、思想理论问题：反“四风”就是反对唯心主义和腐败

从政治哲学的角度看，“四风”中，形式主义和官僚主义的思想实质就是唯心主义，大话、空话、套话、假话盛行就是唯心主义盛行。

在中共十八届三中全会上，习近平在参加浙江小组讨论时指出：“这次全面深化改革，必然会遇到思想观念的障碍、利益固化的藩篱。我们要进一步解放思想，争做时代弄潮儿，以自我革新的勇气和胸怀，跳出条条框框限制，克服部门利益掣肘，找准改革突破的方向和着力点，确保改革取得成功，最终走向国家富强、民族振兴、人民幸福之路。”① 此处，从政治哲学的角度看，习近平所提及的“思想观念的障碍”其实就是以主观主义和官僚主义为表象的唯心主义。必须看到的是，这种政治理念中的唯心主义是中国当代所有问题的总根源。

近代以来，从中国所经历的政治历程来看，中国人的政治理念既留有传统政治的影子和马克思主义的深刻烙印，又不可能不受到西方现代政治观念的影响。如果看不清这一点，仍旧抱定“左”的思维方式，一味地强调某些传统的理论教条，那恰恰是不但违背了马克思主义实事求是的基本原则，而且反映出了一种严重的唯心主义观念。

① 《总书记来到我们中间》，载《浙江日报》2013 年 11 月 13 日。

早在1980年8月，邓小平就曾指出："从党和国家的领导制度、干部制度方面来说，主要的弊端就是官僚主义现象，权力过分集中的现象，家长制现象，干部领导职务终身制现象和形形色色的特权现象。"[①] 不可否认的是，历史上，我们犯了许多错误。然而，无论是政治上的"左"倾，还是"右"倾，都属于脱离了客观现实的主观唯心主义。

此外，邓小平还说过："一个党，一个国家，一个民族，如果一切从本本出发，思想僵化，迷信盛行，那它就不能前进，它的生机就停止了，就要亡党亡国。"[②] 在党的十一届三中全会以后，邓小平就把反对官僚主义、形式主义作为党和国家领导制度改革的重大课题。在《党和国家领导制度的改革》一文中，邓小平一针见血地指出："制度问题不解决，思想作风问题也解决不了。"[③] 事实上，官僚主义、教条主义和形式主义现象是我们党和国家政治生活中长期和广泛存在的一个大问题。无论在国家的内部事务中，或是在国际交往中，都已达到非常严重的地步。

虽然，在党的十五届六中全会和党的十六大报告中，坚持密切联系群众，反对官僚主义、形式主义，加强和改进党的作风建设的重要性一再被重申，党的理论部门或是宣传机构的确已经把官僚主义和形式主义的各种表现罗列得十分详细：当官做老爷、脱离群众、脱离实际、不恤民情、坐而论道、不负责任、不讲实效、好大喜功、弄虚作假、沽名钓誉、哗众取宠，只会应付上级，只说空话套话，不干实事，报喜不报忧；追求表面形式、习惯于做表面文章、沉湎于文山会海、走过场、喊空头口号、为开会而开会、为宣传报道而开会、用开会贯彻开会、用文件贯彻文件、工作作风浮漂。除此之外，对于党内的腐败、官僚主义、形式主义的危害，产生的根源，及其内在的联系，各种分析都十分到位。

① 《邓小平论党的建设》，人民出版社1990年版，第153页。

② 《邓小平论党的建设》，人民出版社1990年版，第43页。

③ 《邓小平文选》（第三卷），人民出版社1994年版，第328页。

党的十八大结束后，在选举出的新一届政治局领导与中外记者的见面会上，习近平以身作则，为改变文风和会风树立了榜样。他的发言被认为朴实无华，不带“八股”文风，说的都是大白话，如“打铁还需自身硬”等。他说：“新形势下，我们党面临着许多严峻挑战，党内存在着许多亟待解决的问题。尤其是一些党员干部中发生的贪污腐败、脱离群众、形式主义、官僚主义等问题，必须下大气力解决。全党必须警醒起来。”① 从他的讲话中表现出的是自信、诚恳和务实，体现出的是实事求是、密切联系群众的执政理念，以及求真务实的作风。

在哲学界，唯心主义既被划分成主观唯心主义和客观唯心主义两种类型，又被指出其产生有社会历史、阶级和认识论三个根源。主观唯心主义强调人的意识是第一性的，客观唯心主义强调在人之外，客观世界还存在一个超自然力的意识，比如上帝和神。唯心主义的社会历史根源被归结于人类早期的生产力和科学技术不发达，以及脑力劳动和体力劳动的分离，片面夸大精神的作用所致。阶级根源是指在阶级社会，各种唯心主义的观念往往是统治阶级用以麻痹和压迫被统治阶级的工具。认识论根源是指将人认识过程中的某一特征片面地加以夸大，使之绝对化，造成了主管和客观、认识和实践的分离。如列宁所说：“直线性和片面性，死板和僵化，主观主义和主观盲目性就是唯心主义的认识论根源。”②

对于当今社会，如果再直接套用上述产生唯心主义的三个根源，显然已不符合现实。不过，在现实与历史之间并非不可对照。具体来说，在当今社会，一部分人的官僚主义严重，其实就是传统政治中“官本位”意识的继续；某些领导主观唯心、思想僵化、教条主义和形式主义严重，就是阅历简单和知识结构单一的直接体现。

① 习近平：《在中央政治局常委中外记者见面会上的讲话》，新华网2012年11月15日。

② 《列宁全集》（第三十八卷），人民出版社1959年版，第448页。

唯心主义当然也能在文风中反映出来。在理论界和某些领导层，由于抱定唯心主义的世界观，一些人的思想僵化、知识匮乏、视野狭窄。说观点，一开口便是官话、大话、空话、套话；写文章，从概念到概念，从教条到教条。

2012 年 12 月 4 日，中共中央政治局召开会议，一致同意中央政治局关于改进工作作风、密切联系群众的八项规定，涉及改进调查研究、切实改进会风、切实改进文风、规范出访活动、改进警卫工作、改进新闻报道、严格文稿发表、厉行勤俭节约等。会议要求各地区各部门严格执行本规定，每年年底对执行情况进行专项检查；中办、国办要定期督促检查，每年年底通报执行情况。

总之，强国富民，民族的利益高于一切，这既是大道理，也是小道理。但无论是大道理，还是小道理，绝不能是大话、空话、假话。大话、空话、假话盛行就是唯心主义盛行。中国的政治体制改革势在必行。

第七章　历史的转机

纵观人类历史，社会的变革与进步基本上都是在新的理念推动下出现的，没有理念的变化就没有制度和政策的改变。

——张维迎《理念的力量》

一、一个时代的节点——政治经济学与社会学

考虑到儒家思想和共产主义的文化背景，以及治理这样一个庞大国家的迫切需求，中国在发展民主的过程中将需要大量独到的创新。

论及中国的现状，不可否认的是，中国模式的确给中国带来了世界瞩目的成就。然而，在此背后，如果眼中只有成就，而看不到问题，或者即便看到了问题，仍然一味地回避和掩盖矛盾，其结果只能是使潜在的风险加据，而最终导致更大的倒退。

早在 1956 年，美国社会学家刘易斯·科塞（Lewis Coser）就在其《社会冲突的功能》一书中试图向人们证明：社会冲突是一种客观存在，具有正、反两方面的功能。任何一个社会都不可避免地存在冲突现象，完全和谐的社会是不存在的。和谐不是孤立的和静态的，而是一个不断化解矛盾和冲突的动态过程。在结构松散和开放的社会里产生的冲突具有正功能，因为这能使敌对的情绪相对自由地表达，从而通过消除不满情绪，来重新调整社会结构，促进社会的稳定。相反，在僵化和封闭的社会结构里产生的冲突则具有破坏性。冲突对于社会的统一、稳定、平衡和整合并不一定是坏事，冲突也不是社会的病态现象。如果把任何冲突都看成坏事，掩盖和压抑冲突，长期积累的矛盾一有机会爆发，反而会给社会带来更大的危险。

同样，德国社会学家拉尔夫·达伦多夫（Ralf Dahrendorf）在《工业社

会中的阶级和阶级冲突》一书中也认为，社会现实有两张面孔，一张是稳定、和谐与共识，另一张是变迁、冲突和强制。因此，社会学不仅需要一种和谐的社会模型，同样需要一种冲突的社会模型。社会学应当走出美国社会学家塔尔科特·帕森斯（Talcott Parsons）的均衡与和谐的“乌托邦”理论，建立起一般性冲突理论。19 世纪末，西方社会学派生出了一个分歧——政治社会学。政治社会学具有理论学科的性质，注重从社会组织、社会结构、社会文化及经济背景来分析国家权力的性质和运作，其内容包括：功能理论、冲突理论、交换理论、社会分析方法、个案分析方法、社会运动理论等。将政治社会学的原理应用于中国当前反腐的实践，其结论是：反腐得民心，民心大于法，以法治国。此处引述几位社会学家的观点的目的，在于提请区分马克思主义的政治经济学与社会学的差异，强调研究社会学理论对于中国体制改革所具有的重要性。

1979 年，在谈到政治体制改革时邓小平说：“我们提出改革时，就包括政治体制改革。”① 他的有关政治体制改革的主要思想是指党政分开、权力下放、精简机构和提高效率。此后，邓小平再次提到：“政治体制改革同经济体制改革应该相互依赖，相互配合。只搞经济体制改革，不搞政治体制改革，经济体制改革也搞不通……我们所有的改革最终能不能成功，还是决定于政治体制的改革。”②

1980 年 8 月 18 日，邓小平在中央政治局扩大会议上发表题为《党和国家领导制度的改革》的重要讲话。文中，邓小平指出：“党和国家现行的一些具体制度中，还存在不少的弊端，妨碍甚至严重妨碍社会主义优越性的发挥。如不认真改革，就很难适应现代化建设的迫切需要，我们就要严重地脱离广大群众。从党和国家的领导制度、干部制度方面来说，主要的弊端就是官僚主义现象，权力过分集中的现象，家长制现象，干部领导职务终身制现

① 《邓小平文选》（第三卷），人民出版社 1993 年版，第 176 页。

② 《邓小平文选》（第三卷），人民出版社 1993 年版，第 164 页。

象和形形色色的特权现象。”[①]1980年10月，中共中央政策研究室提出了一个约6万字的关于中国政治体制的所谓“庚申改革”方案。

从1986年到1987年，成立了中央政治体制改革研讨小组，前后召开了七次会议并形成了《政治体制改革总体设想》的正式研讨报告，完成了《政治体制改革总体设想》的写作。

1992年，在南方谈话中，邓小平提出衡量改革开放得失与成败的三个“有利于”的判断标准，他说：“判断的标准，应该主要看是否有利于发展社会主义社会的生产力，是否有利于增强社会主义国家的综合国力，是否有利于提高人民的生活水平。”[②]

2002年11月，党的十六大提出，必须在坚持四项基本原则的前提下，继续积极稳妥地推进政治体制改革，扩大社会主义民主，健全社会主义法制，建设社会主义法治国家，巩固和发展民主团结、生动活泼、安定和谐的政治局面。

2003年2月，中共十六届二中全会明确提出了“行政管理体制和机构改革是推进政治体制改革的重要内容”的指导思想；2004年3月14日，十届全国人大二次会议通过《中华人民共和国宪法修正案》，“国家尊重和保障人权”被写入宪法；2004年3月22日，国务院印发《全面推进依法行政实施纲要》；9月9日，中共十六届四中全会审议通过《中共中央关于加强党的执政能力建设的决定》，提出要把我们党建设成为科学执政、民主执政、依法执政的执政党。

2005年4月27日，十届全国人大常委会第十五次会议通过《中华人民共和国公务员法》，明确了公务员的9项基本义务和16项纪律规范。

2007年10月，党的十七大提出，坚定不移地发展社会主义民主政治，明确了政治体制改革作为我国全面改革的重要组成部分，必须随着经济社会

① 《邓小平论党的建设》，人民出版社1990年版，第153页。

② 《邓小平文选》（第三卷），人民出版社1993年版，第372页。

发展而不断深化，与人民政治参与积极性不断提高相适应。

2008 年 2 月，中共十七届二中全会审议并通过了《关于深化行政管理体制改革的意见》和《国务院机构改革方案》。

至 2010 年底，中国制定了现行有效法律 236 件，行政法规 690 多件，地方性法规 8600 多件。

2016 年，是全面从严治党向纵深发展的一年。这一年，十八届六中全会召开，聚焦全面从严治党，审议通过了《关于新形势下党内政治生活的若干准则》和《中国共产党党内监督条例》；这一年，国家监察体制改革开启，《关于在北京市山西省浙江省开展国家监察体制改革试点方案》于 11 月印发，这是“事关全局的重大政治改革”。2016 年，一系列着眼于治本的党内法规纷纷出台，全面从严治党取得显著成效，更赢得了社会的广泛好评和人民群众的拥护。

2017 年是全面深化改革向纵深推进的关键一年，也是实施“十三五”规划的重要一年。在全国“两会”上，提出了一系列与百姓息息相关的民生工作任务和目标。

二、民族的利益高于一切

事实证明，一个民族的社会信仰和意识形态一直都在变，而民族的生存、利益和发展却是永恒的。

论及民族信仰的历史，中国经历了从古代的“儒、道、佛”和王权，近代五四时期的“民主与科学”，孙中山领导的国民革命时期的三民主义，共产党领导的新民主主义革命，一直到当今的社会主义建设的各个阶段。事实证明，一个民族的社会信仰和意识形态一直都在变，而民族的生存、利益和发展却是永恒的。

具体到中国现实的国情，正是由于政治体制改革滞后，所以国内在经济领域和社会上所累积的各类问题才表现得越来越突出，包括日益严重的腐败、国有资产流失、两极分化加大、地区发展不平衡、国进民退、资源消耗、环境污染等，这才是其中的因果关系。

实际上，政治体制改革所面临的更顽固和更根本的障碍还在于，党内一部分人在政治理论和思想观念上形成的严重的唯心主义、教条主义和形式主义，以及来自于权贵资本和利益集团对于政治体制改革所构成的巨大阻力。

2013 年 10 月 23 日，习近平见清华大学经济管理学院顾问委员会海外委员时表示：“大家都很关注中国改革进程，我们将在中国共产党十八届三中全会上研究全面深化改革问题并作出总体部署。我们必须处理好改革、发展、稳定三者之间的关系，以更大的政治勇气和智慧，进一步解放思想、解放和发展社会生产力、增强社会创新活力。”

需要认清的是，除腐败和既得利益外，片面地强调“维稳”也是造成政治体制改革严重滞后的一个阻力，其后果是，不但将积重难返，而且也违背民意。必须清醒地认识到，权威是民意给的，不是可以持久传承的。不改革，即是倒退。因为，在个人、民族、国家和政党的权利与利益的关系中，个人的权利与利益是构成民族和国家的权利与利益的基础，民族利益和国家利益高于一切。人民有当家作主，自由选择自身命运的权利。一个执政党无论多么英明，在执政党的利益与民族和国家的利益之间并没有绝对的等号，任何政党的利益必须服从于整个民族和国家的利益。当然，这并不等于说，政治体制改革只能照搬西式民主的模式；相反，结合中国的现实，解放思想、大胆创新，采取渐进式的改革应当更稳妥，更适合中国这个拥有 13 亿人口和 56 个民族的大国的国情。

三、“治本”：超越唯心主义，改革民主政治

彻底改革的双重含义是，只有“破旧”才能“立新”。

在中国，相当多的人想当然地认为，所谓“本”应是按照西方的民主模式建立国家体制，即以实行多党制、普选制、议会制下的立法、行政、司法三权分立作为最终的改革方向。不过，这里有两个方面的问题，一个是西方民主的实质到底代表了什么？另一个是西方民主是否完全适合中国？

先看第一个问题。抽象到价值观的层面，西方的民主所体现的自然是西方的文明，包括西方的社会人文和政治人文思想，即人权思想、自由主义思想、民主政治和强权政治的价值观体系。

概括起来说，这个价值观体系就是“自由、平等、民主、法制、强权”。如前文所述，在西方的价值观体系中，“自由、平等、民主、法制”均带有资本的属性。因为，就最具有代表性的美国而言，事实上，其国家机器最终及其最主要的服务对象就是资本主义发展到最高阶段的金融垄断资本。而其“强权”则是对外的，维护的仅是西方自身的国家利益。

再看第二个问题。应当承认，西方的文明是一种现实。西方政治体制的发展有其自身的历史和文化背景，西方的发展模式是其自身选择的结果。但是，由于世界各国的宗教信仰、文化传统、历史背景、社会结构、科学技术与经济的发展水平均不相同，所以对于中国来说，西方的观念、体制和模式

既不具有普适性，更不能拿来生搬硬套。

面对洋教条、民族传统和西式文明，中国的改革要取得成功，关键还在于是否能树立起现实主义的思想观念，博采众长，开拓创新，走中国自己的路，走民主与法制的路。因此，中国的改革之本还在于政治哲学的变革。

论及思维对存在、精神对自然界的关系问题时，恩格斯在《路德维希·费尔巴哈和德国古典哲学的终结》中指出："全部哲学，特别是近代哲学的重大的基本问题，是思维和存在的关系问题。"① "因此，思维对存在、精神对自然界的关系问题，全部哲学的最高问题，像一切宗教一样，其根源在于蒙昧时代的愚昧无知的观念。但是，这个问题，只是在欧洲人从基督教中世纪的长期冬眠中觉醒以后，才被十分清楚地提了出来，才获得了它的完全的意义。"② "但是，在从笛卡儿到黑格尔和从霍布斯到费尔巴哈这一长时期内，推动哲学家前进的，决不像他们所想象的那样，只是纯粹思想的力量。恰恰相反，真正推动他们前进的，主要是自然科学和工业的强大而日益迅猛的进步。"③ 以上，恩格斯阐明了一种唯物主义观点，即科学技术进步和生产力的发展是推动人类哲学理念的基本动力，而不是相反。他所批判的所谓"纯粹思想的力量"就是唯心主义。所以，从政治哲学的角度看，任何高尚的信念，其基础必须建立在唯物主义之上。中国特色的社会主义不是乌托邦式的理想社会主义。

论及解放思想，摒弃唯心主义的政治理念，树立起现实主义民族价值观的重要性，著名经济学教授张维迎在其《理念的力量》一书中以及在一些学术讨论会上，引用了多个著名经济学家的观点。其中有英国启蒙思想家、经济学家大卫·休谟的说法是："我确信，和思想的逐步侵蚀相比，既得利益的力量被过分夸大了……或迟或早，不论好坏，危险的东西不是既得利益，

---

① 乌杰:《系统辩证论》，人民出版社 1991 年版，第 67 页。

②《马克思恩格斯选集》（第四卷），人民出版社 2012 年版，第 230 页。

③《马克思恩格斯选集》（第四卷），人民出版社 2012 年版，第 233 页。

而是思想。”凯恩斯的一段名言是：“经济学家和政治学家的思想，不论它们正确与否，都比一般所想象的更有力量。的确，世界就是由它们统治的。实用主义者认为他们不受任何学理的影响，其实他们经常是某个已故经济学家的俘虏。”

对此，张维迎总结，纵观人类历史，社会的变革与进步基本上都是在新的理念推动下出现的，没有理念的变化就没有制度和政策的改变。过去三十多年的改革，很大程度上也是一个思想市场的结果，如果没有有关真理标准的讨论，没有思想解放运动，不可能有邓小平的改革……总而言之，思想、理念是非常有力量的，而只有自由的思想市场，才能为我们的改革创造新的思想和理念。以上所述，实际上是阐述了对于推动人类社会的发展，思想理念所起的作用与科技进步之间的辩证关系。因此，改革不是改良，不仅要有顶层设计，更重要的还在于政治理念的彻底变革。

很显然，党内存在的唯心主义，绝不仅是学术问题，更不可能只是文风问题，而是涉及国家和民族前途和兴旺的大问题。从政治哲学的角度看，任何高尚的信念，其基础必须建立在唯物主义之上。马克思主义唯物论的实质是实事求是，而不是自以为是。

中国的体制改革，一方面，应当全面客观地认识和评价马克思主义和西式民主，以思想改革为先导，正本清源，摒弃那种乌托邦式的理想主义信念和理论教条，解放思想，实事求是，大胆创新，走现实主义的发展道路；另一方面，民主与法治建设，并不是一个口号，也不是一种形式，而是一项严谨的社会系统工程。民主与法治需要反映出的并不是某个人或某个集团的意志，也不是民族和国家的短期利益，更不是少数人或少数团体的私利，而是整个民族和国家的长远利益。

中国有五千多年的文明史，并且其绝大部分时期是处于近代以前的封建社会；而中国封建社会所创建的、属于自己的学问，主要集中在了哲学、文学、历史、政治和军事著作等方面，缺乏的是近代以后，才由西方引进的社会学、经济学、心理学以及几乎全部的现代自然科学等。所以，这一现实所最终产生的影响是，直至当今，有相当一部分人，无论在思维方式，还是在表达方式上，仍然在延续这种带有封建主义色彩的所谓“文人论政”的传统。换句话说就是，部分人的“官本位”意识和唯心主义的政治理念，已经完全体现在了中国所特有的政治文化之中，包括官方的文风和政治话语。对于这种现象，人们或许可以将其称为“政治文人”现象。应当看到的是，所谓的“政治文人”和政治话语现象，其背后反映出来的，其实就是一种“官本位”意识和唯心主义理念。

在人类社会的发展过程中，存在多种形式飞跃式的变革，或称革命，如科学革命、技术革命、产业革命、思想革命和社会革命，这些不同领域内的革命，既有区别，又有紧密的联系。从某种意义上说，革命就是对传统的否定和彻底的变革，而革命与变革的区别仅在于程度上的不同。很显然，对于当前中国的体制改革而言，在以上的几类革命中，最需要重点关注的自然是人类的思想革命和社会革命。

文化与思想意识的变革是人类社会革命的先导。在西方，476 年西罗马帝国灭亡，处于封建社会的欧洲中世纪自此开始，并结束于 1640 年英国资产阶级革命的爆发前期，前后有 1000 多年。西方从中世纪后期到进入近代社会，前后经历了三次大的思想文化运动：14 世纪至 17 世纪的文艺复兴运动，这主要是一场资产阶级的文化革命，但同时也是具有人文和反封建性质的思想运动，前后大约有 300 年；17 世纪至 18 世纪的资产阶级思想启蒙运动，前后大约有 100 年；从 1848 年马克思主义学说的创立，到 1917 年十月革命胜利，世界上第一个苏维埃政权的建立，前后大约有 70 年。如果将前两个看成是西方文明的主干，后一个则是西方文明的分枝。总的说来，近代西方这种在文化与思想意识上的彻底变革，前后共经历了约 500 年。

关于中国的思想史，有学者将中国从古代到近代划分为五个主要的发展阶段：1. 先秦时期的百家争鸣；2. 从东周至秦朝时期儒家和道家思想的形成；3. 西汉时期的“废黜百家，独尊儒术”；4. 从三国至南宋时期儒、道、佛三教鼎立，即所谓“三教合一”的理学格局的形成；5. 从元朝至明、清时期，新儒学发展为全面地批判传统封建文化，提倡科学和实用精神的“实学”的出现。

在古代，中国所进行过的社会改革有春秋商鞅变法、汉代王莽变法和宋代王安石变法。历史上，中国社会改革的主要内容集中在国家内部的政治经济方面，包括经济制度、经济管理、经济技术改造、利益分配、行政机构和行政管理等等。近代的社会改革是清末的戊戌变法，其主要内容是改革经济管理制度，学习西方科学技术和文化，建立君主立宪政体，发展资本主义，谋求强国富民。这些变革有成功的，也有失败的；有前进的，也有倒退的。

那么，为什么中国的文化变革不但晚于西方，而且只能是被动地进行呢？原因是：1. 中国的封建主义，其生命力比西方的封建势力更顽强；2. 中国文化缺乏西方所具有的理性主义的科学精神；3. 中国所处封闭的地理环境阻断了与强者的交流。

从近代到现代，中国所经历的三次思想解放运动是与社会革命交织在一起的，包括 1840 年鸦片战争爆发后，发生在 1898 年的戊戌变法，亦称“百日维新”运动；1919 年的新文化运动，即五四运动；1919 年至 1949 年的旧民主主义革命和新民主主义革命。虽然，这些改革和革命涉及的领域遍及政治、经济、科学技术、管理、文化、体制等许多方面，但是，从文化的角度看，其主要内容其实也只有两点：效仿西方的文明，变革中华文明；追随马克思主义，建立社会主义中国。

20 世纪 90 年代，中国学者高军在一篇题为《西方思想在近代中国的表现特点》的文章中，将这三次变革运动的特点做了描述。文章认为，以康有为为主发动的维新变法，是用中国的传统思想理解西方，属于“托古改制论”，即试图依靠皇帝路线实现思想和政治体制的改革；以陈独秀主办的《新青年》为代表的新文化运动，是用西方的民主与科学思想，批判中国传统的思想和道德，有“全盘西化”的倾向；而由孙中山领导的民主主义革命和以毛泽东为代表的中国共产党人所进行的新民主主义革命，才是西方近代思想与中国传统思想的结合，既无须全面否定传统，也无须“全盘西化”。

改革并不是一件容易的事情，它既需要决心，又需要智慧。北宋时期的王安石大胆地提出过“天变不足惧，人言不足恤，祖宗之法不足守”的变法主张，不过最终还是以失败告终。41 年后，北宋王朝也在内外交困中灭亡。清朝末年的戊戌变法，只维持 103 天就失败了。13 年后，中国历史上的最后一个封建王朝被孙中山领导的辛亥革命推翻。

邓小平汲取了历史上多次改革失败的教训，顺应时代要求，提出了改革开放的基本国策。深圳的试验在取得成功之后，迅速地在沿海地区推开，并不断向全国各地逐步渗透，几十年的时间，就成功解决了十多亿人口温饱问题，从城市到乡村都发生了翻天覆地的变化，中国初步步入了小康社会。1992 年初，面对中国向“左”走还是向“右”走的问题，邓小平提出“不争论”，以“三个有利于”，即“是否有利于发展社会主义社会的生产力，是否有利于增强社会主义国家的综合国力，是否有利于提高人民的生活水平”作为一切工作的判断标准，使中国经济继续保持了持续快速的发展。

马克思主义唯物论的实质是实事求是，而不是自以为是。2012 年 10 月，《人民论坛》发表的一篇题为《新政治观的核心——政党政治理念的变革》的文章指出：今天中国面临的风险在于如何在经济高速发展、社会急剧转型的过程中坚持脚踏实地、遵循经验的原则，如何避免偏执意识形态的误导，如何避免《旧制度与大革命》中谈到的脱离现实社会、沉湎于虚构社会的文学政治。……这本书《旧制度与大革命》最有价值的地方是作者不带意识形态偏见的现实主义立场和经验主义的思维方式。作者尤其批评了大革命前法国独有的文学政治，即脱离现实、虚构理想社会的书斋空谈，这种空谈对后来大革命的暴虐现象产生了很大影响。

2012 年 11 月，在主持并听取专家学者对反腐败工作的意见的座谈会上，王岐山向大家推荐了法国历史学家亚历克西·德·托克维尔的《旧制度与大革命》一书。随后，国内掀起了一股议论此书的热潮。如果将各种观点做个归纳，人们关注到的问题大致有以下几点：

1. 作者以法国大革命为背景，主要阐述的是旧制度与大革命之间的关系。法国大革命前，几乎所有的欧洲国家都是君主制和农奴制，这其中法国的状况是最好的，受到的压迫也最轻，但却最早爆发了革命。事实说明，革命并非从压迫最深的地方，而是从较轻的地方爆发，在受压迫相对少的地方，人民反而最无法忍受，这与历史学家传统的观点大相径庭。

2. 革命并未彻底摧毁旧制度，而是在旧制度的废墟上，建立起了更加专制的中央集权。实质上，托克维尔虽然赞同铲除封建权贵和特权，但是他最终想要提出的问题是，究竟是要选择改革，还是要革命。

3. 作者还提出了另一个很重要的概念，就是“文学政治”。作者认为一些脱离实际、崇尚空想的文人热衷于给未来社会构造蓝图，这将会给革命带来很多负面的问题。国家与民族事业的发展不能用抽象的原则做标准，改革需要采取的是现实主义立场和参照历史的经验，而不能带有意识形态的偏见。

2012 年 11 月 8 日，党的十八大在北京召开。涉及改革的议题，国内有人做过统计，在十八大的报告中，“改革”一词被提及 86 次，其中两次提到“全面改革”，五次提到“深化改革”。改革的内容涉及经济、政治、文化、社会、生态文明等方面，其中被称为难啃的“硬骨头”的经济改革包括了国民收入分配制度、户籍制度、土地征用制度等。

2012 年 12 月 31 日，十八届中共中央政治局就坚定不移推进改革开放进行第二次集体学习。习近平在主持学习时强调，改革开放是一项长期的、艰巨的、繁重的事业，必须一代又一代人接力干下去。他提出五点意见：改革开放是一场深刻革命，必须坚持正确方向，沿着正确道路推进；改革开放是前无古人的崭新事业，必须坚持正确的方法论，在不断实践探索中推进；改革开放是一个系统工程，必须坚持全面改革，在各项改革协同配合中推进；稳定是改革发展的前提，必须坚持改革发展稳定的统一；改革开放是亿万人民自己的事业，必须坚持尊重人民首创精神，坚持在党的领导下推进。

2013 年 3 月 5 日，政府工作报告再次提出“以更大的政治勇气和智慧，深入推进改革开放”。此后，中央采取多种方法了解和分析国情，听取“智库”和专家提供的分析报告和意见，与地方省市负责人座谈，以及与党外人士协商等。

2014 年 2 月 17 日，中共中央开办了“省部级主要领导干部学习贯彻十八届三中全会精神，全面深化改革专题研讨班”。2014 年 3 月 3 日至 13 日的全国“两会”期间，与会委员提出政府需要权力约束。

从以上的论述可以看出，要实现卓有成效的改革，改革者就必须既要有勇气、有决心、有自我牺牲的精神，又要有智慧、有策略、有步骤。因为，对于真正的改革者而言，他们面对的不只是既得利益者的反对，还包括自己手中的权力也要受到更加严格的约束和监督。并且，更重要的是，“要勇于冲破思想观念的障碍”。也就是说，改革首先应当克服的是，由于传统和体制所形成的“官本位”意识、官僚主义、形式主义，以及将马克思主义当作理论教条的主观唯心主义。然而，说起来容易，做起来难，这正像一句老话所说的：“江山易改，本性难移。”或许简单可行的办法只有一个，那就是通常所说的：“不换思想，就换人！”

四、依法治国：党章·宪法·司法

从党章、宪法和司法改革三者的关系上看，实际上司法独立最终所触动的绝不仅是司法本身，而是整个国家的政治体制和意识形态。

2008年7月8日，《中国党政干部论坛》刊登了中共中央党校副校长李君如就“中国政治体制改革的回顾与前瞻”的话题，回答记者提问的讲话。当记者以社会上一种较为流行的观点，即认为改革开放以来，中国的经济、社会发生了巨大的变化，但政治体制却没有实质性变化，政府采取的是“先经济，后政治”，甚至是“经改政不改”，向他发问时，他指出，邓小平《解放思想，实事求是，团结一致向前看》的谈话一直在指导着中国政治体制的改革，“经改政不改”的说法是对中国政治体制改革的一种误解。实际上，中国的政治体制改革正在从以下八个方面向前推行：一是把政治体制改革与经济体制改革结合起来，并且以经济体制改革的名义推进；二是把发展民主与健全法制结合起来，强调民主要制度化、法律化，坚持依法治国；三是把政治体制改革与尊重和保障人权结合起来，依法保证全体社会成员平等参与、平等发展的权利；四是把发展民主法制与完善基层群众自治制度和改善民生结合起来，让人民群众在改革中享受到直接的实惠；五是把执政党依法执政与参政党依法参政结合起来，完善了中国特色的政党政治；六是把共产党的党内民主与人民民主结合起来，以党内民主带动人民民主；七是把党内监督、行政监督、法律监督与公民直接监督结合起来，建立和完善了公民舆论监督和信访制度；八是把选举民主与协商民主结合起来，完善了公民有序的政治参与形式。

在谈到中国建设和发展政治文明的趋势和特点时，李君如认为，公民有序的政治参与，民主的制度化、法律化；通过党内民主来带动人民民主；中国共产党在宪法和法律的范围内活动，坚持依法治国、依宪治国，是中国政治体制改革过程中出现的三个值得重视的走势。这三大走势的指向很明确，最终将在中国建立一个坚持党的领导、人民当家作主和依法治国有机统一的社会主义民主政治体制。如果用十七大对中国特色社会主义政治发展道路作出的“一个统一”“四项制度”的概括来解释，中国政治体制改革的特色就是，把党的领导、人民当家作主、依法治国有机统一起来，坚持人民代表大会制度，坚持中国共产党领导的多党合作和政治协商制度，坚持民族区域自治制度，坚持基层群众自治制度。

2012 年 11 月 14 日，党的十八大通过了新党章。新党章总纲中有如下陈述：党的领导主要是政治、思想和组织领导……党必须在宪法和法律的范围内活动。党必须保证国家的立法、司法、行政机关，经济、文化组织和人民团体积极主动地、独立负责地、协调一致地工作。

2013 年 7 月 13 日，中央编译局副局长俞可平教授在其发表的《推进民主并不必然导致秩序失控》的文章中指出：我们讲政治文明，最主要的两个内容就是民主和法治。中国特色的社会主义政治发展道路其实就是三个统一，即“党的领导、人民当家作主和依法治国”三者的有机统一。三者之中核心的内容是人民当家作主。“人民当家做主”是主体，“党的领导”和“依法治国”最终也是为了保障人民的当家作主。十八大报告特别强调，必须坚持人民的主体地位。不断推动民主法治，是共产党人的历史责任，这是我们的正确方向……自由和平等是民主政治的两种基本价值。

我国宪法的四次修改分别与党的十三大、十四大、十五大和十六大四次党章的修改相对应。四次修宪的主要内容围绕指导思想、社会主义理论与道路、统一战线以及中国经济建设与体制问题。中国共产党自成立以来的九十多年中，党章共经过了16次修改。1980年，邓小平指出党的制度中较为突出的问题就是党政不分、以党代政的问题。党章在1982年的十二大修改时，已经明确规定“党必须在宪法和法律的范围内活动”。

中国现行的宪法于1982年由第五届全国人民代表大会第五次会议通过，并经过了1988年、1993年、1999年和2004年的四次修正。在宪法的序言中，明确规定了《中华人民共和国宪法》是中华人民共和国的根本法，是中国政治制度和国家其他重要制度的最高法律依据。全国各族人民、一切国家机关和武装力量、各政党和各社会团体、各企业事业组织，都必须以宪法为根本的活动准则，并且负有维护宪法尊严、保证宪法实施的职责。

实施宪法的过程，就是执法和司法。回顾中国司法体制改革的历程可知，1997年，党的十五大开创性地提出了“依法治国，建设社会主义法治国家”的基本治国方略，并且强调要推进司法改革，从制度上保障司法机关依法独立行使审判权和检察权。1999年，该方略被写入宪法。2002年11月，党的十六大作出了“推进司法体制改革”的战略决策，将司法体制改革作为贯彻落实依法治国基本方略的重大举措和政治体制改革的重要组成部分。2004年，中共中央转发了《中央司法体制改革领导小组关于司法体制和工作机制改革的初步意见》，提出了改革和完善诉讼制度、检察监督体制等10个方面的35项改革任务。2007年10月，党的十七大从发展社会主义民主、全面落实依法治国基本方略、加快建设社会主义法治国家的战略高度，作出了“深化司法体制改革”的重大决策。2008年12月，中共中央转发《中央政法委员会关于深化司法体制和工作机制改革若干问题的意见》，提出在2004年中央确定的司法体制和工作机制改革的基础上，建立公正、高效、权威的社会主义司法制度。2012年10月，国务院新闻办公室发布《中国的司法改革》白皮书。

2016年3月，在最高法公布《中国法院的司法改革》白皮书中，发布了三个“人民法院五年改革纲要”。其中，列入重大改革任务的有四项，即完善司法人员分类管理、完善司法责任制、健全司法人员职业保障、推动省以下地方法院人财物统一管理。

2012年3月12日,《人民日报》评论说:“一方面,是人民群众对司法的公平正义与效率提升有着越来越高的要求与期盼;另一方面,不规范的司法行为仍然比较常见,严重损害了司法的严肃性与公正性,凸显了司法公信与公众期待之间、管理体制与独立审判的宪法原则之间、司法能力与公众需求之间、司法环境与司法制度目标之间的种种不适应。”“司法改革只能推进,不能停顿;只能加强,不能削弱……深化司法改革,已经成为建设社会主义法治国家和公正高效权威的社会主义司法制度的必由之路。”

2012年11月,党的十八大报告提出了“进一步深化司法体制改革,完善中国特色社会主义司法制度”的改革目标,要求司法体制改革要在党中央统一领导下,着眼于逐步完善中国特色社会主义司法制度,切实做好2009年3月最高人民法院公布的《人民法院第三个五年改革纲要(2009—2013)》的收尾和新一轮改革筹划工作,完善巩固已经完成的108项改革任务的成果,并继续推进24项改革任务的进展。

值得关注的是,2013年11月召开的中共十八届三中全会作出了《关于全面深化改革若干重大问题的决定》,向全党全社会提出了全面深化改革的明确目标。

2014年10月20日,党的十八届四中全会首次将全面推进“依法治国”确立为全会的主题,并提出坚决维护司法公正,严禁“知法犯法、以言代法、以权压法、徇私枉法”。这说明,虽然司法体制改革还在深化,但是这一改革却绝非想象的那么容易。所以,中国是否能真正实现司法体制的彻底改革,最终还在于从观念上理顺党的领导、宪法和司法改革三者的关系,破除迷信、大胆创新,排除思想认识上自相矛盾的理念。正如《关于全面深化改革若干重大问题的决定》中所说,改革要“敢于涉险滩,以更大决心冲破(来自体制内的)思想观念的束缚”。

2015年10月26日至29日召开的中共第十八届五中全会再次重申了改

革和反腐："运用法治思维和法治方式推动发展，全面提高党依据宪法法律治国理政、依据党内法规管党治党的能力和水平。加强和创新社会治理，推进社会治理精细化，构建全民共建共享的社会治理格局。""要坚持全面从严治党、依规治党，深入推进党风廉政建设和反腐败斗争，巩固反腐败斗争成果，健全改进作风长效机制，着力构建不敢腐、不能腐、不想腐的体制机制，着力解决一些干部不作为、乱作为等问题，积极营造风清气正的政治生态，形成敢于担当、奋发有为的精神状态，努力实现干部清正、政府清廉、政治清明，为经济社会发展提供坚强政治保证。"

2017 年 3 月 12 日，最高人民法院院长周强和最高人民检察院检察长曹建明分别向十二届全国人大五次会议作工作报告。报告中的四大亮点——坚持"人民司法为人民"导向，让审理者裁判、由裁判者负责，确保无罪的人不受刑事追究，以人民群众看得见的方式实现公平正义，成为当前司法改革的重头戏。

2017 年 8 月 8 日，央视综合频道开播了《法治中国》六集政论片。该片不仅全面总结和展示了十八届三中、四中全会以来，中央在司法改革上所走过的艰辛历程和取得的成就，而且彰显了中国共产党从严政党，依法治权，在治国理政的理念上有了重大的转变。这无疑让国民对全面深化改革取得成功增强了信心。

五、科学民主的社会学原理

政治体制改革并非罗列原则、堆砌概念那么简单，需要彻底变革，自我革命。其核心是民主与法制，关键在于执政党政治理念的变革。

党内民主主要涉及党员权利、代表大会、集体领导和党内监督等四个方面。改革开放以来，党内民主建设取得了一些进展。尤其是近年来，党在十六大、十七大和十八大上所作出的一系列决定，更加快了党内民主化的进程。2002 年 11 月 8 日至 14 日召开的中国共产党第十六次全国代表大会提出："党内民主是党的生命，对人民民主具有重要的示范和带动作用。"

2007 年 10 月 15 日至 21 日召开的中国共产党第十七次全国代表大会提出了要以扩大党内民主来带动人民民主，并将党内民主、思想理论、执政能力、干部人事制度、基层党建、反腐倡廉等，列为六项党建新工程。同时，党的十七大所采用的代表差额选举，也扩大了选举人选择的范围。此外，《中国共产党党员权利保障条例》《中国共产党地方组织选举条例》《中国共产党党内监督条例》等规定的颁布，也体现了党内民主建设的进展。党内民主建设的基本依据是党章。自党的成立至十七大为止，党章已经进行过 14 次修改，前后共产生过 16 部党章。

2012 年 11 月 8 日，党的十八大报告重申了"党内民主是党的生命"这一科学论断，并确立了发展党内民主的重要思路，即以健全党内民主制度体系为重点，务实发展党内民主。报告提出了构成党内民主制度体系总框架五个方面的具体措施，包括健全党员民主权利保障制度、党的代表大会制度、党内选举制度、党内民主决策机制、党内基层民主制度等。

多党合作和协商民主是目前我国社会主义民主的两种重要形式。1979年，邓小平在党的理论工作务虚会上指出："什么是中国人民今天所需要的民主呢？中国人民今天所需要的民主，只能是社会主义民主或称人民民主。"[①] "把权力下放给基层人民，在农村就是下放给农民，这就是最大的民主。我们讲社会主义民主，这就是一个重要内容。"[②] "那种多党制是资产阶级互相倾轧的竞争状态所决定的，它们谁也不代表广大劳动人民的利益。"[③] "社会主义国家有个最大的优越性，就是干一件事情，一下决心，一做出决议，就立即执行，不受牵扯……就这个范围来说，我们的效率是高的。我讲的是总的效率。这方面是我们的优势。"[④]

2012年5月新加坡国立大学东亚所所长郑永年发表了一篇题为《中国党内民主向何处去？》的文章。文章认为：党内民主属于精英民主，是一个自上而下的过程，而社会民主是大众民主，是一个自下而上的过程。在经历了两百多年的西方民主历史上，主要是精英民主，"一人一票"的大众民主只是仅半个多世纪的事情。并且，即使是在大众民主时代，究其本质，任何的所谓民主政治也还都是精英政治。从党的十六大开始，党内民主开始加速，重点在于确立党内"票决"程序，也就是使党内的选举程序制度化。

这正如学者所指出的：民主制度是一个复杂的政治机体，除了公正选举，还需要强大的公民社会、公正的司法机构、发达的政党体系、尊重规则的法治文化、有效的制衡、一定程度的经济基础等。只有当上述一系列的要素同时运转，民主的齿轮才可能真正运转，民主才能成为一个连续的过程，

① 《邓小平论党的建设》，人民出版社1990年版，第71页。

② 《邓小平文选》（第三卷），人民出版社1993年版，第252页。

③ 《邓小平文选》（第二卷），人民出版社1994年版，第267页。

④ 《邓小平文选》（第三卷），人民出版社1993年版，第240页

而不是几年一次的“赶集”。

2013 年 7 月 13 日，俞可平在题为《推进民主并不必然导致秩序失控》的文章中指出：“民主不是喜欢不喜欢的问题，而是不可阻挡的潮流。”“我一直认为有三条路线可供选择：一是从党内民主到社会民主，这也是我们党十六大、十七大、十八大一直坚持的；二是从基层民主到高层民主。中国的基层民主是可控的，代价小。民主也离不开选举和竞争。协商民主当然很重要，但协商不等于排除选举。”

司法地方化是当前中国必须面对的一个十分严重的问题。因此，推进县级政权改革，放开人大选举，解决司法地方化问题，维护公民法定权利是当务之急。这种改革的思路是一种自下而上，以基层的改革推动上层政治体制改革的方案。

论及中国政治体制改革的步骤，国内有专家建议采取渐进式的改革方案，认为突破口可以选择以基础性政治环境作为开始，如社会福利政策，养老、低保、医保、户籍制度等，在改革进行到一定的程度后，再推进全面的政治转型。

除上述各种观点外，更为现实的问题是，对于执政党而言，实际上选择中国政治体制改革的路径容易，但要冲破阻力，下决心难。然而，为了确保国家长期的可持续性发展，创建一种适合中国国情的民主政治体系，彻底的政治体制改革势在必行。

从理论上说，“科学民主”的问题实际上就是理论与实践的关系问题。19 世纪 30 年代至 40 年代的法国和英国产生过一种实证主义的哲学流派。作为经验主义的一种形式，实证主义强调感觉经验，排斥形而上学。孔德（Auguste François Xavier Comte）是实证主义社会政治学的创始人。他主张用自然科学的研究方法，从社会结构、社会动力和社会政体的变革出发，寻求人类社会发展的规律。比较一下孔德的实证主义与邓小平所强调的“实践是检验真理的唯一标准”，以及“摸着石头过河”，这其中的相近之处显而易见。

自由民主制是民主主义在21世纪的主导形式。它采取了代议民主制，由人民选出的民意代表行使决策权，其权力则受到法治的监督和限制，通常还会采纳保障个人及少数派权利和自由的宪法，同时也限制了多数派及其选出的领导人的权力。自由民主制是一种政府形式。

民主政治具有两重性：一方面，民主政治反映国家的阶级本质，不同阶级统治的国家，民主政治的性质是不同的，并由此表现出特殊性和差异性；另一方面，民主政治又有共同性和普遍性，不同的民主政治制度在实现其阶级统治时必须遵循民主政治的一些基本原则，如多数原则、确认和保护公民权利原则、代议制原则、有限权力原则、法律面前人人平等原则等。应当承认，西方国家在反封建斗争中形成的自由、民主、平等、博爱、人权等价值观念和制度形式，在历史上具有巨大的进步意义。但当代西方政党政治、社会结构、民众价值取向和生活方式都发生了深刻变化，各种权力之间互相掣肘，效率低下。

总而言之，政治体制改革并非罗列原则、堆砌概念那么简单，而是需要彻底变革，自我革命。其核心是民主与法制，关键在于执政党政治理念的变革。由此，党的十七大提出的“要以扩大党内民主来带动人民民主”的决策尤为重要。因为，很明显，只有扩大并真正实现了党内民主，执政党的政治理念才有可能彻底发生革命性的变革，从而有所创新，有所发展。

六、文明动力的变迁

当今世界，虽然宗教和政治观念仍然是人类社会的主导，然而随着人类文明的演进，发展模式和科技创新正在极大地改变着这一切。

人们需要认识到的是，当今人类社会的现实是，除了利益冲突、战争冲突、文化冲突和自然环境的恶化以外，无论是东方还是西方，都存在信仰危机。从纵向来看，信仰具有三个层次：人的精神追求、社会道德观念、政治体制。从横向来看，信仰包括了宗教观、价值观、道德观、政治理念和政治体系。信仰危机的出现和现代社会的科技与经济的发展密不可分，这是人类历史发展的必然。社会越发达，信仰的危机就会越加严重，因为信仰本身就是一种精神寄托或是超现实的理想。具体来说，信仰的危机存在于三个方面，即宗教传统信仰的危机、马克思主义信仰的危机和现代资本主义信仰的危机。

由此，这不禁使人们联想起1847年马克思针对蒲鲁东的《贫困的哲学》撰写了《哲学的贫困》。实际上无论什么传统或主义，其实并不重要，重要的在于：人类最终希望实现的是自由、平等、民主、法制、和平、富裕；最终希望看到的是文明的融合与世界的大同。正如被学术界称为“国际上的智者”和文化形态学派的主要代表人物、英国著名历史学家阿诺德·约翰·汤因比，在其用40年时间写成的巨著《历史研究》中所说：“这个未来世界既不是西方人的，也不是非西方人的，而是所有那些文化的产儿。我们西方人已经在严酷的考验中把这些文化融合在一起。只要我们正视这些，就会看到这是明显的真理。”“我们的子孙像我们一样，也不愿仅仅成为西方人，他们要成为孔子、老子、苏格拉底、柏拉图、释迦牟尼以及世界上所有伟人的后裔。”

虽然存在信仰危机，但是如前文所述，对于国家或民族而言，当代的人类社会最具有凝聚力的仍然还是信仰、观念、文化和传统。观念文化在领袖和政治家中体现为国家的意志、体制和战略，在社会精英的主流意识中体现为价值观和思维方式，在社会大众中体现为民族的性格和心理。如果要寻求西方大国在崛起中的共性，答案也只能是文化。是价值观和思维方式上的矛盾、变革和革命改变了世界的一切。因为，价值观和思维方式是决定宗教信仰、意识形态、体制、社会观念、社会心理及一切文化观念的基础，而这一切又决定着人类全部的社会行为。

从人类的发展历程，我们可以看到：文化既是人类文明的最终目标，也是人类文明的最初起点。虽然推动人类文明和社会发展的动因与多种因素相关，然而只有文化才是根本。因为，说到底，人是文化的动物，人类文明是人进行社会行为的结果。以西方的文明史为例，如果说始于英国的工业化是从物质上为西方文明的发展提供了基础，那么与之不同的是，法国有关“自由、平等、博爱”的思想是从意识形态和上层建筑的角度，促进了西方从封建主义向资本主义的转变。因此，从表面上看，科学技术革命和工业革命对于人类的发展具有直接的推动作用，然而，当从更大的历史尺度来总结西方所取得的巨大物质成就时，文化与社会变革的作用更为重要。

马丁·雅克在《当中国统治世界》一书的结尾中，总结了中国所具有的现代化特征：中国不是真正意义上的民族国家，而是文明国家；中国具有独特的种族与民族的认同感；中国具有大洲级别的地缘文化基础；儒家所具有的包容性使中国国家形态的转型更容易；中国将越来越多地体现出发达国家和发展中国家的综合特征。

美国作家约翰·奈斯比特在《中国大趋势》一书中说：中国正在创造一个崭新的社会、经济和政治体制模式，所以，资本主义已经赢得了世界的所谓“历史终结论”，其实并不真实。中国的成功在于，不通过政治上的党派竞争，也能协调好一个大政府和市场经济的关系。将马丁·雅克的观点与约翰·奈斯比特的观点做个比较，可以发现，涉及中国的发展前景，两人的结论很相似。不同之处在于，约翰·奈斯比特注重经济，马丁·雅克更注重文化。此外，两人共同的不足在于，并未充分关注到西方民主对于中国近代的思想变革所具有的影响力。

在谈到民族文化的历史作用时，英国哲学家罗素在他的《中国问题》一书中说：“中国的文明远比中国的政治更具有大一统的特性。中国文明是世界上几大古国文明中唯一得以幸存和延续下来的文明……中国文明一直受到外来文化的影响。从早先的佛教影响，直到现代的西方科学的影响。但是，佛教并没有把中国人变成印度人。西方科学也没有把他们变成欧洲人。”斯塔夫里阿诺斯在他的《全球通史——1500年以后的世界》中也写道：“但是，促成中国文明的内聚性的最重要的因素，也许是通称为儒家的学说的道德准则和文学、思想方面的遗产。”

1973年，当论及中国文明对于人类社会的贡献时，汤因比在《展望21世纪——汤因比与池田大作对话录》中说道：“现在没有任何征兆表明中国要越过1799年，即乾隆皇帝逝世当年的国界进行扩张……无论从地理上看，从具有中国文化和佛教这一共同遗产来看，他们都是联结在一条纽带上的。并且就中国人来说，几千年来，比世界任何民族都成功地把几亿民众，从政治文化上团结起来。他们显示出这种在政治、文化上统一的本领，具有无与伦比的成功经验。这样的统一正是今天世界的绝对要求。”“中国的崛起将改变的不仅仅是世界的经济格局，还将彻底动摇我们的思维方式和生活方式。”看来，国际上最享有盛名的历史学家和学者们的观点是一致的：不了解中国的历史、政治、文化和传统，就无法理解中国崛起的真正含义。历史证明，中国属于一个文明的国家，而不是一个单纯的民族国家。

文化价值观与思想意识的变革是人类社会革命的先导。当今世界，虽然宗教和政治观念仍然是人类社会的主导，然而随着人类文明的演进，发展模式和科技创新正在极大地改变着这一切。由此，人类的知识结构和思维方式也正在发生着巨大的变化。同样，既然人类的科学发现与技术创新永远不会停息，那么人们的政治信仰与社会观念也不可能永远固守不变。德国经济学家熊彼特在《经济发展理论》一书中指出，资本主义发展的根本原因不是资本和劳动力，而是创新。另外，1998年出版的《文化创造：5000万人如何改变世界》一书的作者美国社会学家保罗·雷（Paul·Ray）也指出，美国文化的新思想，大部分在抱有超现代主义世界观的文化创新者中产生。

在国际政治方面，中国的国际影响力主要体现在《孙子兵法》、中国功夫、中国饮食和中国制造上。换句话说，当今的国际社会，几乎所有的现行运行规则都是由西方制定的。所以，当论及中国的发展战略时，保罗·肯尼迪说："如果说中国经受了某种长期困苦的磨难，那么今天它似乎正在推行一个伟大的战略，这个战略比莫斯科、华盛顿或者东京（更不用说西欧了）盛行的战略更具有连贯性和远见性。"

那么，外国学者又是如何看待中国的改革呢？在经过30年的精心研究之后，被称为美国的第三代中国问题专家李侃如（Kenneth Lieberthal）所著的《治理中国：从革命到改革》一书，于2010年出版了中文版。李侃如从中国历代社会组织结构出发，分析了中国帝制到改革开放以后不同时期的政治体制、权力结构、社会变革、国家管理体系、经济发展，以及中国社会目前所面临的各种挑战等问题。这部书被认为是继费正清的《美国与中国》之后有关中国问题的重要学术著作，并且已经成为了美国各个大学了解中国的教科书。

关于当代的中美关系，李侃如提出了五个关键性的问题：1. 对在传统产业的领域内，中国已成为了一个世界的制造中心这一现实，以及其对外，尤其是对于美国的冲击，美国必须考虑在美国国内进行自身的改革，包括教育、工资、退休金等方面的改革，这实际上是在提醒美国，需要对国内社会契约的主要部分进行反思。2. 由于中国的持续高速发展，在 2020 年前后，无论中国将成为美国确定的敌人，或是潜在的敌人，从本国的利益出发，美国都应该遏制中国的发展速度，并且努力积累自身的财富和实力。3. 中国必将有能力成为一个新的硬实力和软实力的全球中心，中国经济的发展也必将对全球环境和初级产品的价格造成严重冲击。4. 自 2001 年以来，中国取代美国，成为了亚洲地区大多数国家的头号贸易伙伴，并且建成了可将亚洲各国制造的零部件组装成最终产品、向欧美市场出口的产业基地。至 2004 年，亚洲这个一体化的生产制造体系，已经初具规模。5. 美国和中国代表着不同的发展模式，因而，对于全球有着不同的示范效应和影响力。

考虑到中国有过经受西方列强长期入侵的历史，李侃如指出，当代中国有自己的三大目标，这就是：国家统一、经济发展、保持社会和政治稳定。

从某种意义上说，中国当今所发生的一切，可以看成是自 1840 年以来，中国渴望通过文化变革重新获得振兴的继续。起点和终点本来就是相对的，变革始于文化，并且最终还将归结于文化。这就是文明发展的周期，没有新的变革，也就没有新的超越！因而，政治体制的改革绝非选项，不进行革命性的改革，发展不可能长期持续。

着眼未来，政治体制改革对于中华民族具有多重意义：其一，没有政治体制改革，经济体制改革不可能深入，经济发展也不可能持续。其二，政治体制改革的核心在于必须对传统的政治文化、马克思义和西方文明有全面客观的认识，而要做到这一点，就必须既要有广阔的政治视野、广博的知识，又要有理论创新的能力。其三，没有宽松的政治环境，建立不起真正意义上的民主与法制社会，文化不可能变革，文明也不可能实现超越。事实上，实施变革的文化战略要比推行政治经济的改革更为艰难，因为文明的变革所要改变的是中国人在几千年内形成的文化属性。

后 记

作为一个学者，本人的兴趣和研究领域并未受到所学专业的限制，因为我认为，在人类学科的综合化和一体化的大趋势下，总要有人去尝试做一些跨学科的研究工作，这样做的目的是为了力求能更加全面客观地分析问题，看问题。正如我常引用法国科学家马克斯·普朗克（Max Planck）所说的那句话一样：“科学是内在的统一体，它被分解为单独的部门不是由于事物的本质，而是由于人类认识能力的局限性。实际上存在着从物理学到化学，生物学、人类学到社会科学的连续链条。”

另外，美国当代最著名的经济学家保罗·萨缪尔森（Paul A Samuelson）也发表过类似的观点。他将经济学称为“社会科学之王”，并且说：“政治学、心理学和人类学都是和经济学有一定共同内容的社会科学……在许多其他与经济学有关的学科中，统计学是特别重要的……在经济学领域，概率论和数理统计也有许多极其重要的用途。然而，掌握经济学的基本原理仅仅需要逻辑推理。”

本书是我的第三部作品，主要的议题集中于政治体制改革方面。前面的两本书，一本说的是文化，另一本谈的是经济。这两本书已经于 2008 年 11 月和 2012 年 1 月先后出版发行。可以这样说，没有前面在文化和经济领域内所作的探讨，本人也很难直接涉足政治体制改革的话题，因为谈论问题、发牢骚、说大话容易，但是要达到实事求是和全面客观却很难。

本人的这三本书之所以能出版发行，除了个人的努力之外，当然也和亲友给予的大力帮助密不可分。在此，需要特别提及的是罗瑞和李芸夫妇，以及我的夫人罗燕萍。他们三人在版面设计、资料收集以及观点的把握等方面，都给予我极大的帮助。

参考书目

《道德经》，安徽人民出版社1990年版。

司马光:《资治通鉴》，北岳文艺出版社2006年版。

黄顺基、李庆臻:《大动力》，中国人民大学出版社1990年版。

黄硕风:《综合国力论》，中国社会科学出版社1992年版。

朱谦之:《文化哲学》，商务印书馆1990年版。

庄锡昌:《世界文化史通论》，浙江人民出版社1989年版。

赵向东:《中国智慧透析》，华夏出版社1995年版。

罗龙昌:《房地产业宏观管理》，经济管理出版社1999年版。

施芝华:《孙子兵法》，辽宁人民出版社2000年版。

司马云杰:《文化社会学》，中国社会科学出版社2001年版。

张忠利、宗文举:《中西文化概论》，天津大学出版社2002年版。

张岱年:《中国文化概论》，北京师范大学出版社2004年版。

顾忠华:《韦伯学说》，广西师范大学出版社2004年版。

于歌:《美国的本质》，当代中国出版社2006年版。

胡宗山:《中国的和平崛起：理论、历史与战略》，世界知识出版社2006年版。

杨亦乔:《房地产开发经营》，中国建筑工业出版社2006年版。

施袁喜编译:《美国文化简史》，中央编译出版社2006年版。

许倬云:《中国文化与世界文化》，广西师范大学出版社2006年版。

秦亚青:《文化与国际社会：建构主义国际关系理论研究》，世界知识出版社 2006 年版。

雷元星:《文明的起点》，中国出版集团东方出版中心 2006 年版。

孙飞、赵文锴:《金融风暴启示录》，新世纪出版社 2008 年版。

叶檀:《中国房地产战争》，山西出版集团 2009 年版。

陈志武:《金融的逻辑》，国际文化出版公司 2009 年版。

唐风:《货币博弈》，中国商业出版社 2009 年版。

张键:《房地产理财》，中国建筑工业出版社 2009 年版。

李慎明、张宇燕、李东燕:《全球政治与安全报告》，社会科学文献出版社 2015 年版。

余怀彦:《深层美国》，中国友谊出版公司 2016 年版。

《马克思恩格斯选集》(第一卷)，人民出版社 1972 年版。

《马克思恩格斯选集》(第二卷)，人民出版社 1972 年版。

《马克思恩格斯选集》(第三卷)，人民出版社 1972 年版。

《马克思恩格斯选集》(第四卷)，人民出版社 1995 年版。

《马克思恩格斯全集》(第三十七卷)，人民出版社 1971 年版。

《马克思恩格斯全集》,(第三十九卷)，人民出版社 1974 年版。

《列宁选集》(第二卷)，人民出版社 1972 年版。

《列宁选集》(第四卷)，人民出版社 1995 年版。

《毛泽东选集》(第三卷)，人民出版社 1991 年版。

《邓小平文选》(第二卷)，人民出版社 1994 年版。

《邓小平文选》(第三卷)，人民出版社 1993 年版。

《邓小平论党的建设》，人民出版社 1990 年版。

[美] 迈克尔·赫德森:《金融帝国》，中央编译出版社 2008 年版。

[美] 威廉恩·道尔:《石油战争》，2008 年版。

[美] 廖子光:《金融战争》，中央编译出版社 2008 年版。

[美] 法里德·扎卡利亚:《后美国世界》，中信出版社 2009 年版。

［美］保罗·肯尼迪《大国的兴衰》，世界知识出版社 1990 年版。

［美］保罗·肯尼迪:《战争与和平的大战略》，世界知识出版社 2005 年版。

［美］斯塔夫里阿诺斯:《全球通史》，上海社会科学院出版社 1992 年版。

［美］费正清《传统与变革》，江苏人民出版社 1996 年版。

［美］费正清《美国与中国》，世界知识出版社 1999 年版。

［美］萨缪尔·亨廷顿:《文明的冲突与世界秩序的重建》，新华出版社 1998 年版。

［美］萨缪尔·亨廷顿:《第三波》，上海三联书店 1998 年版。

［美］萨缪尔·亨廷顿:《文明的冲突》，新华出版社 2002 年版。

［美］兹比格纽·布热津斯基:《大棋局》，上海人民出版社 1998 年版。

［美］兹比格纽·布热津斯基:《大抉择》，新华出版社 2005 年版。

［美］约翰·斯蒂尔·戈登:《伟大的博弈》，中信出版社 2005 年年版。

［美］诺姆·乔姆斯基:《失败的国家：国力的滥用和对民主的侵害》，上海译文出版社 2006 年版。

［美］彼得·D. 希夫等:《美元大崩溃》，中信出版社 2008 年版。

［美］威廉·波纳 安迪森·维金:《债务帝国》，中信出版社 2009 年版。

［美］罗伯特·库特纳:《大国的陷落》，中信出版社 2009 年版。

［美］麦克尔·J. 庞兹内:《当美国倒下》，中信出版社 2010 年版。

［美］基辛格:《美国的全球战略》，海南出版社 2012 年版。

［美］史蒂夫·福布斯、伊丽莎白·埃姆斯:《货币危机》，上海交通大学出版社 2015 年版。

［英］伯特兰·罗素:《中国问题》，学林出版社 1996 年版。

［英］马丁·怀特:《权利政治》，世界知识出版社 2004 年版。

［英］伯特兰·罗素:《西方哲学史》，重庆出版社 2006 年版。

［英］马丁·雅克:《当中国统治世界》，中信出版社 2010 年版。

［德］冯特:《民族心理学》，上海人民出版社 1982 年版。

［德］马克斯·韦伯:《儒教与道教》，江苏人民出版社 1997 年版。

［德］马克斯·韦伯:《新教伦理与资本主义精神》，陕西师范大学出版社 2002 年版。

［德］马克斯·普朗克:《物理哲学》，商务印书馆 2008 年版。

［德］恩格斯:《反杜林论》，人民出版社 1970 年版。